Conoce todo sobre Raspberry Pi

Fundamentos y aplicaciones

Conoce todo sobre Raspberry Pi

Fundamentos y aplicaciones

Eugenio López Aldea

La ley prohíbe fotocopiar este libro

Conoce todo sobre Raspberry Pi. Fundamentos y aplicaciones
© Eugenio López Aldea
© De la edición: Ra-Ma 2017
© De la edición: ABG Colecciones 2020

MARCAS COMERCIALES. Las designaciones utilizadas por las empresas para distinguir sus productos (hardware, software, sistemas operativos, etc.) suelen ser marcas registradas. RA-MA ha intentado a lo largo de este libro distinguir las marcas comerciales de los términos descriptivos, siguiendo el estilo que utiliza el fabricante, sin intención de infringir la marca y solo en beneficio del propietario de la misma. Los datos de los ejemplos y pantallas son ficticios a no ser que se especifique lo contrario.

RA-MA es marca comercial registrada.

Se ha puesto el máximo empeño en ofrecer al lector una información completa y precisa. Sin embargo, RA-MA Editorial no asume ninguna responsabilidad derivada de su uso ni tampoco de cualquier violación de patentes ni otros derechos de terceras partes que pudieran ocurrir. Esta publicación tiene por objeto proporcionar unos conocimientos precisos y acreditados sobre el tema tratado. Su venta no supone para el editor ninguna forma de asistencia legal, administrativa o de ningún otro tipo. En caso de precisarse asesoría legal u otra forma de ayuda experta, deben buscarse los servicios de un profesional competente.

Reservados todos los derechos de publicación en cualquier idioma.

Según lo dispuesto en el Código Penal vigente, ninguna parte de este libro puede ser reproducida, grabada en sistema de almacenamiento o transmitida en forma alguna ni por cualquier procedimiento, ya sea electrónico, mecánico, reprográfico, magnético o cualquier otro sin autorización previa y por escrito de RA-MA; su contenido está protegido por la ley vigente, que establece penas de prisión y/o multas a quienes, intencionadamente, reprodujeren o plagiaren, en todo o en parte, una obra literaria, artística o científica.

Editado por:
RA-MA Editorial
Madrid, España

Colección American Book Group - Informática y Computación - Volumen 10.
ISBN No. 978-168-165-836-0
Biblioteca del Congreso de los Estados Unidos de América: Número de control 2019935028
www.americanbookgroup.com/publishing.php

Maquetación: Antonio García Tomé
Diseño de portada: Antonio García Tomé

A mi familia.

ÍNDICE

AGRADECIMIENTOS **11**
BIOGRAFÍA DEL AUTOR **13**
CAPÍTULO 1. CONCEPTOS DE LÓGICA DIGITAL INTEGRADA APLICADA **15**
   1.1   INTRODUCCIÓN A LA LÓGICA DIGITAL INTEGRADA............................ 15
          1.1.1   Circuitos integrados.. 16
          1.1.2   Circuitos combinacionales 22
          1.1.3   Circuitos secuenciales 26
          1.1.4   Memorias de semiconductores 31
          1.1.5   Dispositivos lógicos programables... 33
   1.2   INTRODUCCIÓN A LA ARQUITECTURA ARM 35
CAPÍTULO 2. ELEMENTOS HARDWARE **39**
   2.1   CONECTORES Y HARDWARE PARA EL TRATAMIENTO DE DATOS 40
          2.1.1   Tarjetas de Memoria.. 40
          2.1.2   Conectores para la memoria RAM y aplicación en *Compute Module* ... 43
          2.1.3   Cables y conectores USB y mini USB 45
          2.1.4   Conector RJ45 48
          2.1.5   Redes 51
   2.2   CONECTORES PARA EL TRATAMIENTO DE AUDIO Y VÍDEO................ 56
          2.2.1   Conector Jack 56
          2.2.2   HDMI 57
          2.2.3   Conector RCA 60
          2.2.4   Conector CSI 60
          2.2.5   GPU para gráficos 62
CAPÍTULO 3. HARDWARE DE LA PLACA RASPBERRY PI **63**
   3.1   DEFINICIÓN DE RASPBERRY PI... 63
          3.1.1   Un poco de historia 65

3.2 HARDWARE DE LA RASPBERRY PI 66
    3.2.1 CONECTORES EN LA RASPBERRY PI 67
    3.2.2 ARM 69
    3.2.3 Procesador gráfico VideoCore IV 76
    3.2.4 Pines GPIO 77
    3.2.5 LEDS DE ESTADO 82
    3.2.6 Puertos y buses en Raspberry Pi 86

CAPÍTULO 4. MODELOS Y ACCESORIOS DE RASPBERRY PI 91
4.1 MODELOS DE RASPBERRY PI 91
    4.1.1 Raspberry Pi 1 93
    4.1.2 Raspberry Pi 2 97
    4.1.3 Raspberry Pi Zero 99
    4.1.4 Raspberry Pi 3 100
    4.1.5 Raspberry Pi Compute Module 104
    4.1.6 Resumen de las diferencias entre las placas Raspberry Pi 105
4.2 ACCESORIOS DE LAS PLACAS RASPBERRY PI 106
    4.2.1 Caja Raspberry Pi 106
    4.2.2 Fuente de alimentación Universal 108
    4.2.3 Cámara de Raspberry Pi 108
    4.2.4 PI NOIR Camera V2 110
    4.2.5 Raspberry Pi USB Wifi Dongle 111
    4.2.6 Sense Hat 112
    4.2.7 Raspberry Pi Touch Display 113

CAPÍTULO 5. SISTEMAS DE HARDWARE LIBRE 117
5.1 LICENCIAS SOFTWARE Y HARDWARE 118
5.2 PROYECTOS DE PLACAS HARDWARE ABIERTAS 122
    5.2.1 Pine A64 122
    5.2.2 ODROID 124
    5.2.3 OLinuXino 126
    5.2.4 Cubieboard 127
    5.2.5 Rock Lite Pro 128
    5.2.6 Banana Pi 129
    5.2.7 Hackberry A10 130

CAPÍTULO 6. SOFTWARE DE LA RASPBERRY PI 133
6.1 LINUX 133
6.2 SISTEMAS OPERATIVOS PARA LA RASPBERRY PI 136
    6.2.1 Raspbian 137
    6.2.2 Ubuntu Mate 138
    6.2.3 Otros sistemas operativos 140
6.3 SCRATCH 146
    6.3.1 Características básicas de Scratch 146

6.4 PYTHON 149
    6.4.1 Editor de texto IDLE para Python 150
    6.4.2 Lenguaje de Programación Python 153
    6.4.3 Programando en Python online 170
    6.4.4 Programando GUIs con Python 173

CAPÍTULO 7. ARRANCANDO LA RASPBERRY PI 177
7.1 PRIMEROS PASOS EN LA RASPBERRY PI 177
    7.1.1 Elementos necesarios para la utilización de la RPi 180
    7.1.2 Pasos para la instalación del sistema operativo 182
    7.1.3 BerryBoot 188
7.2 UTILIZAR LA TERMINAL DE RASPBERRY 188
    7.2.1 Comandos básicos de la terminal LXTerminal 191
    7.2.2 Otros comandos útiles de la terminal LXTerminal 191
7.3 CONFIGURAR RASPBERRY EN RED 195
    7.3.1 Conexión a la Raspberry de forma remota 198
7.4 PI STORE 203

CAPÍTULO 8. APLICACIONES CON RASPBERRY PI 205
8.1 APLICACIONES PRÁCTICAS CON GPIO 206
    8.1.1 Encendido de un LED 206
    8.1.2 Encendido de un LED utilizando la consola 213
    8.1.3 Encendido de un LED utilizando Scratch 215
    8.1.4 Encendido de un LED utilizando Java 215
    8.1.5 Combinación pulsador/LED 216
    8.1.6 Lectura de sensores. Midiendo temperatura 221
    8.1.7 Control de motores 227
    8.1.8 Controlar la GPIO con la librería WiringPi 234
    8.1.9 Comunicaciones con Raspberry Pi 237
    8.1.10 Raspberry Pi y Arduino 242
    8.1.11 Más aplicaciones con Raspberry Pi 244
8.2 INTERNET DE LAS COSAS 245

BIBLIOGRAFÍA 255

ÍNDICE ALFABÉTICO 259

AGRADECIMIENTOS

A Bárbara, Abel y Sandro.

Quiero dar las gracias, en primer lugar, a mi mujer Bárbara y a mis dos hijos, Abel y Sandro. Ellos me han acompañado y animado a escribir el presente libro desde el primer día. Quiero agradecerles su comprensión por las tantas horas que he dedicado al libro y ellos me han respetado y ayudado para que pudiera hacerse realidad.

A Eugenio, mi padre, y a María Salomé, mi madre. A Toni, Paloma, David y Álvaro, mi núcleo familiar, que me han apoyado y escuchado sobre las historias de lo que es capaz de hacer Raspberry Pi.

Quiero agradecer especialmente a Eugenio, mi padre y profesor, que me inició en el campo de la electrónica y ha colaborado en el presente libro aconsejando sobre muchas formas de la didáctica, así como en la corrección de las erratas.

También quiero agradecer este libro a mi profesor y catedrático de la Universidad, Dr. Manuel Castro, que me inició en el mundo de la electrónica y me ayudó en el campo de la investigación.

El autor

BIOGRAFÍA DEL AUTOR

Eugenio López Aldea es Ingeniero Industrial por la Universidad Nacional de Educación a Distancia desde 2004 y posee el Diploma de Estudios Avanzados (DEA) en la misma Universidad orientando sus estudios en el campo de los Microprocesadores y la Simulación de Circuitos Electrónicos aplicados a la docencia. Es coautor de numerosas publicaciones de libros como el libro *Electrónica General, Teoría, Problemas y Simulación* y de congresos Nacionales como *Virtual Educa* o TAEE (Tecnologías Aplicadas a la Enseñanza de la Electrónica) o Internacionales como FIE (*Frontiers In Education*). Ha participado en varios proyectos de Investigación Europea como el proyecto *IPSS-EE (*Internet-*based* Performance *Support Systems with Educational Elements* o DIPSEIL (*Distributed Internet-Based Performance Support Environment for Individualized Learning)*. Participó de una Beca de Formación en SIEMENS en el área de automatización y monitorización de procesos industriales y otra en la Universidad donde estudió su carrera. En el campo laboral, ha trabajado en diferentes empresas del sector Industrial como IRM (*Ingeniería, Reparación y Mantenimiento)*, Indra Sistemas y en la actualidad es Director Gerente la empresa Niedax Kleinhuis Ibérica.

En el campo de sistemas de *hardware* abierto, realizó la publicación del libro, *Arduino. Guía práctica de fundamentos y simulación* en 2016 con esta misma Editorial: RA-MA.

1

CONCEPTOS DE LÓGICA DIGITAL INTEGRADA APLICADA

Para comprender bien los sistemas *hardware* que basan su desarrollo en conceptos avanzados de la electrónica miniaturizada, se comienza el libro con una serie de fundamentos basados en la lógica digital integrada.

Se pretende aquí, por tanto, mostrar de forma resumida los conceptos y fundamentos en los que se basa la lógica digital integrada con el objetivo de que el lector pueda tener un concepto claro de cómo se basa el fundamento de la electrónica que subyace en los circuitos de una placa Raspberry Pi. No siendo estos conocimientos sin embargo, necesarios para utilizar la placa, sí le pueden ayudar a obtener una mejor comprensión de los sistemas y obtener mayores rendimientos en sus diseños.

1.1 INTRODUCCIÓN A LA LÓGICA DIGITAL INTEGRADA

Los diferentes componentes digitales hardware, se basan en los fundamentos que la electrónica y lógica digital han desarrollado para dar soluciones a las diferentes necesidades de computación.

Así mismo, los avances del desarrollo de la lógica digital han generado una serie de nuevas posibilidades en los planteamientos y paradigmas de los actuales circuitos integrados, que aparte de ser integrado y miniaturizado, su capacidad de cómputo y proceso son cada vez mayores.

Los circuitos digitales que implementan la lógica digital se dividen principalmente en **combinacionales** y **secuenciales**.

Los **circuitos combinacionales** son aquellos que con un número de entradas y salidas determinadas, solo están formados por funciones lógicas elementales (AND, OR, NAND, NOR, etc.) por lo que el valor de la salida (o salidas) dependerá únicamente de los valores de la entrada o entradas. El tiempo aquí no es necesario tenerlo en cuenta. El ejemplo más sencillo es el de los dos interruptores y la bombilla, es decir, si dos interruptores en serie están conectados (si y solo si los dos están conectados), la bombilla se encenderá (valor 1). Si alguno de ellos o los dos están desconectados, no se encenderá (valor 0).

En el caso de los **circuitos secuenciales**, la salida o salidas en un instante de tiempo no solo dependerán de los valores de las entradas en ese instante, sino también de los valores que tuvieron en tiempos anteriores. Es decir, que los sistemas secuenciales poseen memoria.

A continuación se muestra con mayor profundidad estos conceptos así como las posibilidades que ofrece. Se incluyen ejemplos para el desarrollo también de la lógica programable, base de la microelectrónica a nivel de lógica y por ende de los circuitos integrados y los microprocesadores.

1.1.1 Circuitos integrados

El rápido avance tecnológico ha dado lugar a que se puedan integrar simultáneamente en un mismo dispositivo, un gran número determinado de puertas lógicas entre sí para realizar una función o misión concreta. De esta forma, a principios de **los años sesenta** llega la aparición del concepto de Circuito Integrado.

Desde entonces, se han mejorado las técnicas de fabricación, donde es posible en la actualidad encontrar en algo más de 1 cm cuadrado, cientos de miles de puertas lógicas.

1.1.1.1 ESCALAS DE INTEGRACIÓN

Los circuitos integrados se pueden caracterizar según el número de puertas (o componentes) que se encuentren integrados en el chip.

Las diferentes escalas de integración en las que se presenta los circuitos integrados, se resumen a continuación:

- **SSI** (*Short Scale Integration,* integración de baja escala): Es la escala de integración más pequeña de todas, y comprende a todos aquellos integrados compuestos por menos de 12 puertas. Cumplen funciones muy básicas y abarcan desde unos pocos transistores hasta una centena de ellos.

- **MSI** (*Medium Scale Integration,* integración a media escala): Esta escala comprende todos aquellos integrados cuyo número de puertas oscila entre 12 y 100 puertas. Como ejemplo, se utilizan en sumadores y multiplexores, así como en los primeros ordenadores que aparecieron hacia 1970.

- **LSI** (*Large Scale Integration,* integración a gran escala): A esta escala pertenecen todos aquellos integrados que contienen desde más de 100 puertas lógicas (lo que conlleva unos 1.000 componentes integrados individualmente), hasta las mil puertas. Estos integrados realizan operaciones esenciales de una calculadora o el almacenamiento de una gran cantidad de datos (bits). La aparición de los circuitos integrados a gran escala, dio paso a la construcción del microprocesador. Los primeros funcionaban con 4 bits (1971) e integraban unos 2.300 transistores; rápidamente se pasó a los de 8 bits (1974) y se integraban hasta 8.000 transistores. Posteriormente aparecieron los microprocesadores de circuitos integrados VLSI.

- **VLSI**: (*Very Large Scale Integration,* integración a muy larga escala) comenzó en 1980. Estos sistemas van de 1.000 a 10.000 puertas por circuito integrado, los cuales aparecen para consolidar la industria de los integrados y para desplazar definitivamente la tecnología de los componentes aislados y dan inicio a la era de la miniaturización de los equipos apareciendo y haciendo cada vez más común la manufactura y el uso de los equipos portátiles.

- **ULSI** (*Ultra Large Scale Integration*): Desde 100.001 a 1.000.000 de transistores. Sus aplicaciones se ven en el campo de los microcontroladores y memorias.

- **GLSI** (*Giga Large Scale Integration*) más de un millón de transistores. Mediante esta escala de integración, se desarrollan los procesadores de última generación.

Nivel de integración	Nº de componentes		Aplicaciones	Usos
	Transistores	Compuertas		
SSI: pequeña escala de integración	10 a 100	1 a 10	Compuertas lógicas	Construcción de la familia lógica 74xx
MSI: media escala de integración	100 a 1.000	10 a 100	Codificadores, sumadores	Control de circuitos secuenciales(semáforos)
LSI: gran escala de integración	1.000 a 10.000	100 a 1.000	Circuitos aritméticos complejos	Construcción de relojes digitales y contadores
VLSI: Muy gran escala de integración	10.000 a 100.000	1.000 a 10.000	Microcontroladores, memorias	Equipos médicos de precisión
ULSI: Ultra alta escala de integración	100.000 a 1.000.000	10.000 a 100.000	Procesadores digitales, microprocesadores avanzados	Construcción de autómatas y robots
GLSI: Giga alta escala de integración	> 1.000.000	> 100.000	Procesadores de última generación	Construcción de CPU

Tabla 1.1. Escalas de integración de circuitos integrados, aplicaciones y usos.

1.1.1.2 CARACTERÍSTICAS GENERALES DE LOS CIRCUITOS INTEGRADOS

Las características funcionales de los circuitos integrados a tener en cuenta en el proceso de diseño, montaje, comprobación y uso, se resumen en la tensión de alimentación, temperatura máxima de trabajo y margen del ruido entre otras.

▼ Tensión de alimentación

La tensión habitual de los circuitos de los circuitos integrados es de 5 V. Dicha tensión es común en las series TTL (*Transistor-Transistor Logic,* lógica transistor a transistor), cuya tensión oscila entre 4,75 y 5,25 v, requiriendo de esta forma una fuente de alimentación bien filtrada y estabilizada. Las puertas CMOS (*Complementary Metal-Oxide-Semiconductor,* semiconductor complementario de óxido metálico) poseen un margen de alimentación mucho más amplio (entre 3 y 18 V), y no requieren ni estabilidad ni ausencia de rizado en estas.

▼ Temperatura máxima de trabajo

Existe un intervalo de temperaturas para el cual está garantizado el funcionamiento de los circuitos integrados digitales que va de -40°C a 85°C para CMOS y de 0°C a 70°C en TTL.

Ha de tenerse en cuenta que las características de una puerta lógica varían fuertemente con la temperatura; en general empeoran al aumentar esta, lo que se refleja en reducción de los márgenes de ruido y de la velocidad de trabajo así como en aumento del consumo. El circuito integrado desprende calor durante su actividad, como consecuencia de la disipación de la energía que utiliza en su funcionamiento, y causa una elevación de su propia temperatura que, en ocasiones, puede ser importante. Por ello, para el diseño de un sistema digital se ha de tener en cuenta el rango de temperaturas en el que va a trabajar y, si es preciso, incluir un mecanismo de refrigeración adecuado como un ventilador.

▼ **Fan-out**

El *fan-out* o abanico de salida, es el valor absoluto de la corriente máxima que circula por una salida de un circuito lógico y que asegura los valores de tensión de los niveles lógicos, expresado en unidades de carga. Este término se emplea para indicar el máximo número de entradas que se pueden conectar a la salida de un determinado circuito. De no disponer de una corriente de salida suficientemente adecuada o bien de disponer de demasiadas salidas a las que conectar un circuito, podría no funcionar adecuadamente. Si ha de tener un nivel alto pero la intensidad no es suficiente estaría ofreciendo intensidades inadecuadas y por tanto causaría errores de información también.

▼ **Niveles de tensión de entrada y salida**

Dada una determinada familia lógica con una alimentación concreta, existe una serie de valores de tensión para la entrada mediante los que se diferencia el valor del voltaje como nivel bajo lógico o nivel alto (0 o 1 respectivamente).

A la salida sucede igualmente, es decir, habrá dos niveles de tensión que delimitarán el estado alto o bajo. Se podría decir, siguiendo una lógica de nivel alto de tensión que equivalga a un 1 lógico, que cualquier valor comprendido entre +2,5 V y la tensión de alimentación (en torno a 5 V) que se aplique a la entrada de una puerta lógica, esta lo interpretará como un 1 lógico. En caso de que la tensión sea entre 0 y +1,5 V, sería interpretada como un 0 lógico. Si el valor está comprendido entre +1,5 V o 2,5 V por ejemplo, la puerta lógica no funcionaría de manera correcta o puede crear una incertidumbre de comportamiento y entregar un valor a la salida, dentro de un rango que no sea el de trabajo que se desea. De igual forma sucedería a la salida de las puertas lógicas.

▼ **Margen de ruido**

El ruido en electrónica digital sería una perturbación en el comportamiento de la tensión o corriente (normalmente no voluntaria) que puede modificar los niveles de salida de un circuito de forma no deseada o inadecuada. El ruido electrónico en muchas ocasiones es una fuente de problemas para el desarrollador y en ocasiones no es fácil conocer el origen del mismo y sus efectos sobre el sistema.

El ruido electrónico suele ser provocado por elementos eléctricos o de potencia que puedan generar un campo magnético como motores con escobillas, contactores, relés o máquinas de soldadura. Acoplamientos a través de la fuente de alimentación, picos de tensión provocados por la red de consumo (por una conmutación sobre las líneas eléctricas), etc.

Si el intervalo de trabajo de una entrada lógica es de 0 a 1,5 V, y la salida de la puerta lógica digital anterior es de 1 V, el margen de ruido permitido sería de 0,5 V. Es interesante que los márgenes de trabajo sean lo más grande posible con el objetivo de que el circuito que desarrollemos sea lo más inmune posible al ruido.

▼ **Tiempo de propagación medio**

El tiempo de propagación es el tiempo que transcurre desde que la señal de entrada de una puerta lógica o circuito tiene un determinado valor hasta que la salida reacciona a dicho valor. Este concepto es importante, ya que si este cambio, por ejemplo en un circuito combinacional, no es rápido, o los circuitos tienen en su interior tiempos de propagación diferente, el comportamiento del circuito no sería el esperado.

▼ **Disipación de potencia**

Los circuitos integrados disipan potencia. Si el circuito dispone de muchos componentes integrados, la exigencia en cuanto a disipación también crece, ya que existe riesgo de calentamiento del mismo degradando el comportamiento que pueda ofrecer.

Para resolver esta potencial problemática, se pueden utilizar tecnologías de bajo consumo, como CMOS o ventiladores de disipación del calor.

1.1.1.3 FAMILIAS LÓGICAS

La familia lógica está constituida por un conjunto de dispositivos lógicos construidos con una misma tecnología y por tanto con características similares. Las diferentes subfamilias de estas aparecen con la idea de mejorar algunas características de la familia pero conservando sus características generales.

A continuación se cita un resumen de las familias de circuitos integrados digitales más populares atendiendo a la tecnología de fabricación empleada:

- **Tecnología bipolar:** la ventaja es la alta velocidad pero también tiene un alto consumo:

  - **TTL** (*Transistor-Transistor Logic*, lógica transistor-transistor). Es la familia más popular.

  - **ECL** (*Emitter-Coupled Logic*, Lógica de acoplamiento de emisor). Se utiliza en sistemas que requieren alta velocidad.

  - **IIL** o **I2L** (*Integrated-Injection Logic*, lógica de inyección integrada).

- **Tecnología unipolar:** tiene una gran densidad de integración y reducido consumo, pero como desventaja la baja velocidad:

  - **MOS** (*Metal-Oxide Semiconductor*, semiconductor de óxido de metal). Más utilizados en circuitos que requieren alta densidad de componentes junto con la IIL. Aparte la IIL ha demostrado bajo consumo junto con la CMOS que se indica a continuación.

  - **CMOS** (*Complementary Metal-Oxide Semiconductor*, semiconductor de óxido de metal complementario).

Por último estaría la **tecnología BICMOS** que combina las dos anteriores en un mismo circuito integrado, consiguiendo las ventajas de ambas.

1.1.1.4 FAMILIAS TTL Y CMOS

Como características principales de la **familia TTL** se podría indicar que funciona con una alimentación única de + 5 V con un ± 5 %. Retardo de 10 ns, temperatura de trabajo de 0°C a 70°C, *fan-out* de 10, margen de ruido en estado 0 y en 1 de 400 mV y una potencia de disipación de 10 mW.

La **familia CMOS**, sin embargo, está caracterizada por su bajo consumo. Es la más reciente de todas las grandes familias y la única cuyos componentes se construyen mediante el proceso MOS. El elemento básico de la familia CMOS es un inversor. Los transistores CMOS tienen características que los diferencian notablemente de los bipolares como el bajo consumo (el consumo aquí es en torno a 0,01 mW) y elevada inmunidad al ruido (especial aplicación en automatismos industriales). Como desventajas cabría citar su baja velocidad (retardo típico de 25 a 30 ns) y un proceso de fabricación más caro y complejo.

1.1.2 Circuitos combinacionales

Como se indicaba, los circuitos que emplean únicamente tipos de puertas digitales tipo AND, OR, NOT, etc. se conocen como circuitos combinacionales, porque sus salidas dependen únicamente de la combinación de los valores de las entradas.

Con ellos, se pueden desarrollar multiplexores, demultiplexores, decodificadores, comparadores, generadores y detectores de paridad.

1.1.2.1 MULTIPLEXORES Y DEMULTIPLEXORES

Un circuito multiplexor realiza la función de seleccionar una señal de entrada entre varios canales de entrada, obteniéndose una única salida. Para ello dispone aparte de sus entradas del circuito propias, también de las entradas de selección (que suelen indicarse aparte) que permiten redirigir cualquiera de las entradas elegidas a la salida.

Por tanto, si se dispone de un circuito multiplexor de 16 entradas de datos y para su selección se establece 4 entradas de selección, para escoger a la salida, el nivel de 0 o 1 que hay en la primera línea de datos, habría que tener todas las entradas de selección a 0.

Como ejemplo se indica el siguiente circuito multiplexor:

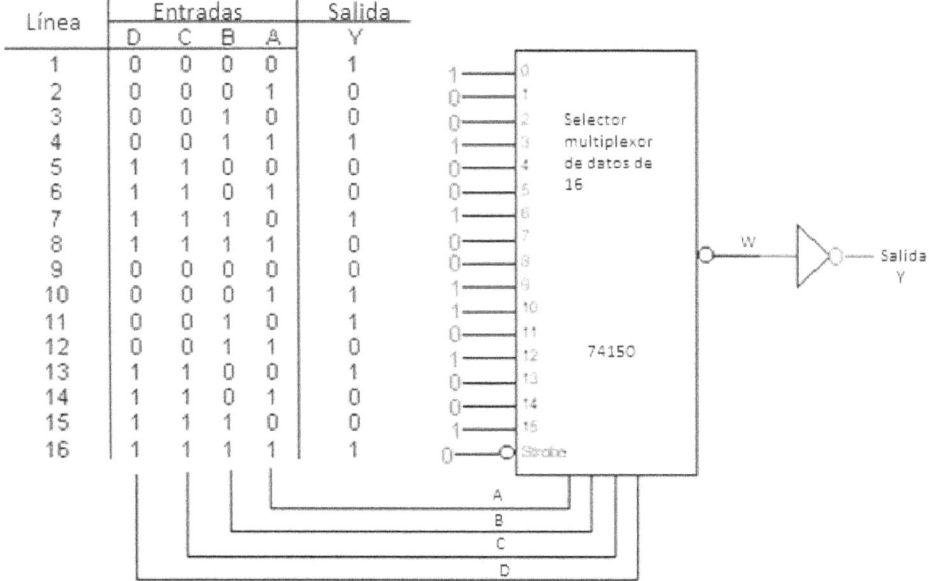

Figura 1.1. Ejemplo de circuito multiplexor con 16 entradas de datos y 4 de selección

En el caso de un demultiplexor se realizaría la función inversa a la del multiplexor, es decir, una única señal de entrada se lleva a uno de los canales de salida según la selección establecida.

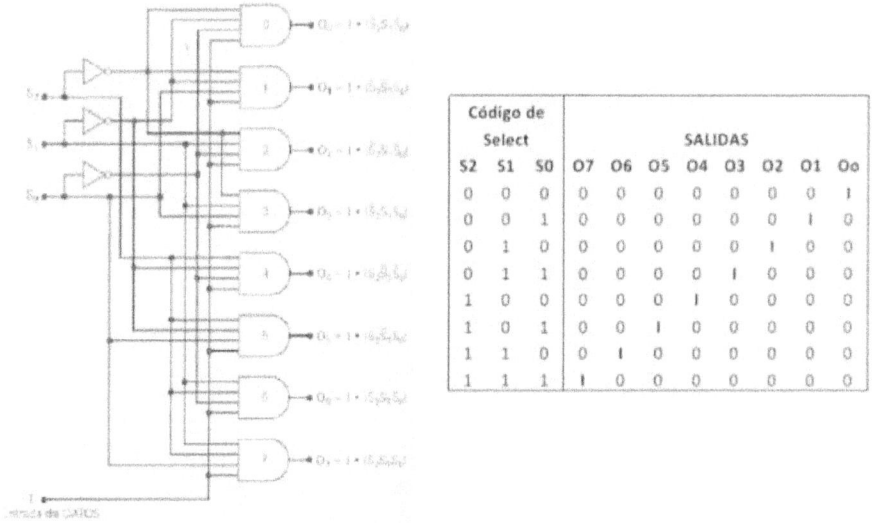

Figura 1.2. Ejemplo de circuito demultiplexor con 8 salidas y 3 selección (http://es.slideshare.net/cardo100/demultiplexores).

1.1.2.2 DECODIFICADORES

Los decodificadores son circuitos combinacionales integrados que actúan de modo que según cual sea la combinación de las variables de entrada se activa al menos una salida, permaneciendo el resto de ellas desactivada. Si solo se activa una salida se denomina decodificador completo. Para ello disponen de n entradas y un número de salidas igual o menor a $2n$.

Estos circuitos suelen disponer de una entrada adicional denominada de inhibición o *strobe* de modo que cuando esta entrada se encuentra activada, pone todas las salidas a 0.

Un ejemplo muy utilizado es el decodificador BCD (*Binary-Coded Decimal*, decimal codificado en binario) a decimal, cuya tabla de verdad sería:

E3	E2	E1	E0	S9	S8	S7	S6	S5	S4	S3	S2	S1	S0
0	0	0	0	0	0	0	0	0	0	0	0	0	1
0	0	0	1	0	0	0	0	0	0	0	0	1	0
0	0	1	0	0	0	0	0	0	0	0	1	0	0
0	0	1	1	0	0	0	0	0	0	1	0	0	0
0	1	0	0	0	0	0	0	0	1	0	0	0	0
0	1	0	1	0	0	0	0	1	0	0	0	0	0
0	1	1	0	0	0	0	1	0	0	0	0	0	0
0	1	1	1	0	0	1	0	0	0	0	0	0	0
1	0	0	0	0	1	0	0	0	0	0	0	0	0
1	0	0	1	1	0	0	0	0	0	0	0	0	0

Tabla 1.2. Tabla de la verdad del decodificador BCD.

Otro decodificador muy común es el de siete segmentos, este circuito combinacional activa simultáneamente varias salidas, decodifica la información de entrada en BCD a un código de siete segmentos adecuado para que se muestre en un *display* siendo el procedimiento empleado para las calculadoras, relojes digitales, etc.

Su tabla de verdad sería:

Entradas				Segmentos							Decimal
A3	A2	A1	A0	A	B	C	D	E	F	G	
0	0	0	0	1	1	1	1	1	1	0	0
0	0	0	1	0	1	1	0	0	0	0	1
0	0	1	0	1	1	0	1	1	0	1	2
0	0	1	1	1	1	1	1	0	0	1	3
0	1	0	0	0	1	1	0	0	1	1	4
0	1	0	1	1	0	1	1	0	1	1	5
0	1	1	0	0	0	1	1	1	1	1	6
0	1	1	1	1	1	1	0	0	0	0	7
1	0	0	0	1	1	1	1	1	1	1	8
1	0	0	1	1	1	1	0	0	1	1	9

Tabla 1.3. Tabla de la verdad del decodificador de 7 segmentos.

En las imágenes siguientes puedes ver, qué segmentos están encendidos en dos números. En el caso del 6 como indica la tabla de verdad, están activados, los segmentos c, f, g, e y d, c.

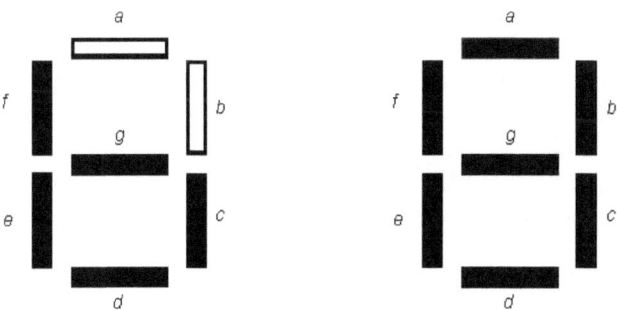

Figura 1.3. Ejemplo de segmentos activados en un display digital para mostrar los números 6 y 8.

1.1.2.3 COMPARADORES

Tal como su nombre indica, son circuitos integrados combinacionales con uno o más pares de entradas que tienen como función comparar dos magnitudes binarias para determinar su relación.

El comparador más básico determinaría simplemente si dos números son iguales. Esto se consigue mediante una puerta XOR (*or* exclusiva), ya que su salida es 1 si los dos *bits* de entrada son diferentes y 0 si son iguales.

Normalmente los comparadores poseen además de la salida de igualdad, dos salidas más que indican cuál de los números colocados a la entrada es mayor (M) que el otro, o bien es menor (m) que el otro.

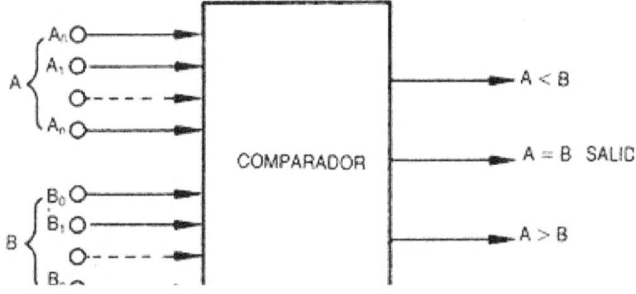

Figura 1.4. Esquema genera de un circuito comparador.

1.1.2.4 GENERADORES/DETECTORES DE PARIDAD

Un generador de paridad es un circuito que ofrece a la salida información sobre la paridad de los *bits de entrada*. Permite principalmente por medio de este *bit* añadido, detectar un error de transmisión.

Si el número de bits total es par se denomina paridad par, y si es impar, se denomina paridad impar. Cuando el código se transmite, el receptor decodifica la información y la valida a través de un comprobador de paridad. En el caso de que el resultado de la suma de la paridad sea par (es decir, 0), el receptor entenderá que la cadena de bits no posee error, pero si la suma es impar (es decir, 1), el receptor verá que la cadena de bits posee un error de transmisión.

1.1.3 Circuitos secuenciales

En los circuitos combinacionales, las salidas dependían única y exclusivamente de las combinaciones de entradas, y no de la historia pasada del sistema. En el caso de los circuitos secuenciales, sin embargo, **el valor de la salida también depende de los valores pasados del circuito**, es decir, de su historia. La dependencia de esta historia muy útil para aplicaciones en las que es necesario recordar un determinado estado del circuito. Como ejemplos sencillos se podría citar la creación de un reloj o la de un contador, que se modela teniendo en cuenta que la salida será el resultado de sumar uno a su valor anterior.

Uno de los primeros problemas de los circuitos secuenciales era determinar el momento en el que el próximo estado debía pasar a estado presente, sin capturar situaciones no deseadas. Este problema es lo que se conoce como sincronización, cuyas soluciones dieron lugar a una de las principales clasificaciones de los sistemas secuenciales.

Según la evolución de la señal de salida, los sistemas secuenciales se clasificarían en:

- ▼ **Sistemas asíncronos:** La sincronización depende exclusivamente de los retrasos de la lógica combinacional, sin necesidad de ninguna señal externa al sistema.

- ▼ **Sistemas síncronos:** La sincronización depende exclusivamente de una señal externa al sistema, conocida generalmente como señal de reloj. Esta señal de reloj controlará el comportamiento de los elementos de memoria.

1.1.3.1 BIESTABLES

Los biestables (*flip-flop*) representan los circuitos secuenciales más elementales. Si se unen varios biestables, se hace posible otros dispositivos de mayor complejidad como los contadores, registros de desplazamiento e incluso memorias.

En el caso de las memorias, un biestable es un circuito capaz de almacenar un estado lógico (1 o 0) o *bit* de información.

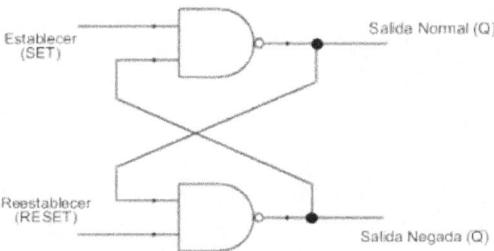

Figura 1.5. Esquema de un circuito biestable básico construido a partir de dos puertas digitales NAND (registro básico NAND).

En el caso de los biestables podemos resumir el sincronismo de la siguiente manera:

▶ **Asíncronos:** pueden cambiar al cambiar cualquier entrada. El más utilizado es el tipo **R-S** (*Reset* y *Set*) y dos salidas Q y /Q completadas (directa y negada). La entrada *Set* pondría a uno a la salida directa y la entrada *Reset* la pone a cero. También se encuentra entre otros el biestable tipo J-K en el que su salida Q se mantiene en el estado anterior cuando ambas entradas J y K están al nivel bajo. Si ambas salidas son distintas, la salida Q toma el valor de la entrada J y cuando están al nivel alto, la salida Q toma el valor de su estado anterior complementado (basculamiento).

A continuación se muestran las tablas de la verdad de un circuito biestable R-S activo al nivel bajo donde /R es R negada y la de un circuito biestable J-K asíncrono.

/R	/S	/Q_{t+1}
0	0	No permitido
0	1	0
1	0	1

Tabla 1.4. Tabla de la verdad de un circuito biestable R-S activo al nivel bajo.

J	K	Q_t	Q_{t+1}	$/Q_{t+1}$	Estado
0	0	0	0	1	Estado anterior
0	0	1	1	0	Estado anterior
0	1	0	0	1	Puesta a cero
0	1	1	0	1	Puesta a cero
1	0	0	1	1	Puesta a cero
1	0	1	1	1	Puesta a cero
1	1	0	1	0	Basculamiento
1	1	1	0	1	Basculamiento

Tabla 1.5. Tabla de la verdad de un circuito biestable J-K asíncrono

▶ **Síncronos:** En los biestables síncronos se encuentra una señal de control que indica cuándo pueden cambiar de valor. Esto ofrece la ventaja de controlar el circuito a través de esta señal de sincronismo (c_k). El circuito puede ser activado por nivel o por flanco. Se encuentran principalmente los biestables R-S, J-K, D y T.

Como ejemplo de biestable síncrono se puede analizar el biestable R-S síncrono activado por nivel en el que las señales de entrada son inhibidas por la señal de reloj, mientras este permanezca a nivel bajo, pero en el momento que la señal pasa a tener un nivel alto, las señales de entrada pasan al biestable variando así las salidas.

c_k	R	S	Q_{t+1}
0	X	X	Q_t
1	0	0	Q_t
1	0	1	1
1	1	0	0
1	1	1	No permitido

Tabla 1.6. Tabla de la verdad de un circuito biestable R-S síncrono activo por nivel alto.

Si se dispone por el contrario de un tipo de biestable accionado por flanco a la salida se tendría la entrada cuando se activase el flanco de la señal de sincronismo. Véase como ejemplo el comportamiento a la salida de un biestable síncrono D constituido por tres biestables R-S asíncronos. Cuando la señal de sincronismo es "0" el biestable memoriza la señal anterior. Cuando cambia del estado lógico 0 al 1 (flanco de subida representado con flecha arriba), aparece el valor de D en la salida.

c_k	D	Q_{t+1}
0↓	X	Q_t
↑	0	0
↑	1	1

Tabla 1.7. Tabla de la verdad de un biestable tipo D activo por flanco de subida

Como conclusión, de los componentes sencillos se pueden establecer circuitos digitales que organizados ofrecen diferentes comportamientos a la salida según unos parámetros de entrada. Según la aplicación que se necesite será conveniente la aplicación de uno o varios circuitos para obtener los resultados deseados. A continuación se muestran ejemplos y aplicaciones con registros y contadores, así como memorias. Elementos básicos para el funcionamiento de una Raspberry Pi.

1.1.3.2 REGISTROS Y CONTADORES

Muchas son las aplicaciones de los circuitos biestables. Entre ellos los registros, contadores, relojes, temporizadores, divisores de frecuencia, etc. Estos elementos son utilizados a su vez para diferentes aplicaciones que los microprocesadores o microcontroladores disponen para los objetivos de la organización y programación de la información que utilizan.

En este caso, los registros y contadores son circuitos integrados de media escala de integración (MSI) dentro de los sistemas secuenciales. Los registros aportan almacenamiento temporal de una información dada previamente en binaria y los contadores pueden realizar la cuenta de impulsos, que a su vez se utilizarán como temporizadores o divisores de frecuencia.

En el caso de los **registros** se puede encontrar registros de desplazamiento con entrada serie o paralelo, así como reversibles. En el primer caso, el dato binario se iría almacenando en serie uno a uno en los circuitos biestables hasta completar con la palabra binaria que se desea almacenar mientras que en el segundo caso, los *bits* entrarían todos a la vez en los biestables. Si se trata de un circuito reversible se podría elegir el sentido a derechas o a izquierdas de la información mediante un multiplexor. También es posible disponer registros en anillo.

Como ejemplo, si se desea guardar en registro serie o paralelo 0101, este puede ser realizado por cuatro biestables del tipo D como se indica en la imagen.

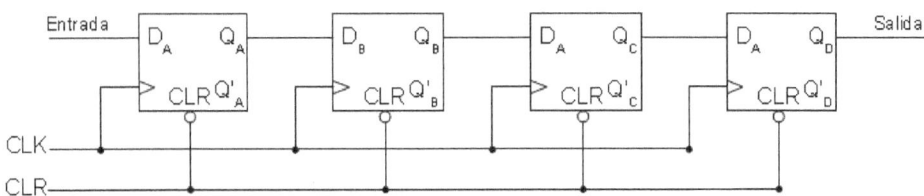

Figura 1.6. Esquema de un circuito secuencial para registro de 4 bits serie con biestables tipo D (http://e-ducativa.catedu.es/44700165/aula/archivos/repositorio//4750/4922/html/21_registros_de_desplazamiento.html).

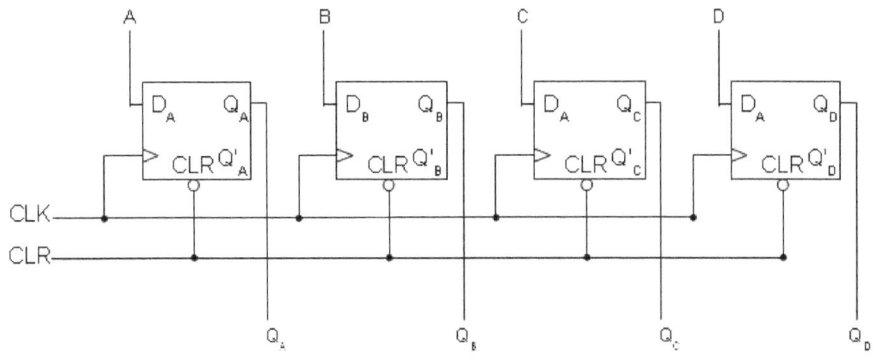

Figura 1.7. Esquema de un circuito secuencial para registro de 4 bits paralelo con biestables tipo D (http://e-ducativa.catedu.es/44700165/aula/archivos/repositorio//4750/4922/html/21_registros_de_desplazamiento.html).

Los **contadores** sin embargo, sirven para contar impulsos. En realidad son sistemas de memoria que guardan el número de pulsos que recibieron a la entrada. Esto ofrece una gran variedad de aplicaciones.

En el caso de que se desee contar 8 estados, se necesitaría 3 biestables como se indica a continuación:

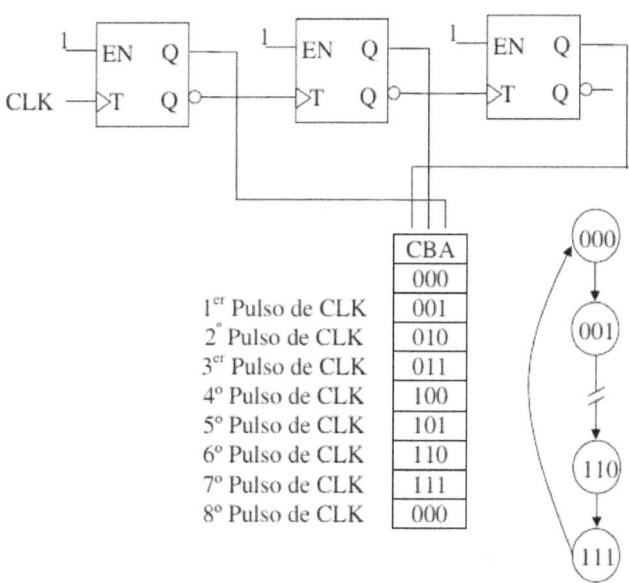

Figura 1.8. Esquema general de un circuito contador de 3 bits (http://www.uhu.es/rafael.lopezahumada/Cursos_anteriores/fund01_02/tema8.pdf).

1.1.3.3 DIVISORES Y MEDIDORES DE FRECUENCIA

Los circuitos divisores de frecuencia se encargan de entregar a su salida una señal de frecuencia reducida con respecto a la de entrada. Esta señal de entrada la proporciona un oscilador.

Para implementar un circuito de este tipo se utilizará un contador de módulo c, quedando así: $f_{sal}=f_{ent}/c$, es decir, la frecuencia de salida será la de entrada dividido entre el módulo c.

1.1.4 Memorias de semiconductores

Como ya se ha indicado, un registro (*latch* o *flip-flop*) puede almacenar un *bit*. Sin embargo, para almacenar una gran cantidad de *bits*, se recurre al uso de memorias. Una memoria, en general, es una matriz de 2^nxb celdas donde 2^n son las filas (posiciones) y b columnas (longitud de palabra).

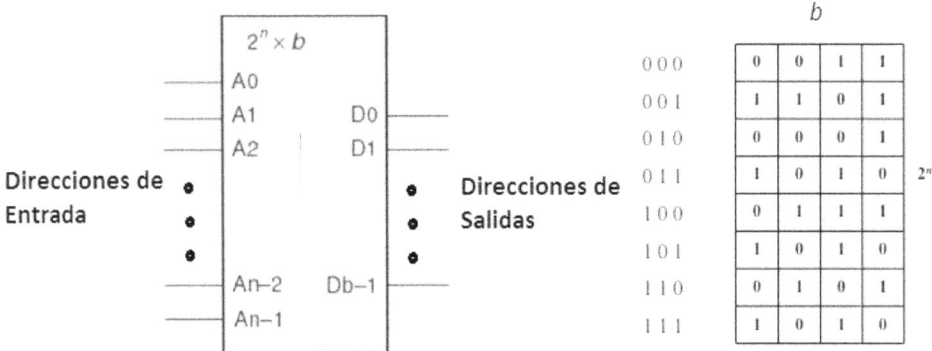

Figura 1.9. Dibujo esquemático de una memoria de semiconductores (2nxb).

Las memorias de semiconductores se pueden clasificar en **volátiles**, que son las que requieren alimentación para mantener los datos (como ejemplo la RAM – *Ramdom Access Memory* – Memoria de acceso aleatorio) o **no volátiles**, que son las que pueden retener información incluso cuando no se la está alimentando (ROM – *Read Only Memory*, memoria de solo lectura).

A continuación se muestra el significado de las diferentes memorias de semiconductores más presentes en el mercado:

Dentro de las memorias de semiconductores volátiles se puede citar:

- ▼ **SRAM** (*Static Random Access Memory*, memoria de acceso aleatorio estática): Mantiene la información mientras esté alimentada y es muy rápida.

- ▼ **DRAM** (*Dynamic Random Access Memory*, memoria de acceso aleatorio dinámico): Los datos se almacenan similar a la carga de un condensador. Tiende a descargarse y, por lo tanto, es necesario un proceso de refresco periódico. Son más simples y baratas que las SRAM, admiten mayor integración pero son más lentas.

En el caso de las memorias no volátiles:

- ▼ **ROM** (*Read Only Memory*, memoria de solo lectura): Son memorias de solo lectura. El estado de cada celda queda determinado en el momento de la fabricación del chip. Nunca pierden la información.

- **PROM** (*Programmable Read Only Memory*, memoria programable de solo lectura): Son iguales a las anteriores pero el fabricante las entrega sin grabar. Se pueden grabar de forma eléctrica, solo una vez.

- **EPROM** (*Erasable Programmable Read Only Memory, ROM programable borrable*): Se puede escribir varias veces de forma eléctrica. El borrado de los contenidos es completo y a través de la exposición a rayos ultravioletas.

- **EEPROM** (*Electrically Erasable Programmable Read Only Memory*, ROM programable y borrable eléctricamente): Se puede borrar selectivamente byte a byte con corriente eléctrica. Es más cara que la EPROM.

- **FLASH:** Está basada en las EEPROM pero permite el borrado bloque a bloque, es más barata y permite mayor densidad. Se trata de la tecnología empleada en los dispositivos de memoria USB.

El SoC de la Raspberry Pi posee una memoria SDRAM (*synchronous dynamic random-access memory*, memoria de acceso aleatorio dinámica síncrona). Esta es una familia de memorias dinámicas de acceso aleatorio (DRAM) con una interfaz síncrona.

1.1.5 Dispositivos lógicos programables

Un Dispositivo Lógico Programable (PLD, *Programmable Logic Device*) es cualquier dispositivo lógico cuya función la especifica el usuario, después de ser fabricado el dispositivo. Pertenecen a las arquitecturas configurables de los circuitos integrados y hoy en día son las más utilizadas, aumentando cada vez más su densidad de integración y velocidad.

Con el desarrollo de la electrónica digital aparece la evolución de los circuitos integrados con mayor integración, constituidos con puertas o bloques lógicos. Estos circuitos implementan la lógica combinacional y secuencial. De esta forma, se ve la evolución hasta llegar a los microprocesadores y microcontroladores utilizados por las placas de *hardware* libre y en concreto en la Raspberry Pi. Esto es motivado porque es posible en una pequeña placa de circuito impreso reducir su tamaño y coste de grandes tiradas.

En los diferentes desarrollos de los circuitos programables, se puede definir principalmente dos arquitecturas, la no configurable y la configurable.

En la **arquitectura no configurable**, se engloba los microprocesadores o microcontroladores en donde se integra una Unidad Aritmético Lógica (UAL o ALU *arithmetic Logic Unit*), registros, contador de programa, decodificador de instrucciones y registro de instrucciones.

En la **arquitectura configurable** se pueden relacionar diferentes elementos o bloques lógicos, configurando nuestro diseño en función de las necesidades que presenta.

A continuación se muestra una clasificación genérica de todos los circuitos integrados que existen en el mercado, aunque está en constante evolución.

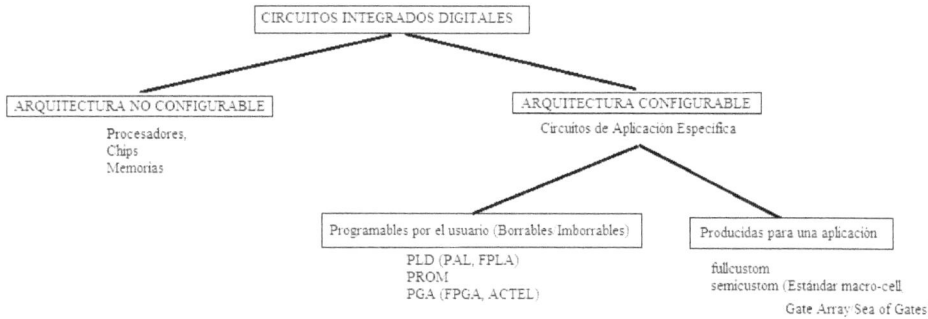

Figura 1.10. Clasificación de los Circuitos Integrados. Electrónica Digital, Lógica Digital Integrada (RA-MA).

Cuando el *hardware* es de tipo específico se denominan **ASIC** (*Application Specific Integrated Circuit*, circuitos integrados de aplicación específica). Se trata de un circuito integrado hecho a la medida para un uso en particular, en vez de ser concebido para propósitos de uso general. Se usan para una función específica.

Dentro de los circuitos integrados de arquitectura configurable, destacan los dos tipos de mayor aplicación en el mercado que son los PLD (*Programmable Logic Devices,* dispositivos lógicos programables), para pequeñas y medias aplicaciones y las CPLD (*Complex Programmable Logic Devices*, PLD complejos), junto con las PGA (*Programmable Gate Array,* matriz de puertas programables).

No es el objetivo presentar todos los dispositivos programables aquí, pero si mostrar la posibilidad de que la tecnología ya desarrolla la operativa lógica de un circuito integrado definiéndola también por medio de un lenguaje que permite describirla a un nivel más o menos alto y que puede posteriormente ser traducida para implementarla en un dispositivo lógico, bien durante su fabricación o bien posteriormente. Esta es la base para el desarrollo en un sistema abierto programable.

Terminaremos mencionando los dispositivos lógicos **FPGA** (*Field Programmable Gate Array*). Un FPGA es un dispositivo semiconductor que contiene bloques de lógica cuya interconexión y funcionalidad puede ser configurada *'in situ'* mediante un lenguaje de descripción especializado. La lógica programable puede reproducir desde funciones tan sencillas como las llevadas a cabo por una puerta lógica o un sistema combinacional hasta complejos sistemas en un chip. Por tanto, un FPGA es un dispositivo lógico programable, es decir un chip cuyas puertas lógicas a nivel físico son programables. Los FPGA se utilizan en la industria de fabricación aeroespacial o militar. Son interesantes cuando se desean soluciones específicas, pero también ofrece la posibilidad de reconfigurar todo el circuito. Tiene la ventaja principal de poder desarrollar una operación en un solo ciclo de reloj, llevaría varios en un procesador convencional, al ser preparado o pre-programado así para ello.

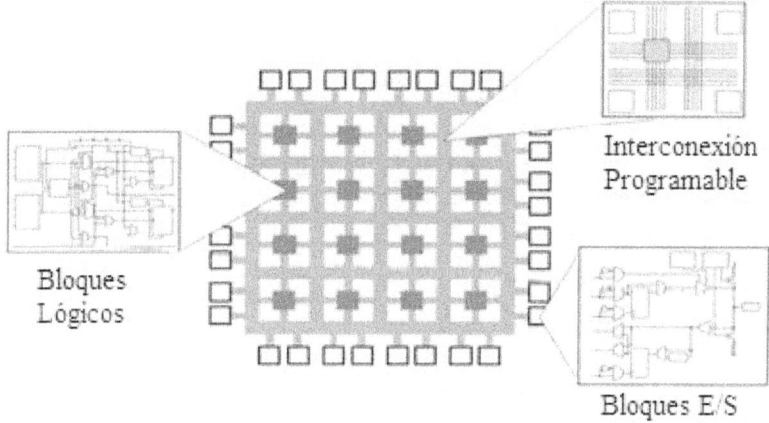

Figura 1.11. Esquema de una matriz FPGA *(http://www.ni.com/tutorial/6097/en)*.

1.2 INTRODUCCIÓN A LA ARQUITECTURA ARM

La placa Raspberry Pi, trabaja con un procesador que dispone de una arquitectura ARM. Por este motivo, se expone a continuación, el concepto general de este tipo arquitectura y sus ventajas respecto a otras. De esta forma se logra un conocimiento general también del interior de la placa y su forma de operar.

ARM (*Arcon RISC Machine*, máquina RISC de Arcon) es una arquitectura RISC (*Reduced Instruction Set Computer*, ordenador con conjunto reducido de instrucciones) de 32 bits desarrollada inicialmente por Arcon Computers Ltd, empresa que también fabricaba ordenadores. Su versión V8-A permitió la llegada de los 64 bits. En 1990 en la compañía Acorn se dieron cuenta de que el hecho de que el fabricante de un procesador con esta arquitectura fuese también un fabricante de ordenadores podría no gustar a los clientes, por lo que se decidió crear una nueva compañía llamada *Advanced RISC Machines*, que sería la encargada del diseño y gestión de las nuevas generaciones de procesadores ARM. El significado de ARM aquí pasó a *Advanced RISC Machine*, como la compañía.

Por sus características de ahorro energético, los microprocesadores con arquitectura ARM dominan en el mercado de dispositivos móviles, donde el bajo consumo de energía es un objetivo crítico de sus diseños. En 2005, el 98% de todos los teléfonos celulares vendidos tenían al menos un procesador ARM. Esto es interesante también para el desarrollo de una placa Raspberry, debido a su pequeño tamaño e interés en un bajo consumo de energía. La arquitectura ARM también se pueden encontrar en todo tipo de dispositivos electrónicos portátiles como reproductores, calculadoras y periféricos.

El diseño de ARM comenzó en 1983, como un proyecto de desarrollo en la empresa Acorn Computers Ltd. Comenzaron el desarrollo de lo que parecía un MOS Technology 6502 avanzado. Acorn tenía una larga línea de computadoras basadas en el 6502, por lo tanto, un chip que fuera similar podría representar una ventaja significativa a la compañía.

El equipo completó muestras del desarrollo llamadas ARM1 en abril de 1985, y la primera producción fue el ARM2 al año siguiente. ARM2 tenía un bus de datos de 32 bits. Fue, posiblemente, el microprocesador de 32 bits más simple en el mundo, con solo 30 mil transistores (como ejemplo, el modelo 68000 de Motorola tenía 70 mil transistores y era seis años más antiguo). Tampoco poseía caché, como la mayoría de las CPUs de esos días. Esta simplicidad les permitía un menor uso de energía, objetivo de este desarrollo. Su sucesor, el ARM3, fue producido con un caché de 4 KB.

Entrados los 80, Apple Computer comenzó a trabajar con Acorn en una nueva versión del núcleo de ARM, que se convertiría eventualmente en el ARM6. El primer modelo fue lanzado en 1991. El núcleo permaneció mucho tiempo del mismo tamaño a pesar de estos cambios. ARM2 tenía 30 mil transistores, mientras que ARM6 solo 35 mil. La implementación más exitosa ha sido el ARM7TDMI, con miles de millones vendidos.

En octubre de 2011 se anuncia ARMv8-A (también llamada ARMv8), representó un cambio fundamental en la arquitectura de ARM. Agrega opcionalmente la arquitectura de 64 bits. En 2013, se produjeron 10 mil millones de chips basados en ARM. Se encuentran en el 60% de todos los dispositivos móviles del mundo y en 2014, 50 mil millones de procesadores ARM.

ARM Holdings se limita solo a licenciar sus diseños, es decir, deja utilizar sus patentes para que otras compañías produzcan procesadores propios en base a esta tecnología: por ejemplo, la arquitectura ARMv8-A es la que emplea Apple para el procesador de 64 bits de su iPhone 5.

Como comparativa a la arquitectura ARM existe el tipo de procesador más utilizado en equipos de escritorio como el más conocido. Se trata del x86, basado en la arquitectura CISC (*Complex instruction set computing,* computando conjunto de instrucciones complejas) con soporte para instrucciones complejas, simultáneas y de ejecución más lenta, que a pesar de simplificar la estructura de programación sin embargo, supone un mayor consumo de energía y necesidad de más espacio físico.

2

ELEMENTOS HARDWARE

El presente libro comenzaba con una serie de fundamentos generales basados en la lógica digital integrada. Con ello se iniciaba la electrónica en miniatura y se presentaba los fundamentos sobre los que se basan los circuitos integrados y microcontroladores, cerebros de la placa Raspberry Pi. En este caso, el capítulo avanza ya sobre los diferentes elementos de *hardware*, conectores, cables, tarjetas de memoria, etc. que tanto la placa Raspberry Pi como otros dispositivos electrónicos utilizan tanto para su interacción con el exterior como para otros objetivos propios que se planteen.

En la placa de Raspberry Pi, aparte del cerebro o micro (familia *Broadcome*) se encuentran diversos conectores y sistemas para comunicar tanto audio como video con el exterior. Conceptos como GPI, SDRAM o las conexiones que dispone como RCA, USB y Micro USB, Ethernet, RJ45, *Jack,* HDMI, Tarjeta SD, CSI y DSI se ahondan en el presente capítulo. Los pines de conexión GPIO, así como el *hardware* en profundidad se abordarán en capítulos posteriores.

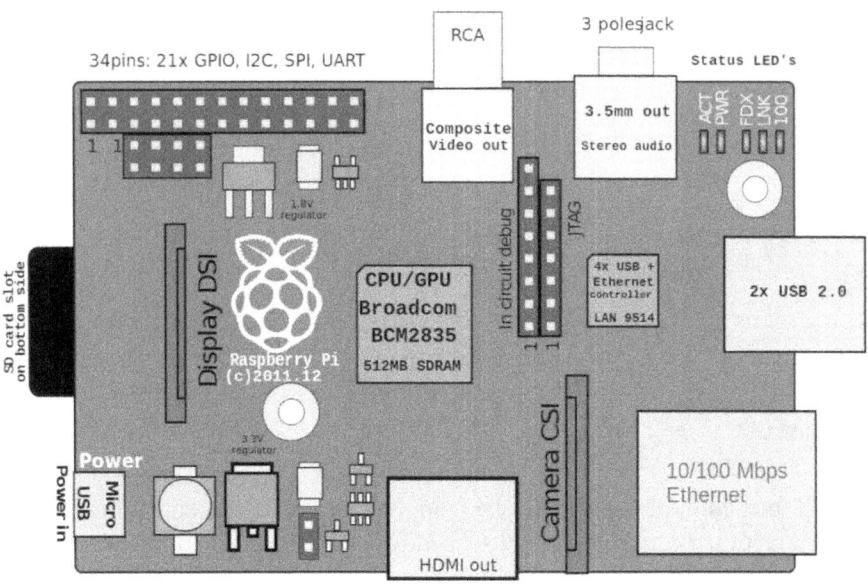

Figura 2.1. Diagrama de bloques de la placa Raspberry PI Modelo B rev 1.2
https://en.wikipedia.org/wiki/Raspberry_Pi

2.1 CONECTORES Y HARDWARE PARA EL TRATAMIENTO DE DATOS

En este primer apartado se muestran varios conocimientos sobre hardware, memorias y conectores sobre los que se trabajará posteriormente para el desarrollo y aplicaciones con Raspberry Pi.

Se inicia con la exposición y concepto la memoria desde el punto de vista de sus módulos de conexión o tipología para luego plantear y englobar a uno de los tipos de placa que *Raspberry* desarrolló para aplicaciones industriales, el *Compute Module*. Aunque en capítulos posteriores se tratará el *hardware* de la propia Raspberry Pi, se adelantan aquí los conceptos sobre los que se basan los conectores de datos y audio.

2.1.1 Tarjetas de Memoria

Una **tarjeta de memoria** es un chip de memoria que mantiene su contenido sin energía. Las características fundamentales de las tarjetas de memoria son dos, su capacidad de almacenamiento y la velocidad de transferencia.

Hay diversos tipos de tarjetas de memoria que se resumen a continuación:

- *MultiMediaCard (MMC)*
- *Secure Digital (SD)*
- *CompactFlash (CF) I y II*
- *Memory Stick (MS)*
- *SmartMedia (SM)*
- *Tarjeta XD-Picture*

La **tarjeta de memoria multimedia** (*Multimedia Card*, abreviado **MMC**), es un estándar de tarjeta de memoria creada conjuntamente por *SanDisk* y *Siemens* en noviembre de 1997. Su arquitectura se basa en una combinación de memoria de solo lectura (ROM) para aplicaciones de solo lectura y memoria flash para las necesidades de lectura/escritura. Son muy pequeñas (24 mm x 32 mm x 1,4 mm) y pesan tan solo 2,2 gramos. Dispone de un de un conector de borde con 7 clavijas y un rendimiento de hasta 2 Mb/s (quizás hasta 2,5 Mb/s).

En el caso de las **tarjetas *Secure Digital* (SD)** que utiliza las placas Raspberry PI, son básicamente memorias *flash* utilizadas en dispositivos portátiles. El estándar SD fue desarrollado por *SanDisk, Panasonic* y *Toshiba* e introducido en 1999 como una mejora evolutiva de las tarjetas MMC. Es la tarjeta de memoria que más fabricantes desarrollan. Sus dimensiones, en el caso general son 32 mm x 24 mm x 2.1 mm y disponen de un interruptor lateral para evitar sobre-escrituras involuntarias. Hay lectores que permiten que las tarjetas SD sean accesibles por medio de muchos puertos de conectividad como USB o *FireWir*e. Se utilizan fundamentalmente como almacenamiento de datos para dispositivos como cámaras digitales, videocámaras, *PDAs*, teléfonos móviles.

El formato SD incluye cuatro versiones de tarjetas, disponibles en tres tamaños. Las cuatro familias son:

1. *Standard Capacity* (SDSC), la original, significa capacidad estándar.
2. *High Capacity* (SDHC), alta capacidad.
3. *Extended Capacity* (SDXC), capacidad extendida.
4. *Input/Output* (SDIO), entrada/salida.

Los tres tamaños son:
1. SD estándar original,
2. miniSD,
3. microSD.

Figura 2.2. Modelos de Tarjetas SD. https://pcsinmisterios.wordpress.com/2016/04/03/
tarjetas-de-memoria

Otras tipo de tarjetas son las *CF-I Y CF-II* (*Compact Flash*). Estas tarjetas son otras de las más usadas hoy y tienen hasta 4 Gb de capacidad con una velocidad de acceso de 10 Mb/s; al poder ser fabricadas de acuerdo a los estándares de una asociación hay mucha variedad de marcas.

El mercado de las tarjetas de memoria es más frecuentado por estos dos formatos, el *Secure Digital* (SD) y el *Compact Flash* (CF). Las tarjetas SD tienen la gran ventaja de ser más económicas a igual capacidad y tasa de transferencia, mientras las CF son más robustas, tienen una vida útil más larga y pueden ser más rápidas por sus características técnicas.

Las **tarjetas MD** (Micro Drive) es un tipo de memoria desarrollada por IBM y Toshiba (en las fases finales del desarrollo) y son, en general, unas de las que mayor capacidad tienen pero son de las más caras y más difíciles de conseguir.

A modo resumen se citan otras tarjetas como las **tarjetas *Memory Stick*** (**MS**) es un formato de tarjeta de memoria, comercializado por Sony, en octubre de 1998. La **MSD** (*Memory Stick Duo*): que fue pensada para mayor velocidad de transferencia pero menor velocidad de escritura. Tarjeta **MSP** (*Memory Stick Pro*) es la más rápida de todas *(también puede ser Pro Duo MSPD)* y fue originalmente pensada para cámaras que tomaran fotos de alta velocidad o que necesitaran mayor velocidad de obturador. Sony ha comercializado también la Memory Stick Micro o **Memory Stick M2**, de tamaño muy reducido similar a una *microSD card*, pensado para teléfonos móviles.

Tarjetas **SM y SMC** (*Smart Media*) una de las primeras tarjetas que se vieron en el mercado. El gran problema de esta marca es su capacidad, máximo 128Mb. La tarjeta **XD-Picture** es un formato de tarjeta de memoria desarrollado por *Olympus* y *Fujifilm*, y utilizado para las cámaras fotográficas digitales de dichas marcas comerciales.

2.1.2 Conectores para la memoria RAM y aplicación en *Compute Module*

Con la idea de iniciar aquí dónde se engloba uno de los modelos de Raspberry Pi que utiliza un conector similar al de las memorias RAM, se muestran en primer lugar los diferentes tipos principales de conectores que existen en el mercado para la memoria RAM. Esta forma de plantear la conexión de la memoria RAM a los diferentes tipos de *hardware* y computadores es muy habitual.

La memoria RAM, en los diferentes dispositivos se organiza mediante módulos, que son agrupaciones de varios *chips* de memoria soldados a una placa.

Estos módulos han ido variando en tamaño, capacidad y forma de conectarse. Se pueden encontrar en la actualidad en módulos, según la forma en que se dispone la memoria, para conectarse a la placa base de un ordenador siguiendo los tipos de módulos que se citan a continuación: SIMMs, DIMMs, SODIMMs y RIMMs.

Los módulos de tipo **SIMM** (*Single In-line Memory Module*, Módulo de memoria en línea sencilla) iniciales tenían 30 conectores, es decir, 30 contactos y medían unos 8,5 cm. Podían trabajar con 8 *bits* cada vez. Hacia finales de la época del procesador 486 aparecieron los de 72 contactos y de unos 10,5 cm. Pudiendo utilizar 32 *bits*.

Los módulos **DIMM** (*Dual In-line Memory Module*, módulo de memoria en línea dual) son más alargados (unos 13 cm), con 168 contactos. Llevan dos muescas para facilitar su correcta colocación. Pueden manejar 64 bits de una vez y existen para voltaje estándar de 5 V o reducido de 3,3 V.

En el caso de los módulos tipo **SODIMM** (*Small Outline DIMM*) son la memoria que utilizan comúnmente las computadoras portátiles.

Figura 2.3. Módulo de Memoria RAM tipo SODIMM (PC2700 200-pin SO-DIMM)
https://es.wikipedia.org/wiki/SO-DIMM.

Aquí es donde se hace interesante puntualizar que en Raspberry Pi, se dispone del modelo *Compute Module*, que se verá más adelante. Este módulo se desarrolló más para aplicaciones industriales y utiliza como conector precisamente el estándar DDR2 SODIMM (es decir tipo de memoria *Double Data Rate type two* y *Small Outline DIMM*).

Figura 2.4. Imagen del modelo Compute Module de Raspberry Pi (conector tipo DDR2 SODIMM).

Para finalizar, se expone sobre los módulos **RIMM** (*Rambus In-line Memory Module*) como un tipo de memorias RAM del tipo RDRAM (*Rambus Dynamic Random Access Memory*): es decir, también están basadas en almacenamiento por medio de capacitores, que integran circuitos integrados y en uno de sus lados tienen las terminaciones, que sirven para ser insertadas dentro de las ranuras especiales para memoria de la tarjeta principal o placa madre. Se utilizan para montar memoria de tipo Rambus ya que es creado por la empresa del mismo nombre, exige a los fabricantes el pago de *royalties* en concepto de uso, razón por la cual muchos fabricantes se decantan por la utilización de otras memorias.

Este tipo de memorias siempre deben ir por pares, no funcionan si se coloca solamente un módulo de memoria y cuentan con 184 terminales, 2 muescas centrales y permite el manejo de 16 bits.

2.1.3 Cables y conectores USB y mini USB

Los cables USB (*Universal Serial Bus*, bus de serie universal) y su conector, es el tipo de conexión más habitual en periféricos y accesorios. Se trata de una nueva tecnología para facilitar la reconfiguración de *hardware*, expansibilidad e interconexión del equipo con otros periféricos. Como aplicaciones principales lo podemos ver en memorias (tipo USB), discos duros externos, cámaras digitales, ratones, micrófonos, impresoras, altavoces, etc. Los cables USB se utilizan también como cargadores de móviles.

Figura 2.5. Cable USB 2.0 Tipo A macho y MiniUSB Tipo B 5 pines macho: http://www.importcable.com/producto-detalles/cable-usb-2-0-tipo-a-macho-mini-usb-tipo-b-5-pines-macho-de-1-mt/515.

El bus USB, consiste en una norma para los buses periféricos, desarrollado por industrias de computación y telecomunicaciones. USB permite añadir dispositivos periféricos a la computadora rápidamente, sin necesidad de reiniciar esta ni de volver a configurar el sistema.

El bus USB se trata en realidad de un sistema de comunicación entre dispositivos electrónicos e informáticos que solo transmite una unidad de información a la vez, como su nombre indica. Este puede trabajar en dos modos, a baja velocidad (1,5 Mbps, para dispositivos como teclados, ratones, que no manejan grandes cantidades de información) y a alta velocidad (12 Mbps, para dispositivos como unidades de CDROM, altavoces, módems, etc.). El cable USB se compone de cuatro hilos, dos para datos y dos para alimentación.

La tecnología y dispositivos de conexión también ha ido mejorando y avanzando. En el caso del USB también se evoluciona mejorando su velocidad. La versión 1.0, se diseña para conectar periféricos como módems, ratones, teclados, monitores, lectores de CD de baja velocidad a 4x o 6x, unidades de disquete, digitalizadores de imagen de baja resolución (*scanner*), teléfonos, impresoras con rangos de transmisión no superiores a los 12 Mbps. Dadas estas velocidades el USB, es capaz de soportar hasta 127 dispositivos conectados directamente al PC o *Host* USB, y el resto se irán conectando entre sí de forma encadenada o bien empleando *Hub*-USB.

A principios de 1999, el Grupo Promotor de USB 2.0, compuesto por Compaq, HP, Intel, Lucent, Microsoft, NEC y Philips, anunció un estimado de que la velocidad de USB 2.0 sería de 120 a 240 megabits por segundo (Mbs), o 10 a 20 veces más rápida que la de USB 1.1. Este incremento más reciente en el objetivo de velocidad eleva la velocidad ahora a 360 a 480 Mbs, o 30 a 40 veces más rápida que la de USB 1.1. Como resumen, se podría decir que las tasas de transferencia del USB 1.0 es de hasta 1,5 Mbit/s, en el USB 1.1 hasta 12 Mbit/s. Para el USB 2.0 480 Mbit/s (35 MB/s) pero con una tasa real máxima a nivel práctico de 280 Mbit/s (o bien 22 MB/s) y por último, con el USB 3.0 se consigue una tasa de transferencia de 4,8 Gbit/s (o equivalente a 1 GB/s).

Para la forma del conector existen dos tipos de conectores, Tipo A y B, así como Mini USBs.

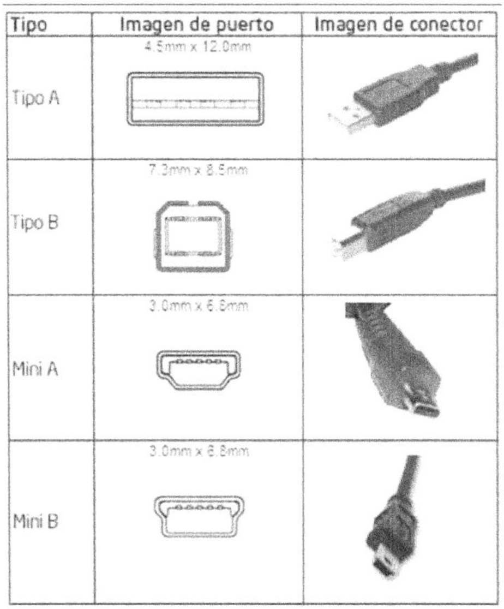

Tipo	Imagen de puerto	Imagen de conector
Tipo A	4.5mm x 12.0mm	
Tipo B	7.2mm x 8.5mm	
Mini A	3.0mm x 6.5mm	
Mini B	3.0mm x 6.8mm	

Figura 2.6. Conectores y puertos USB, Tipo A, B, Mini A y Mini B:
http://pcpigraceann.blogspot.com.es/2012/12/tipos-de-puertos-caracteristicas-y.html.

El cable USB está compuesto por 4 cables. Uno de tensión (+5 V), el negativo de los datos (D-), el positivo de datos (D+) y tierra o *ground*.

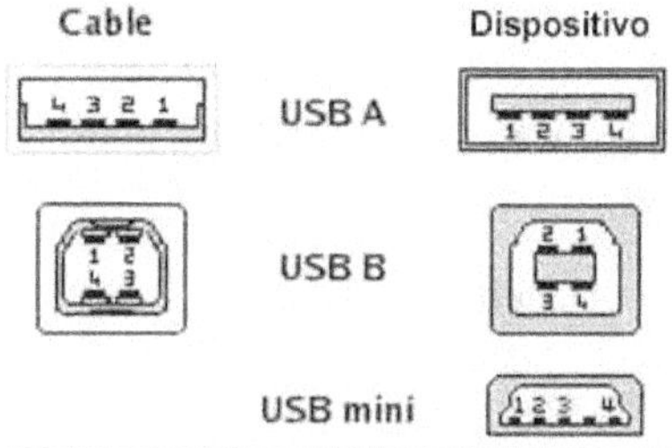

	Cable		Dispositivo
		USB A	
		USB B	
		USB mini	
1	VCC	■	+5V
2	D-	☐	Data -
3	D+	▨	Data +
4	GND	■	Ground

Figura 2.7. Nomenclatura de los pines de los cables USB: http://www.malditonerd.com/howto-extender-un-cable-usb-por-utp-usb-a-rj45.

Figura 2.8. Conectores USB y lector de Tarjetas M2, TF, XD, SD, CF y MS
https://pcsinmisterios.wordpress.com/2016/04/12/lector-de-tarjetas-de-memoria

2.1.4 Conector RJ45

El **conector RJ45** (RJ es *Registered Jack*, clavija registrada) es una interfaz física comúnmente usada para conectar redes de cableado estructurado (categorías 4, 5, 5e, 6 y 6a). No debe confundirse con el conector RJ11. Este conector es el conector más utilizado para líneas telefónicas. Es similar a un conector RJ45 pero más pequeño y se suele utilizar para conectar el módem.

El conector RJ45 posee ocho pines o conexiones eléctricas, que normalmente se usan como extremos de cables de par trenzado (UTP). UTP que es el acrónimo inglés de *Unshielded Twister Pair*, o par trenzado sin apantallar (en el apartado de redes se mencionará sobre el STP, que sería el apantallado). El cable UTP se trata de un tipo de cable que se utiliza en las telecomunicaciones y redes informáticas. Se compone de un número heterogéneo de cables de cobre trenzados formando pares. Se diferencia de los pares trenzados apantallados y de pantalla global en que los pares individuales carecen de una protección adicional ante las interferencias. Cada cable de cobre está aislado, y los grupos de pares trenzados llevan un revestimiento que los mantiene unidos, pero carecen de cualquier otro tipo de aislamiento. El UTP se presenta en diferentes tipos y tamaños, y se utiliza principalmente en cables de nodos, lo que significa que circula desde una unidad central hasta cada componente individual de la red.

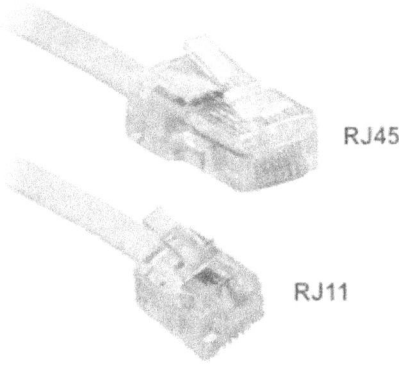

Figura 2.9. Imágenes de conectores estándares RJ45 y RJ 11

En un conector RJ45 que disponga la tarjeta de red de un ordenador se emplean 4 de sus 8 conectores para transmitir paquetes de datos. La conexión de los pares de cables en un determinado orden permite que se comuniquen, directamente, equipos y dispositivos concentradores o conmutadores.

Se conoce como norma para cables de redes *Ethernet* el estándar que deben cumplir los cables para el cableado de redes utilizando un código de colores para evitar problemas al cambiar de sitio o al reparar los cables. Los dos estándar de conexión para el RJ45 son el EIA/TIA 568-A y el EIA/TIA 568-B.

La norma EIA/TIA 568 especifica las dos configuraciones de conexión para el cable UTP de 4 pares. Las diferencias básicas entre los códigos de conexión 568 A y 568 B radican en que en el 568 A el par #2 del cable (naranja) termina en los contactos 3 y 6 y el par #3 del cable (verde) en los contactos 1 y 2 mientras que el 568 B solo intercambia estos dos pares. El par #1 y #4 no varían de una configuración a otra.

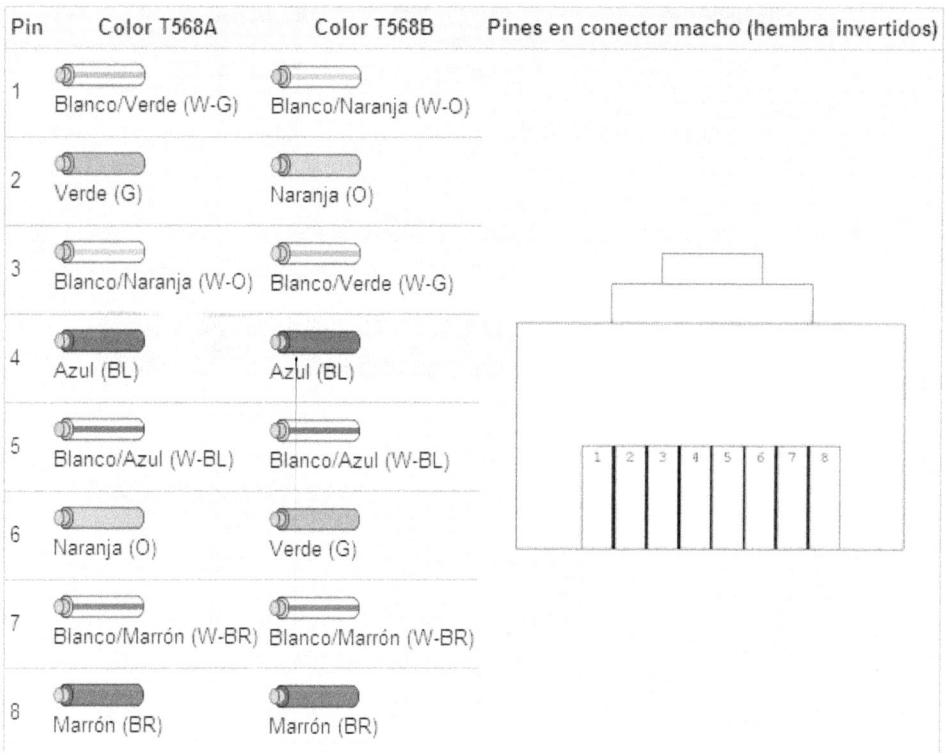

Figura 2.10. Organización de los colores de los cables en la norma EIA/TIA 568 de conexión RJ45 (http://bignewsoftware.blogspot.com.es/2011/04/norma-eia-tia-568a-568b.html).

Para conectar redes que dispongan de un concentrador o conmutador se utilizará la norma de cableado T-568B o paralelo.

Conector 1	Nº Pin<-->Nº Pin	Conector 2
Blanco/Naranja	Pin 1 a Pin 1	Blanco/Naranja
Naranja	Pin 2 a Pin 2	Naranja
Blanco/Verde	Pin 3 a Pin 3	Blanco/Verde
Azul	Pin 4 a Pin 4	Azul
Blanco/Azul	Pin 5 a Pin 5	Blanco/Azul
Verde	Pin 6 a Pin 6	Verde
Blanco/Marrón	Pin 7 a Pin 7	Blanco/Marrón
Marrón	Pin 8 a Pin 8	Marrón

Tabla 2.1. Norma para el cableado T-568B o paralelo.

Para conectar dos ordenadores entre sí o los concentradores o conmutadores, se utilizaría por el contrario la combinación con la norma T-568A (o cruzado).

Conector 1 (568-B)	Nº Pin	Nº Pin	Conector 2 (568-A)
Blanco/Naranja	Pin 1	Pin 1	Blanco/Verde
Naranja	Pin 2	Pin 2	Blanco/Naranja
Blanco/Verde	Pin 3	Pin 3	Blanco/Naranja
Azul	Pin 4	Pin 4	Azul
Blanco/Azul	Pin 5	Pin 5	Blanco/Azul
Verde	Pin 6	Pin 6	Naranja
Blanco/Marrón	Pin 7	Pin 7	Blanco/Marrón
Marrón	Pin 8	Pin 8	Marrón

Tabla 2.2. Norma para el cableado T-568A o cruzado.

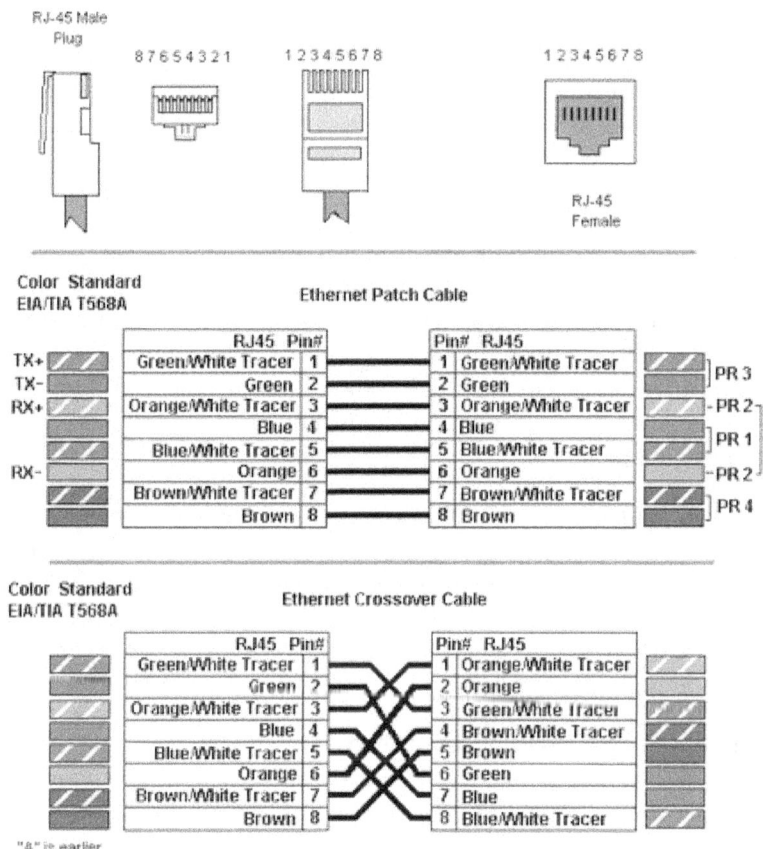

Figura 2.11. Conexiones con RJ45 http://pcpigraceann.blogspot.com.es/2012/12/tipos-de-puertos-caracteristicas-y.html

2.1.5 Redes

El criterio para clasificar las redes de ordenadores se basa en su extensión geográfica. Existen las redes de área local (LAN – *Local Area Network*), redes de área metropolitana (MAN – *Metropolitan Area Network*) y redes de área extensa (WAN, *Wide Area Network*).

En el caso de las **redes LAN**, suelen ser redes de propiedad privada, como puede ser una oficina o la de una casa particular. Su principal uso reside en la conexión de ordenadores y elementos *hardware* con objeto de compartir recursos e intercambiar información.

Para las **redes MAN** la versión de distancia es mayor (englobando varios edificios repartidos por una ciudad, como por ejemplo, varios organismos oficiales o sucursales de empresas privadas, etc.), aunque utilizan una tecnología muy similar y normalmente suelen ser también privadas. Actualmente esta clasificación ha caído en desuso y normalmente solo distinguiremos entre redes LAN y WAN.

Las **redes WAN** son redes que se extienden sobre un área geográfica muy grande. Su infraestructura técnica es mucho más compleja. Estas redes necesitan de una colección de máquinas dedicadas a ejecutar programas de usuarios (*hosts*) y otros sistemas (*routers*, líneas de comunicación,...). En realidad suelen ser varias LAN o WAN unidas entre sí formando una red mucho mayor. El mejor ejemplo de una WAN es Internet, donde se interconectan varias redes repartidas por el mundo. Este tipo de redes son ya consideradas como de acceso público. También existen WAN privadas, tales como la red de cajeros automáticos y oficinas de un grupo bancario como ejemplos.

Al realizar una red local, se encontrarán los **servicios** y **protocolos** de la red. Simplificando, se puede plantear a los servicios como aquellos que la red puede hacer por nosotros, como compartir una impresora o carpetas instaladas en algún disco duro. Los protocolos, por contra, son el conjunto de normas (o el "idioma") que se implantarán en todos y cada uno de los ordenadores de la red para que puedan entenderse entre sí.

Según la distribución espacial de la red se define la topología física. Aunque hay otras, que no son más que variantes de las propuestas aquí, las topologías físicas que se utilizan comúnmente son: de bus, anillo, en estrella, estrella extendida, jerárquica o de Malla.

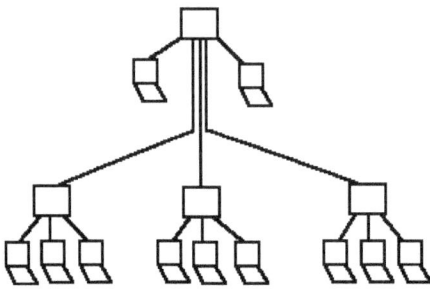

Figura 2.12. Ejemplo de conexión en una red jerárquica.

En instalación de redes, aparte de los **cables UTP** (par trenzado no apantallado) mencionados en el conector para el conector RJ45 más habitual, también se dispone para este conector de los **cables STP** (*Shielded Twisted Pair,* par trenzado apantallado o blindado). Es similar al cable UTP pero con un recubrimiento metálico para evitar interferencias externas. Este recubrimiento debe ser conectado a tierra (que encarece la instalación), siendo un cable más protegido, pero menos flexible.

También las redes se conectan mediante cables de fibra óptica, que permiten la transmisión mediante señales luminosas. La fibra suele ser de vidrio u otros materiales plásticos y es insensible a interferencias electromagnéticas externas.

Volviendo a los cables de pares, en ellos se distinguen diferentes **categorías**. Cada categoría especifica unas características eléctricas para el cable como la atenuación, capacidad de la línea e impedancia. Las categorías 3 a 5 ya están cada vez más en desuso. Soportan frecuencias de 10, 20 y 100 MHz respectivamente. Después se dispone de la categoría 5e (o categoría 5 *enhanced*), mejorándose la 5. Aunque en la actualidad ya se ha desarrollado la categoría 6 e incluso la 7 (Estándar TIA/EIA-568-B) con frecuencias de transmisión del orden de 250 a 600 MHz respectivamente. Por otro lado las **clases** definen las distancias permitidas así como ancho de banda conseguido.

CLASES	Clase A	Clase B	Clase C	Clase D	Clase E	Clase F
Ancho de banda	100 KHz	1 MHz	20 MHz	100 MHz	250 MHz	600 MHz
Cat. 3	2 km	500 m	100 m	No hay	No hay	No hay
Cat. 4	3 km	700 m	160 m	100 m	No hay	No hay
Cat. 5	3 km	700 m	160 m	100 m	No hay	No hay
Cat, 6	Sin uso	Sin uso	Sin uso	Sin uso	1 Gbps	No hay
Cat. 7	Sin uso	Sin uso	Sin uso	Sin uso	Sin uso	10 GBps

Tabla 2.3. Características de longitudes posibles y anchos de banda para las clases y categorías de pares trenzados.

Otra forma de interconectar una red es mediante sistemas inalámbricos utilizados principalmente en redes de área local por cuestiones de comodidad y flexibilidad. Sin embargo, su velocidad de transmisión no es muy alta.

Aparte de los conectores RJ45 o RJ11, para sistemas de redes también existen **conectores AUI** (*Attachment Unit Interface,* interfaz de la unidad de fijación o conexión) como un conector de 15 pins que provee una ruta entre nodos de la Intefaz de Ethernet y un transceptor. Así como los **conectores BNC** (*Bayonet Neill-Concelman*) que son de fácil conexión/desconexión y utilizado con cable coaxial fino, típico de Ethernet.

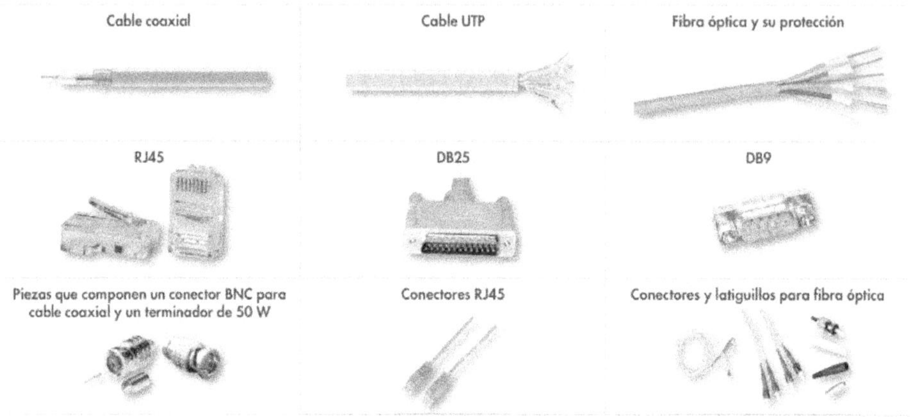

Figura 2.13. Algunos tipos de cables y conectores para redes (http://assets.mheducation.es/bcv/guide/capitulo/8448180828.pdf).

Dentro de una red, es necesario conocer cuál es su ancho de banda. El **ancho de banda** de manera genérica, es el rango de frecuencias que se transmiten por un medio. Se define como: Ancho de banda (o *Bandwith*, BW) es igual a la *Frecuencia Máxima* menos la *Frecuencia Mínima* y se expresa en hercios (Hz) o, por ser ya una unidad muy pequeña, en cualquiera de sus múltiplos. Por ejemplo, el ancho de banda telefónico es de algo más de 3 KHz, pues está entre 300 Hz y 3.400 Hz; el de audio perceptible por el oído humano es de unos 20 KHz, al ser capaz de oír entre los 20 Hz y 20.000 Hz.

En un sistema digital la unidad básica de información es el *bit* y la unidad básica de tiempo es el segundo, por lo que la cantidad de información que fluye por unidad de tiempo será, para su descripción, en unidades *bits* por segundo (bps). Esta velocidad de transmisión se la denomina también *bit rate*. En la actualidad, al ser posible comunicarse de modo más veloz se recurrido al uso de unidades mayores (como Megabits por segundo = Mbps o Gigabits por segundo = Gbps).

Para ver la relación entre la categoría, la velocidad en MHz y su relación en Mbps, se indica a continuación la siguiente tabla.

Categoría	Velocidad	
3	16 MHz	16 Mbps
4	20 MHz	16 Mbps
5	100 MHz	100 Mbps
5e	100 MHz	100 Mbps
6	250 Mhz	>100 Mbps (*sin definir*)
7	600 MHz	> 100 Mbps (*sin definir*)

Tabla 2.4. Relación entre categoría y velocidad (en MHz y en Mbps).

2.1.5.1 ETHERNET

Ethernet es el estándar más utilizado para redes de área local (también conocido como norma IEEE 802.3), que utiliza un protocolo de acceso al medio CSMA/CD (*Carrier Sense Multiple Access with Collision Detection,* acceso múltiple con escucha de portadora y detección de colisiones), es decir, las estaciones de transmisión están permanentemente a la escucha del canal detectando si el canal ya está en uso y, cuando está libre de señal, efectúan sus transmisiones. Además aparte de transmitir, están vigilando por si detectan alguna posible colisión, en cuyo caso, se detendría para seguir más tarde.

Existe una gran **variedad de implementaciones de redes Ethernet**. El modo en que las redes IEEE 802.3 son puestas en el medio de transmisión físico depende de ciertas especificaciones *hardware* y de requerimientos del tipo de cableado seleccionado. Para su distinción se ha desarrollado una notación que definen varios subestándares, aunque todos ellos integrados dentro de la IEEE 802.3. Estos subestándares especifican principalmente las siguientes características: tasa de transferencia en Mb/s, longitud del cable, tipología del cable y topología de la red.

Algunos ejemplos de esta gran variedad de implementaciones de redes Ethernet se citan a continuación, aunque existen muchos más:

- **10BASE-5.** Es el estándar IEEE para Ethernet en banda base a 10Mb/s sobre cable coaxial de 50 Ω troncal y AUI (*attachment unit interface*) de cable par trenzado a una distancia máxima de 500 m.

- **10BASE-2.** El estándar IEEE para Ethernet en banda base a 10MB/s sobre cable coaxial delgado de 50 Ω con una distancia máxima de 185 m.

- **10BROAD-36.** El estándar IEEE para Ethernet en banda ancha a 10Mb/s sobre cable coaxial de banda ancha de 75 Ω con una distancia máxima de 3600 m.

- **10BASE-T.** El estándar IEEE para Ethernet en banda base a 10 Mb/s sobre cable par trenzado sin blindaje (o UTP) siguiendo una topología de cableado horizontal en forma de estrella, con una distancia máxima de 100 m desde una estación a un hub.

- **100BASE-TX.** El estándar IEEE para Ethernet en banda base a 100Mb/s sobre dos pares (cada uno de los pares de categoría 5 o superior) de cable UTP o dos pares de cable STP.

2.2 CONECTORES PARA EL TRATAMIENTO DE AUDIO Y VIDEO

2.2.1 Conector Jack

El conector cable de audio más común es el conector jack, también conocido como conector TS (*tip-sleeve*, punta-malla), de tipo desbalanceado, o conector TRS (*tip-ring-sleeve*, punta-anillo-malla), de tipo balanceado. Lo podemos encontrar en distintos tamaños pero los más usados para Raspberry son los de 3.5 mm o 1/8" mini audio *jack*.

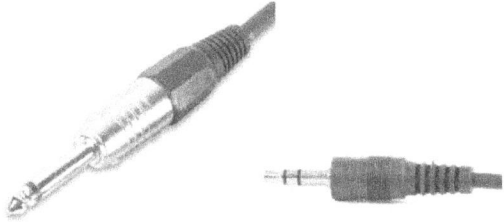

Figura 2.14. Conector Jack mono de 6,35 mm y conector Mini Jack estéreo de 3,5 mm. (http://recursostic.educacion.es/observatorio/web/gl/equipamiento-tecnologico/hardware/1002-tipos-de-conexiones-multimedia).

Los conectores **no-balanceados**, trabajan con solo dos pines (como el RCA), y son muy susceptibles a interferencias electromagnéticas, sobre todo con cables de larga distancia donde el acoplamiento es más sencillo.

Para solucionar problemas de interferencia, se cuenta con conectores **balanceados** en donde la señal se lleva dos veces, pero una de ellas con polaridad invertida. Para ello se necesitan tres pines y cables con tres conductores, siendo uno de ellos la pantalla (malla) del cable. En este caso, la entrada del dispositivo al que llevamos la señal debe realizar el desbalanceado, es decir, sumar las dos señales que le llegan. De esta forma, se consigue reforzar (doblar) la señal original y cancelar las interferencias por la suma de contrarios.

Como ejemplo, en el caso del conector *jack* de 1/4" lo usual es conectar el positivo a la punta (T), negativo al anillo intermedio (R) y la masa a la malla (S).

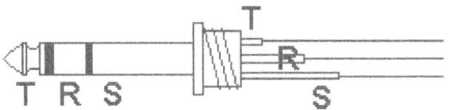

Figura 2.15. Conector Jack de 1/4" (TRS).

2.2.2 HDMI

El conector HDMI es el más utilizado en televisores de tipo LCD y plasma que admitan alta definición, así como monitores de última generación. HDMI (*High Definition Multimedia Interface*, interfaz multimedia de alta definición) es una norma de audio y video digital cifrado sin compresión que permite transmitir audio y video sin comprimir desde un equipo a otro y con un único cable.

HDMI es el equivalente a una conexión DVI (*Digital Video Input*) pero con el audio estéreo en alta definición incluido. Esta conexión sustituye al Euroconector y se utiliza como conector de audio y video. Supone la estandarización de la conexión entre periféricos para alta definición, con integración de audio, video y datos.

Tanto el DVI como el HDMI hacen uso de un protocolo llamado *Transition Minimized Differential Signaling* (TMDS) o Señal Diferencial de transición minimizada. En el HDMI, son usados tres canales TMDS para la transmisión de la información de audio y video. Los dispositivos que inician la transmisión son llamados *sources* o fuentes. Por su parte, los dispositivos que reciben la señal de la transmisión son llamados *links* o enlaces. A veces *sinks* o receptores. Los canales TMDS, utilizan el sistema de balanceado invirtiendo una segunda señal similar y comparándola después. También se encuentra la línea CEC (*Consumer Electronic Control*). CEC es un protocolo que provee funciones de control de alto nivel entre todos los productos audiovisuales en el entorno de usuario.

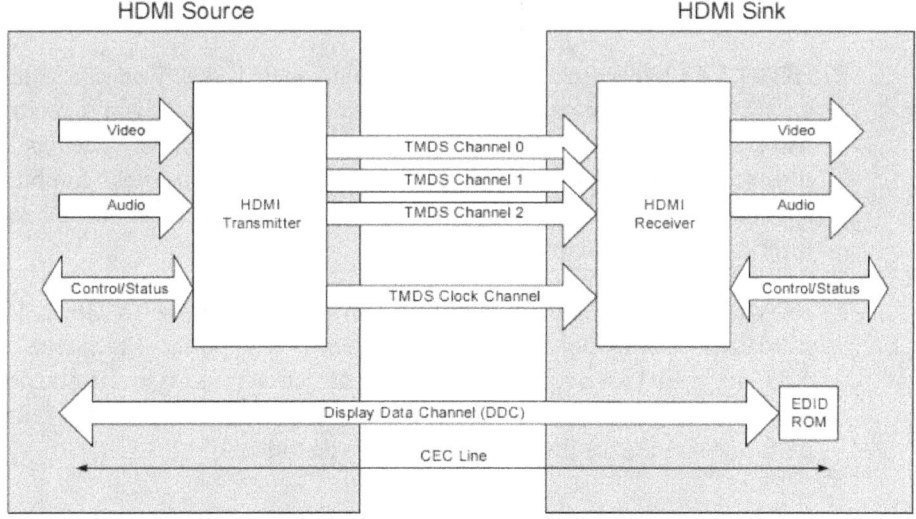

Figura 2.16. Diagrama de bloques de HDMI.

Dentro de HDMI hay varios tipos de conectores. El **tipo A**, es el más habitual y dispone de 19 pines de conexión de carácter bidireccional. El **tipo B** dispone de 29 pines, por ello puede llegar a formatos de mayor definición al permitir añadir un canal de video expandido. El **tipo C** que también dispone de 19 pines y características similares al tipo A, pero de tamaño reducido o mini. Está pensado para dispositivos portátiles como cámaras o *tablets*. Por último el **tipo D** es la versión micro, aún más pequeño, del tipo A también con 19 pines. Ha sido ideado para equipos más compactos como los smartphones.

Con la idea de ir mejorando sus capacidades, HDMI también ha evolucionado encontrando las siguientes versiones:

- HDMI 1.0 (2002). Es la primera versión que salió a la luz. Se trata de un cable único de conexión digital que opera a una velocidad máxima de 4,9 Gbps. Admite resoluciones de 1.080 p en anchos de banda de 60 GHz. Dispone de 8 canales de audio en 192 kHz/24 bits.

- HDMI 1.2 (2005). Análogo al anterior pero añade soporte para *One Bit Audio* utilizado en super Audio CD (SACD, híbrido entre el CD y el DVD).

- HDMI 1.3 (2006). Su ancho de banda alcanza los 340 MHz y su tasa de transferencia los 10,2 Gbps. Añade soporte para Dolby TrueHD y DTS-HD, formatos de audio empleados en HD-DVD y Blu-Ray. Establece un nuevo miniconector para cámaras.

- HDMI 1.4 (2009). Puede transmitir resoluciones de 4 K y admite video en 3D. Introduce un canal de retorno de audio. Permite enviar y recibir datos a través de una conexión Ethernet en el mismo cable. Además la resolución máxima se incrementa hasta 4096 x 2160 píxeles. También se añade soporte para sistemas de sonido envolventes conectados directamente a una televisión.

- HDMI 2.0 (2013). Incrementa el ancho de banda hasta 18 Gbps. La calidad de audio mejora considerablemente al soportar 32 canales y 1.536 kHz. El 4 K se moderniza y el 2.0, en este sentido, permite obtener hasta 60 fotogramas por segundo. Permite por tanto transportar la señal de forma simultánea de hasta 2 *streaming* de video.

Figura 2.17. Conectores HDMI, Tipo A, C y D (http://www.microprocessor.org/HDMISpecification13a.pdf).

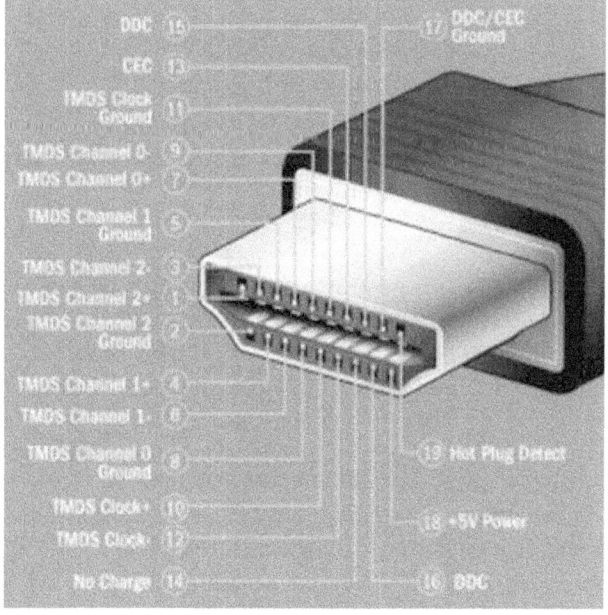

Figura 2.18. Distribución de la misión de los pines en un conector HDMI (http://www.arqhys.com/construccion/conector-hdmi.html).

2.2.3 Conector RCA

El conector RCA (*Radio Corporation of America*), es probablemente el más extendido Estos conectores han sido diseñados para su utilización en sistemas y equipos de televisión. Su aplicación y montaje es muy fácil. Existen versiones tanto para grapado como para soldar cable.

Figura 2.19. Conector RCA.

Los cables RCA incluyen 2 o 3 conectores donde se transmite el video (color amarillo) y el audio en estéreo (rojo para el canal derecho y blanco o negro para el izquierdo).

Algunas veces nos encontramos con cables adicionales que ofrecen otros canales de audio o video por componentes en lugar del compuesto. El video por componentes ofrece mejor imagen que el compuesto porque la señal se separa en varias individuales mientras que en el compuesto, todo se transmite por el conector amarillo.

Estos conectores se usan habitualmente para conectar reproductores DVD, altavoces estéreo, cámaras digitales y otros dispositivos de audio y video al televisor. Con una tarjeta de captura de video es posible conectar un cable RCA al ordenador para capturar video desde grabadoras más antiguas.

2.2.4 Conector CSI

La placa Raspberry Pi dispone de un Conector MIPI CSI (*Mobile Industry Processor Interface* (MIPI) *Camera Serial Interface*) que permite instalar un módulo de cámara de una forma sencilla y rápida.

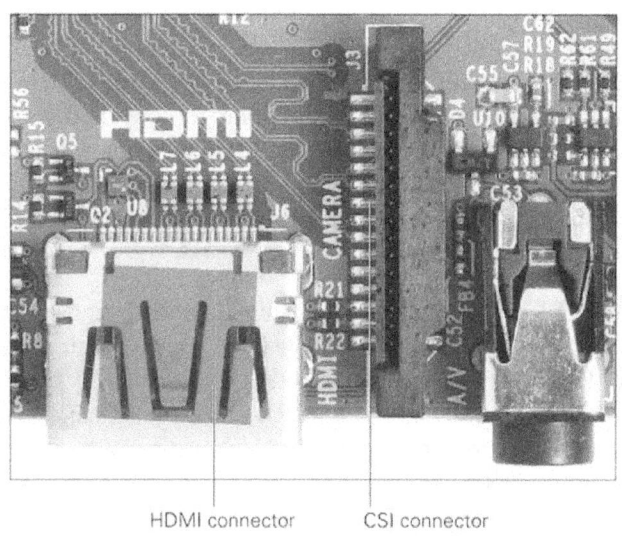

Figura 2.20. Conexión CSI: https://books.google.es/books?id=P6XkDAAAQBAJ&pg.

Este conector facilita la conexión de una pequeña cámara al procesador principal *Broadcom*. El puerto ofrece un bus de conexión eléctrica entre dos dispositivos con 15 conductores. Se trata de una interfaz sencilla y tiene como propósito estandarizar la conexión de los módulos de cámaras a los procesadores para la industria del teléfono móvil.

El bus CSI tiene capacidad para alta tasa de transferencia de datos circulando únicamente datos de *píxeles*.

Figura 2.21. Conexión de cámara nocturna a Raspberry Pi a través de CSI: https://www.modmypi.com/raspberry-pi/camera/raspberry-pi-night-vision-camera.

2.2.5 GPU para gráficos

La unidad de procesamiento gráfico o GPU (*Graphics Processing Unit*) es un **coprocesador** dedicado al procesamiento de gráficos u operaciones de coma flotante, que colabora en acelerar la velocidad del procesador desarrollando parte de su carga de trabajo en aplicaciones como videojuegos donde el procesamiento de imágenes es una tarea importante. En ocasiones, se habla de la GPU como la aceleradora 3D o acelerador 3D.

La GPU de la Raspberry no disponía inicialmente de unos *drivers* libres que permitiera a los desarrolladores que se plantearan desarrollar su sistema operativo para la Raspberry Pi, utilizarlos libremente. Estos eran cerrados y privativos, pero en la actualidad *Broadcom*, como *partner* de la Raspberry ha anunciado la publicación del código y la documentación del chip gráfico VideoCore IV.

3

HARDWARE DE LA PLACA RASPBERRY PI

3.1 DEFINICIÓN DE RASPBERRY PI

Raspberry Pi es un ordenador de placa reducida o (placa única) (SBC – *Single Board Computer*) de bajo coste (poco más de 30 Euros según modelo) desarrollado en Reino Unido por la Fundación Raspberry Pi, con el objetivo de estimular la enseñanza de ciencias de la computación en las escuelas (*https://es.wikipedia.org/wiki/Raspberry_Pi*).

Figura 3.1. Imagen de la placa Raspberry Pi 3 Model B.

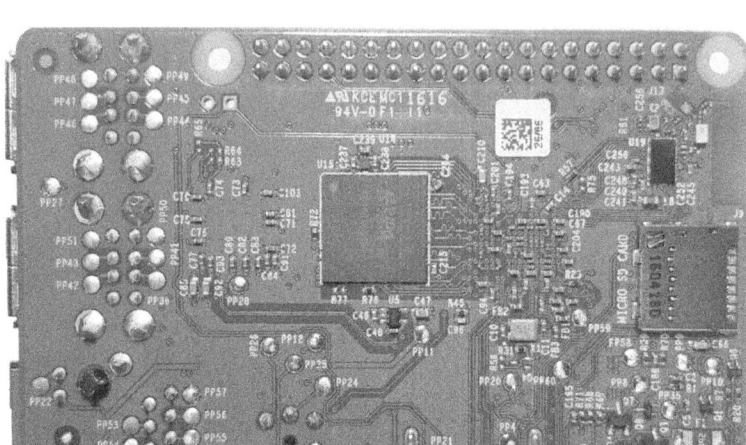

Figura 3.2. Imagen del reverso de la placa Raspberry Pi 3 Model B.

Según se indica en las FAQs (*Frequency Asked Questions*, Preguntas Frecuentes) de la página Web de la fundación Raspberry Pi (*https://www.raspberrypi.org/help/faqs*), se trata de un ordenador de tamaño de tarjeta de crédito que se conecta al televisor y a un teclado. Es un pequeño ordenador, que puede ser utilizado para muchas de las cosas que un ordenador de escritorio realiza, como hojas de cálculo, procesadores de texto y juegos. También reproduce video de alta definición.

Raspberry Pi persigue ayudar en la enseñanza y mejora de las habilidades de la programación en lenguajes como Scratch y Python así como la utilización de sistemas operativos de distribuciones de Linux. Aparte, Raspberry Pi tiene la habilidad de interactuar con el mundo exterior y ha sido utilizado en numerosos proyectos, desde la música, detectores en estaciones meteorológicas, con cámaras infrarrojas para grabación nocturna, robótica, monedas criptográficas (forma de moneda virtual que se crea y se almacena electrónicamente) o incluso construir una miniconsola o un robot mayordomo. El principal objetivo es que la placa consiga ser utilizada por los jóvenes para el aprendizaje a la programación y entender así cómo trabajan los computadores. Definición de la página oficial de la de Raspberry.org (*https://www.raspberrypi.org/help/what-is-a-raspberry-pi/*).

Las dimensiones de la placa Raspberry Pi, son muy reducidas. Como ejemplo se muestra las dimensiones físicas de la placa Raspberry Pi Modelo B+ en donde el tamaño completo es de 85x56 mm. El lector puede hacerse una idea de lo pequeña que es la placa para la potencia que desarrolla. Esta característica de la placa es muy interesante, ya que cada vez se consigue reducir más el tamaño y su coste pero en cambio se aumenta la potencia y capacidad de desarrollo de procesamiento y sobre todo de comunicación con el exterior y disponiendo de los puertos estándares para los diversos usos.

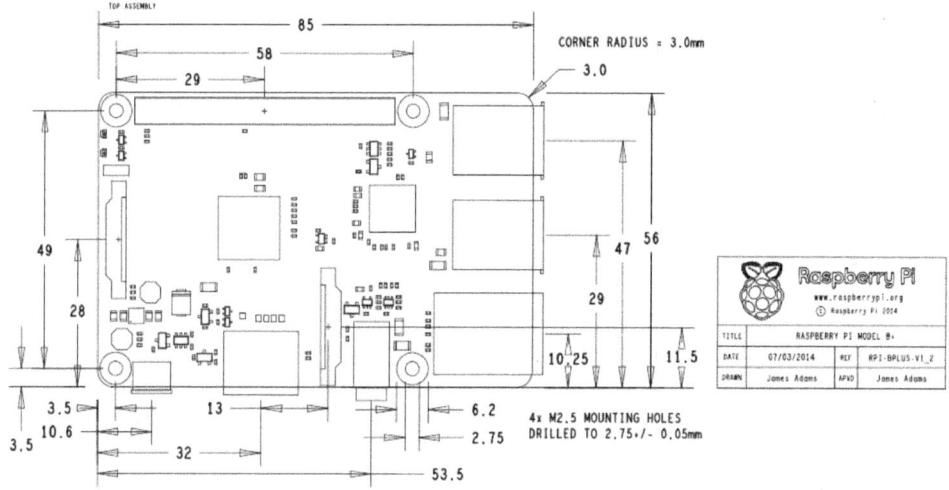

Figura 3.3. Dimensiones de la Placa Raspberry Pi Modelo B+ (http://saber.patagoniatec.com/raspberry-pi-model-bplus-512mb-ram-argentina-ptec).

3.1.1 Un poco de historia

El proyecto de Raspberry Pi fue originado en 2006 por su fundador, Eben Upton, que concibió este diminuto ordenador no como producto de consumo, sino dentro de una idea mucho más grande. Su primer lanzamiento fue en 2012 con Raspberry Pi 1 Modelo B.

Raspberry Pi que fue creado en Reino Unido por los ingenieros Eben Upton ya citado, Rob Mullins, Jack Lang y Alan Mycroft (un grupo de la Universidad de Cambridge), tenía el propósito de diseñar un pequeño computador para enseñar a alumnos de últimos años de bachiller a programar. Este propósito estaba bajo la idea de desarrollar un producto económico para que pudiera llegar a cualquier adolescente.

Con el desarrollo de procesadores móviles, ya en 2008, la posibilidad de crear un microcomputador era más factible, y de esta forma se comienza a diseñar el dispositivo bajo la denominación de arquitectura abierta. En seguida los resultados fueron inesperados ya que un año más tarde de su lanzamiento en 2012, se habían comercializado más de un millón de placas. Solo tres años después se puede ver a muchas personalidades y entusiastas, ingenieros y desarrolladores utilizando estos dispositivos y en la creación propia de aplicaciones.

Las primeras placas se fabricaron en China, pero con el objetivo de promover el empleo en Reino Unido, la producción se trasladó después a Gales donde Sony dipsone de una fábrica para hacer tarjetas electrónicas.

La principal característica es su capacidad de cómputo comparado con su coste, ya que es potencialmente un ordenador pero con un coste incluso más de 10 veces menor.

3.2 HARDWARE DE LA RASPBERRY PI

Raspberry Pi es un ordenador que utiliza un microprocesador con arquitectura ARM, memoria RAM y tarjeta gráfica o GPU (*Graphics Processing Unit*, Unidad de Procesamiento Gráfico) en un solo chip, por tanto se trata de un sistema SoC (*System on a Chip*, Sistema en un chip). El diseño no incluye disco duro ya que utiliza una tarjeta SD para el almacenamiento permanente. Tampoco dispone de fuente de alimentación, por lo que esta debe ser externa.

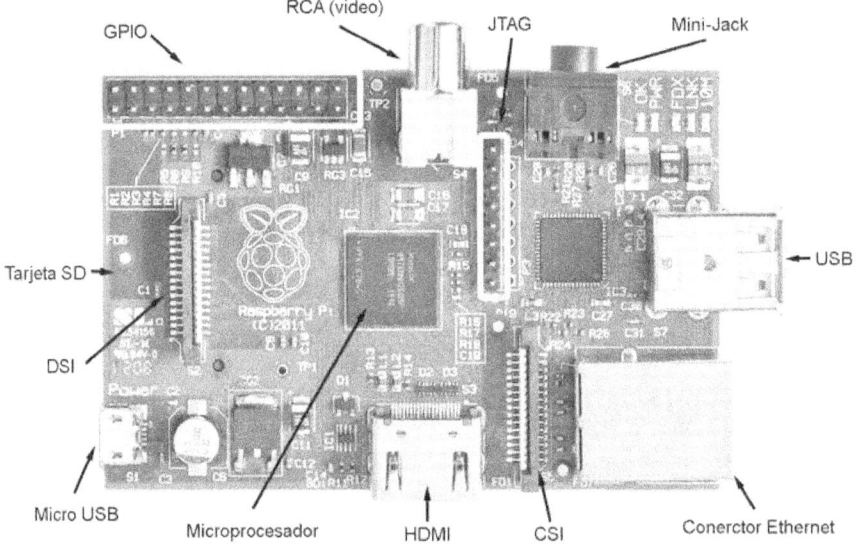

Figura 3.4. Descripción de la Placa Raspberry Pi Modelo B (http://www.zonamaker.com/raspberry/.intro-raspberry).

La placa contiene principalmente un sistema de chip integrado (SoC) tipo Broadcom BCM2835, (BCM2836 para la Pi2 o BCM2837 para la Pi3), que dispone de un procesador ARM con varias frecuencias de funcionamiento e incluso ofrece la posibilidad de subirla (*overclocking*) hasta 1 GHz (a los primeros modelos). Así mismo, el SoC de Broadcom lleva un procesador gráfico VideoCore IV, y distintas cantidades de memoria RAM según el modelo (entre 256 MB y 1 GB), salida de video y audio a través de un conector HDMI, una salida de video compuesto y de audio a través de un *minijack* y una conexión Ethernet 10/100 (los modelos A y A+ no disponen de este puerto).

Existen varios modelos, sin embargo el modelo **Raspberry Pi 2 Modelo B** es el más utilizado por los usuarios domésticos. Poco a poco se va implantando el nuevo modelo de **Raspberry Pi 3**. Estos modelos se ampliarán más adelante.

3.2.1 CONECTORES EN LA RASPBERRY PI

Como ya es iniciado en el capítulo 2, la placa Raspberry Pi, consiste en un microcontrolador y sus elementos de conexión con el exterior. Se hace aquí un resumen y se amplía con otros elementos con una orientación a presentar una configuración mínima de la placa.

Ranura para tarjetas SD. Esto nos permite introducir una tarjeta SD o SDHC con el sistema operativo que ejecutará la placa. Por tanto, la tarjeta SD se usará como disco duro el cual contendrá el sistema operativo y el resto de memoria quedará para uso del usuario. También se permiten tarjetas MMC (MultiMediaCard) e incluso microSD con el adaptador apropiado. Al disponer de ranura SD podremos cambiar de sistema operativo o configuración cambiando solo la tarjeta SD.

HDMI. La placa dispone de un conector HDMI para la emisión de audio y video. También se puede conectar un adaptador a DVI o incluso a VGA pero este último es muchísimo más caro y no vale la pena ya que es pasar de señal digital a analógica mientras que DVI y HDMI son ambas digitales.

Figura 3.5. De izquierda a derecha, conector de alimentación, HDMI, y sonido. (minijack) en Raspberry Pi 3 Modelo B

Conector Ethernet. Para conectar un cable Ethernet RJ45 y disponer de Internet con cable.

2 puertos USB 2.0. Para conectar cualquier dispositivo con conexión USB, ya sea teclado, ratón, memorias USB, discos duros, adaptadores wifi, *Bluetooth*, etc. Si la potencia del dispositivo conectado viene del propio conector USB de la placa, se deberán usar para dispositivos de baja potencia, que funcionen a menos de 100 mA.

Figura 3.6. De izquierda a derecha, Conector de Ethernet y Puertos USB en Raspberry Pi 3 Modelo B

Salida de audio 3.5 mm. Conector analógico para salida de audio. Esto no es necesario si se conecta la placa Raspberry PI a una TV ya que el propio HDMI transmitirá audio digital.

Conector RCA video o compuesto. Para la emisión de video en pantallas con este tipo de conexión.

Conector DSI (Display Serial Interfaz). Se utiliza para incorporar un panel LCD (Liquid Cristal Display, pantalla de cristal líquido)

Conector CSI. El modelo B también dispone de una puerto MIPI CSI de 15 pines para instalación de una cámara directamente.

Cabecera P1 GPIO. Es una cabecera para los pines GPIO. (Más detalles en siguientes apartados.)

Alimentación (*Power suppy*). Para el suministro de la tensión en la placa es necesario un adaptador de corriente con conector micro USB utilizado en la actualidad en la mayoría de los móviles. La fuente de alimentación o debe suministrar 5 V y al menos 500 mA (0.5A) de corriente para el modelo A y 700 mA (0.7A) para el modelo B aunque las características se pueden ver en el propio adaptador de corriente para ver si nos puede ser útil.

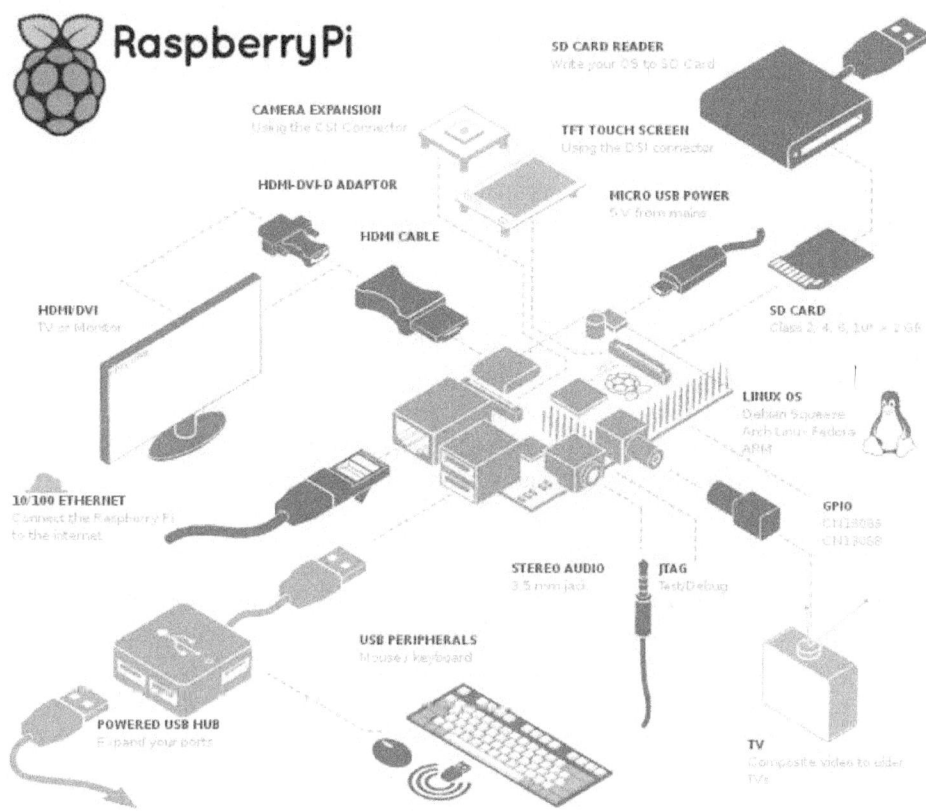

Figura 3.7. Resumen de las conexiones hardware en Raspberry Pi (http://www.wayengineer.com/index.php?main_page=product_info&products_id=2192).

3.2.2 ARM

La arquitectura de procesadores ARM, que es la que utiliza la placa Raspberry Pi, se ha convertido en uno de los objetos de interés en cuanto a lo referente a la evolución que ha vivido, sobre todo últimamente debido al mercado de los dispositivos móviles.

Estos terminales han evolucionado muy rápidamente en los últimos años, llegando a convertirse en *smartphones* muy avanzados a nivel de procesamiento. Esto también es debido a la maduración de los procesadores que llevan en su interior y en una gran parte, ARM es la responsable de potenciar estos dispositivos habiendo obtenido una gran fama y popularidad dentro de este sector.

Los teléfonos móviles ya no solo navegan por la red, sino que tienen acceso a juegos avanzados y otros programas de importancia. Un teléfono móvil bien preparado cuenta con solidez suficiente para igualar en potencia a muchos de los ordenadores que se han visto en las tiendas en los últimos años.

Los procesadores que desarrollan estas capacidades, se basan en el modelo RISC y están licenciados por la compañía británica ARM Holdings, que realizó su introducción en el mercado en su primer modelo en el lejano año 1985. Desde entonces la tecnología ARM se ha actualizado de forma constante también con modelos como el ARMv8-A o el ARM Cortex-A53 y ARM Cortex-A57.

En principio ARM buscaba crear un procesador barato para ser usado en ordenadores pensados para el entorno educativo pero llegó a un diseño que consumía muy poco y además era baratos de fabricar y muy pequeños. Se convirtieron por ello en ideales para usarse en estos dispositivos móviles o aquellos que necesiten bajo consumo como Raspberry Pi, aunque también en la actualidad se utiliza en lavadoras, coches, *tablets* o consolas.

La fama de ARM es tal que en 2013 se convirtió en **la arquitectura de 32 bits con más éxito del mundo** desde el punto de vista de cantidad de producción (en la actualidad, estos procesadores son incluso de 64 bits con su tecnología ARMv8). Estos últimos años han sido positivos en este sentido, apreciándose incluso que ya en el año 2009 los procesadores ARM ya sumaban alrededor del 90% de todos los procesadores RISC de 32 bits utilizados en el mercado. Antes ya se había visto que se perfilaba un buen futuro para los ARM, dado que en 2005 el 98% de más de mil millones de teléfonos móviles ya utilizaban un procesador ARM como poco.

Figura 3.8. Procesador ARM de Broadcome en Raspberry Pi 3 Modelo B.

Una de las particularidades de la empresa creadora de la tecnología ARM (empresa ARM Holdings), es que no fabrican sus propios chips. En lugar de ello desarrollan (es decir, crea una arquitectura del set de instrucciones, microprocesador, procesador gráfico, interconexiones, cachés…) y licencian sus desarrollos a otros fabricantes. Estas compañías pueden a su vez ser *fabless* (fab, de fundición (o *fábrica* en este caso) y *less* es el término inglés "sin", sin fábrica) y mandar a otras empresas fabricantes a construir esos diseños finales, o ser propietarias de fábricas propias en las que hacer sus productos basados en ARM. Esto ayuda a que se extienda su presencia en el mercado, así como los ingresos proporcionados. Nombres tan reconocidos como Tegra de Nvidia, OMAP de Texas Instruments o Snapdragon de Qualcomm, parten de la tecnología ARM y son muy habituales en los dispositivos móviles más famosos del sector. Incluso Intel, se acaba de asociar en Agosto de 2016 con ARM para fabricar chips para móviles, ya que este gigante antes dominaba solo el mercado de los portátiles y ordenadores de sobremesa y ahora quiere avanzar también en este mercado.

ARM trabaja en general con tres tipos de licencias: procesador, POP y arquitectura.

- **La licencia de procesador** es la que permite a un licenciatario utilizar un microprocesador o una GPU que ARM ha diseñado. No se permite cambiar el diseño pero sí se dispone de margen para implementarlo como se desee.

- **El POP** (*Processor Optimization Pack*, paquete de optimización del procesador) es un nivel de licencia superior. Aquí ARM no solo licencia el diseño de un procesador o de una GPU, si no que hace el trabajo de optimizar el diseño en cuestiones de rendimiento y eficiencia de cara a un proceso de fabricación concreto o un tipo de transistores concreto, en una fábrica determinada.

- Como tercera opción está la de licencia de arquitectura. ARM licencia una de sus arquitecturas como pueden ser ARMv7 o ARMv8 (esta última es la de 64 bits), siendo libre para implementarla como quieras. Aquí ARM simplemente se encargan de pasar ciertas pruebas para comprobar que tu propio diseño es compatible con su ISA, pero es responsabilidad del cliente el hacerse tus propios diseños, probarlos, testearlos, hacer el POP y buscar un modo de fabricarlos.

Dentro de las familias de ARM están principalmente las ARM1, ARM2, ARM3, ARM6, AMR7, ARM7TDMI, StrongARM, ARM8, ARM9TDMI, ARM9E, ARM10E, XScale, ARM11 y la familia Cortex.

En el caso de la familia de Cortex, se subdividen en varias subfamilias y entre ellos existen diferencias de tal manera que no se puede utilizar uno en lugar del otro. Esto es debido a que no soportan el mismo tipo de instrucciones.

Modelos de ARM Cortex:

- **Cortex-A.** (Cortex "*Application*"). Utilizados principalmente en *tablets* y móviles. Tienen más potencia computacional que los siguientes.

- **Cortex-R.** (Cortex "*Real-time*"). Se han desarrollado para aplicaciones donde se necesite un pequeño micro capaz de responder en tiempo real. Por ejemplo en automoción los que se encargan de calcular frenadas o velocidades para dar una mayor seguridad a la conducción.

- **Cortex-M.** (Cortex "*Microcontroller*"). Más utilizados cuando se precisa un microprocesador de pequeño tamaño para por ejemplo, una lavadora.

El primer diseño preliminar y los primeros prototipos del ARM1 fue en el año 1985, pero la primera versión utilizada comercialmente se bautizó como ARM2 y se lanzó en el año siguiente en 1986.

La arquitectura del ARM2 posee un bus de datos de 32 *bits* con un espacio de direcciones de 26 *bits* y 16 registros de 32 *bits*. El ARM2 es probablemente el procesador de 32 bits útil más simple con solo 30 000 transistores y no incluye *caché*. Por ello, su consumo es bastante bajo, a la vez que ofrece un mejor rendimiento que un 286.

Después aparece el ARM3 que incluye una pequeña memoria *caché* de 4 KB, lo que mejora los accesos a memoria repetitivos.

En 1991 aparece el ARM6. El núcleo mantuvo su simplicidad pasando a 35.000 transistores. La idea era que el usuario final combinara el núcleo del ARM con un número opcional de periféricos integrados y otros elementos, pudiendo crear un procesador completo a la medida de sus necesidades.

La mayor utilización de la tecnología ARM se alcanzó con el procesador ARM7TDMI, con millones de unidades en teléfonos móviles y sistemas de videojuegos portátiles.

La familia ARM11 comprende cuatro series de procesadores que implementan la arquitectura ARM v6 con extensiones, incluyendo una serie de instrucciones SIMD DSP que pueden operar con datos de 16 y 8 *bits* en registros de 32 *bits*.

3.2.2.1 TECNOLOGÍAS DE LOS PROCESADORES ARM

Dentro de las tecnologías que utilizan los procesadores ARM destacaría la **tecnología *Thumb*.** Cuando se empezaron a usar los procesadores de ARM era muy importante la memoria que ocupaban los programas. Gracias a esta tecnología se consigue reducciones en el tamaño del código un 30% gracias a usar una codificación especial. Se trata de un conjunto de instrucciones adicional llamado *Thumb*, de 16 bits (2 *bytes*) de longitud en lugar de 32 bits (o 4 *bytes*). Esto formaría un subconjunto formado por las instrucciones que se utilizan con más frecuencia. Al tener la mitad de longitud, se consigue disminuir la cantidad de código y mejorar su densidad. El primer procesador con la tecnología *Thumb* fue el ARM7TDMI.

También se ha avanzado en ARM en la **tecnología *big.LITTLE*.** En esta tecnología el grupo *big* (grande) compuesto de los núcleos más potentes como el ARM Cortex-A15 o A57, se encargaría de las tareas más pesadas, como uso multimedia intensivo y el *LITTLE* (como ejemplo con un Cortex-A7 o A53), actuaría en situaciones en las que no es necesaria tanta potencia, priorizándose un consumo energético menos intenso que en el grupo *big*. Lo que pretende esta tecnología es conseguir la máxima eficiencia posible, con un rendimiento óptimo.

Se puede encontrar la tecnología ***Jazelle*** (como en el caso del ARM1136J-S y el ARM1136JF-S, este último también dispone de coprocesador de coma flotante), que permite la ejecución de código *java* mediante *hardware*. Estos micros implementan una arquitectura de memoria virtual, soportan tanto el juego de instrucciones ARM como el juego de instrucciones *Thumb instruction set* (tecnología Thumb).

La tecnología ***Trustzone*** (soportada como ejemplo en el ARM1176JZ-S y el ARM1176JZF-S), monitorea y ayuda a proteger el sistema de accesos maliciosos a la información y operaciones a nivel de hardware. Esta tecnología se utiliza en entornos de computación de alto rendimiento siendo útil en aplicaciones de pago seguro en línea, administración de derechos digitales o en servicios empresariales basados en la web.

El control inteligente de energía o ***ARM Intelligent Energy Manager (IEM)***, permite a los diseñadores de productos de baterías ofrecer un mayor tiempo de vida a través de la gestión inteligente y dinámica de sus productos. Este control dispone de un generador dinámico de reloj y voltaje y también controla la entrada y salida de los modos de baja potencia. Como ejemplo, el microprocesador ARM11 MPCore que combina la tecnología *Jazelle* y la IEM.

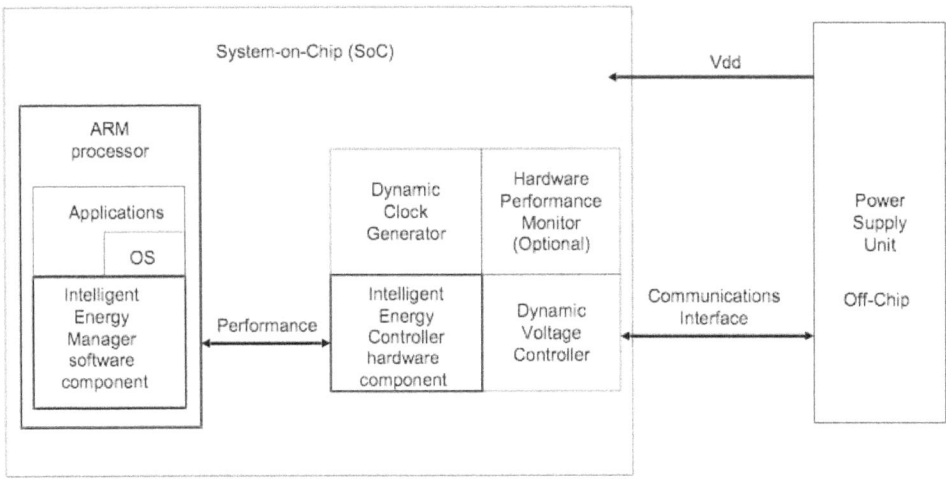

Figura 3.9. Esquema general del sistema de control inteligente de energía en microprocesadores ARM.

Gracias a este sistema, es posible reducir el gasto de energía utilizada en los procesos mediante la reducción de la alimentación del núcleo y la RAM, utilizando técnicas de desconexión de secciones del núcleo mientras no se estén utilizando y se reduce la frecuencia de funcionamiento del núcleo en operaciones que no necesitan una velocidad alta para operar.

Por otro lado, el juego de instrucciones DSP (*Developer Studio Project*) (disponible en el ARM1176JZF-S) optimiza la capacidad de procesamiento de este tipo de archivos en aplicaciones de alto rendimiento ofreciendo un bajo consumo. Estas extensiones se utilizan en una gama amplia de aplicaciones donde se incluye como ejemplo el control de un servomotor.

A continuación se muestra un resumen de un diagrama tipo de bloques de un microprocesador ARM general. Luego, en cada microprocesador se dispone de sus particularidades. Así mismo, al evolucionar rápidamente la tecnología en esta materia, cada vez, se dispone de sistemas más complejos en un solo chip.

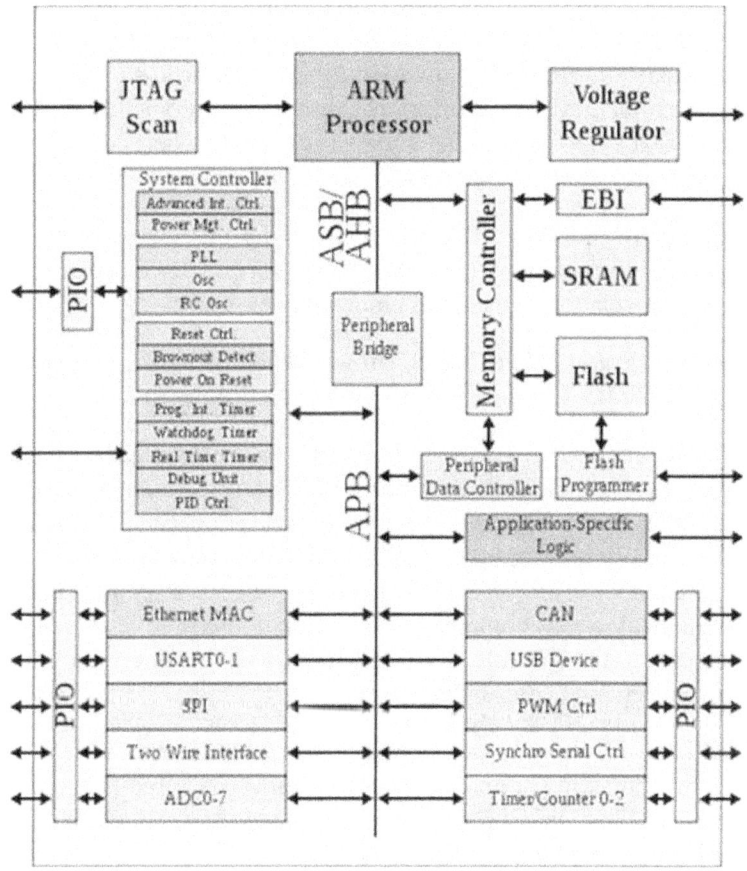

Figura 3.10. Diagrama de bloques general de la Arquitectura ARM: (http://www.break-ic.com/microprocessor-read/ARM_architecture_mcu_reverse_engineer.htm).

La mayoría de los bloques del diagrama ya se conocen o se irán introduciendo después con más detalles, sin embargo, a continuación se muestran algunas definiciones de los bloques que se utilizan aquí.

▼ El bloque **JTAG** (*Joint Test Action Group*, grupo de acción de prueba unido) se utiliza para depuración y testeo. *Voltage Regulator*, es el regulador de tensión.

- **ASB** (*Advanced System Bus*), **AHB** (*Advanced High-Performance* Bus) y **APB** (*Advanced Peripheral Bus*) son buses que utiliza ARM, bajo el estándar abierto **AMBA** (*Advanced Microcontroller Bus Architecture*). AMBA facilita la interconexión de bloques de propiedad intelectual para formar los SoC o circuitos integrados formados por varios procesadores y periféricos, interconectados en un bus común.

- **EBI** (*External Bus Interface*, Interfax del bus externo), está diseñado para asegurar la transferencia de datos entre varios dispositivos externos y el controlador de memoria embebido del ARM.

- **PIO** (*Parallel InPut/Output,* entrada/salida paralela), para la utilización con el medio (activación de LED, recuperar entrada de botones, etc.).

- **Bus CAN** (*Controller Area Network*), ha sido utilizado principalmente para la comunicación en automoción, pero también se ha introducido en la industria como un estándar. CAN es un canal de comunicación serie multiplexado, en el cual los datos son transferidos entre módulos electrónicos distribuidos; muy similar al SPI que se indica a continuación, aunque algo más complejo. Este protocolo permite la creación de redes dentro de un vehículo o sistema industrial con una gran tolerancia de errores en ambientes industriales.

- **SPI** (*Serial Peripheral Interface*, Interfaz periférica serial) se trata de la interconexión serie con tres hilos, síncrona y bidireccional utilizada para la interconexión de microcontroladores y sus periféricos u otros microcontroladores.

3.2.3 Procesador gráfico VideoCore IV

La unidad de procesamiento de gráficos o GPU (*Graphics Processor Unit*), es un coprocesador que colabora con el procesador principal en tareas de procesamiento de gráficos. De esta forma, acelera este proceso y no sobrecarga al microprocesador principal. Un coprocesador, en general, sería un microprocesador de un ordenador utilizado como suplemento de las funciones del procesador principal y ejecutaría operaciones de aritmética, procesamiento gráfico, de señales y procesado de texto entre otras tareas.

Normalmente, un microprocesador que está diseñado para ser una GPU, realizará más eficientemente las tareas para el cálculo de información gráfica y optimizar así este proceso.

VideoCore es una arquitectura de procesador multimedia desarrollada para móviles de bajo consumo. En febrero de 2014 Broadcom liberó el código fuente del controlador encargado de los gráficos del VideoCore IV. La placa Raspberry lo tiene integrado en su circuito SoC Broadcom BCM2836. VideoCore IV soporta video Full HD (1080p) de alta resolución así como gráficos 2D y 3D más rápido con un consumo menor. Esto le confiere una ventaja clara para los dispositivos de tamaño reducido.

3.2.4 Pines GPIO

Los pines **GPIO** (*General Purpose Input/Output*, entrada/salida de propósito general) en Raspberry Pi son los elementos que Raspberry presenta como interfaz de bajo nivel destinada a conectarse directamente con otros módulos de subsistemas.

La interfaz GPIO, se trata de una serie de conexiones genéricas que pueden controlarse en tiempo de ejecución por el usuario permitiendo interactuar con el mundo exterior para usos múltiples. Están pensados para comunicación con los diversos dispositivos electrónicos a los que se puede controlar o de los que se obtienen datos.

Figura 3.11. Pines GPIO en Raspberry Pi 3 Modelo B.

Como ejemplo más sencillo se utilizan para controlar el encendido y apagado de una bombilla o como recibir el accionamiento de un determinado botón. Así mismo, para aplicaciones más complejas como la comunicación con sensores, agregar módulos wifi, GPS, 3G, etc.

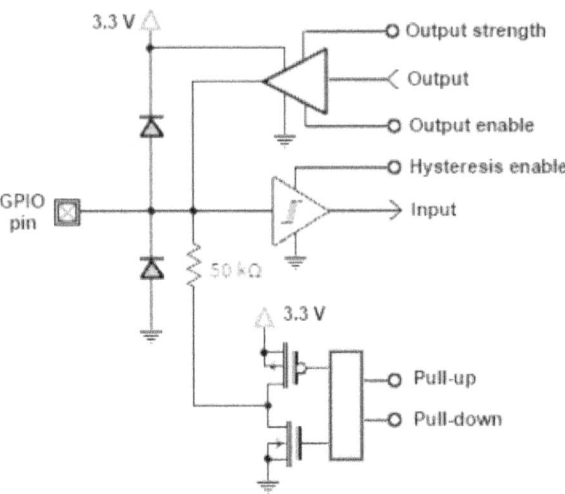

Figura 3.12. Circuito equivalente de un pin GPIO. (Fuente: Mosaic Industries).

Las funciones de los pines GPIO se resume a continuación:

▼ **Pines de alimentación:** en el que se encuentra los pines de 5 V y de 3v3 (limitados a 50 mA). También se encuentran en este apartado los pines de tierra (GND o *Ground*). Estos pines pueden aportan una fuente de alimentación para la alimentación de circuitos a crear.

▼ **DNC** (*Do Not Connect*, no conectar): son pines que no disponían de función inicialmente, pero que posteriormente ya son utilizados para diferentes fines. Por eso solo se encontrarán en los modelos más antiguos de las placas Raspberry Pi. En las actuales placas de momento han sido marcados como GND.

▼ **GPIO de uso genérico:** son las conexiones generales configurables que se pueden programar para la realización de los proyectos.

▼ **GPIO para comunicación:** dentro de estos se encuentran algunos pines destinados a la interfaz UART, como los pines TXD y RXD para la comunicación en serie (con los que se puede conectar como ejemplo, con una placa Arduino). También se encuentran los pines de comunicación para I2C y SPI (pines SDA, SCL, MOSI, MISO, SCLK, CE0, CE1, etc…), que se detallarán más adelante.

La *General Purpose Input/Output* (GPIO) son un conjunto de pines (26) (en total son 40 pines, 26 son para la GPIO y el resto son pines de alimentación o tierra) que permiten comunicar el procesador con el exterior, por tanto, se pueden programar mediante software tanto señales de entrada como de salida y por tanto, periféricos.

Nº GPIO	RASPBERRY PI Indicación	BCM2835	DESCRIPCIÓN
1	3V3		3.3 Voltios
2	5V0		5 Voltios
3	SDA0	GPIO0	Bus I2C
4	DNC		No conectar
5	SCL0	GPIO1	Bus I2C
6	GND		Tierra
7	GPIO7	GPIO4	Pin programable
8	TXD	GPIO14	Emisor UART
9	DNC		No conectar
10	RXD	GPIO15	Receptor UART
11	GPIO0	GPIO17	Pin programable
12	GPIO1	GPIO18	Pin programable
13	GPIO2	GPIO21	Pin programable
14	DNC		No conectar
15	GPIO3	GPIO22	Pin programable
16	GPIO4	GPIO23	Pin programable
17	DNC		No conectar
18	GPIO5	GPIO24	Pin programable
19	SPI_MOSI	GPIO10	Interfaz Periféricos Serie
20	DNC		No conectar
21	SPI_MISO	GPIO9	Interfaz Periféricos Serie
22	GPIO6	GPIO25	Pin programable
23	SPI_SCLK	GPIO11	Interfaz Periféricos Serie
24	SPI_CE0_N	GPIO8	Interfaz Periféricos Serie
25	DNC		No conectar
26	SPI_CE1_N	GPIO7	Interfaz Periféricos Serie

Tabla 3.1. Pines GPIO en BCM2835 y su descripción.

Es importante resaltar que todos los pines son de tipo *"unbuffered"*, es decir, no disponen de *buffers* de protección, por lo que se recomienda tener cuidado con las magnitudes (tensión e intensidad) cuando se conecten a los diversos componentes para no dañar la placa. En concreto se recomienda utilizar como máxima intensidad demandada desde los dispositivos conectados de 300 mA. En caso de sobrepasar estos límites se corre el riesgo de estropear la placa.

A continuación se adjunta algunas imágenes donde se muestran los diferentes *layouts* según el modelo:

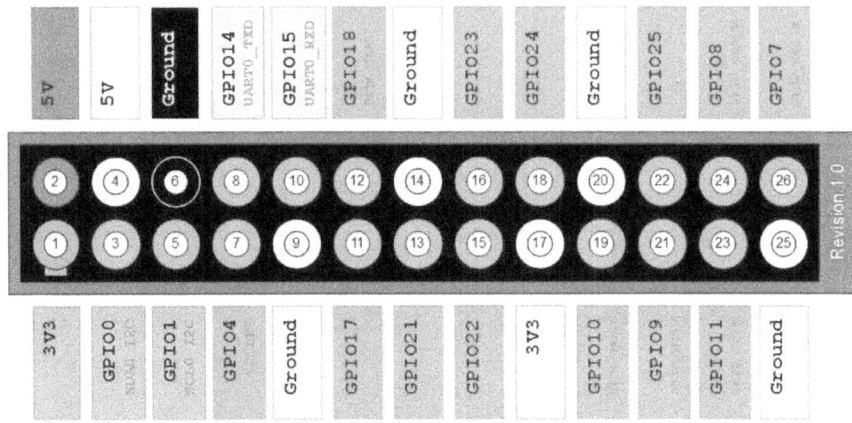

Figura 3.13. GPIO del Modelo B Rev. 1 (http://comohacer.eu/gpio-raspberry-pi)

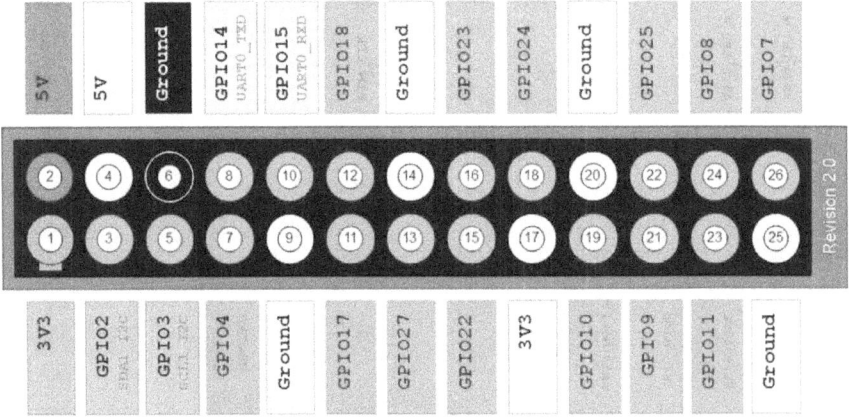

Figura 3.14. GPIO del Modelo A/B (Rev 2.0) (http://comohacer.eu/gpio-raspberry-pi)

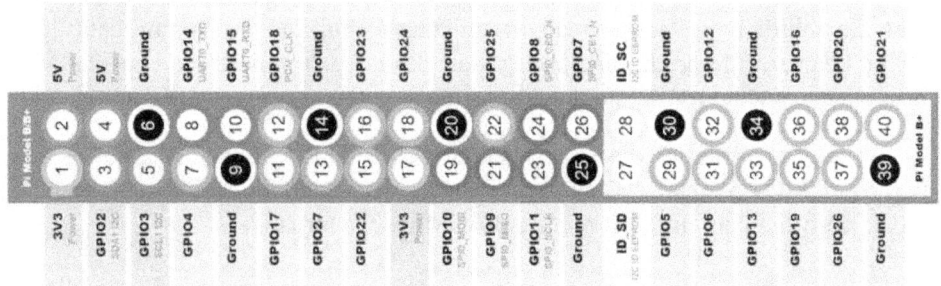

Figura 3.15. GPIO del Modelo A+, B+ y 2 (http://comohacer.eu/gpio-raspberry-pi)

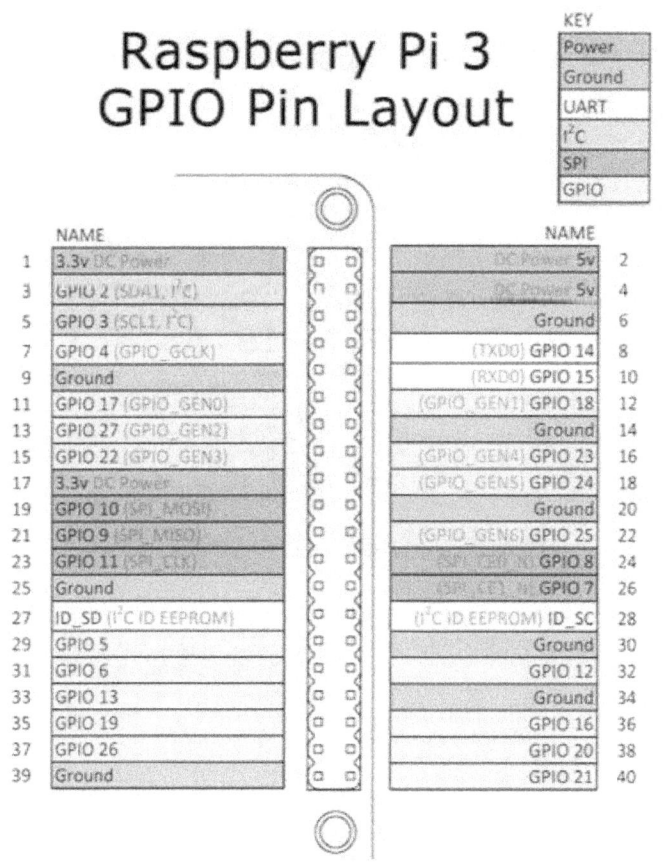

Figura 3.16. Disposición de los pines GPIO del Modelo Raspberry Pi 3 http://blog.mcmelectronics.com/post/Raspberry-Pi-3-GPIO-Pin-Layout

La Raspberry Pi (al igual que Arduino) permite programar sus GPIO con mucha flexibilidad. Se puede realizar utilizando multitud de herramientas con diversos lenguajes de programación (Python, Java, C…), o desde la consola. Más adelante, en aplicaciones, se mostrará la forma de trabajar con los GPIO.

Como se ha podido observar, la enumeración de los pines no es intuitiva, por ejemplo el GPIO4 pertenece al número 7 de la tarjeta. A continuación se muestra la tabla de equivalencias entre los pines del BCM y de la tarjeta.

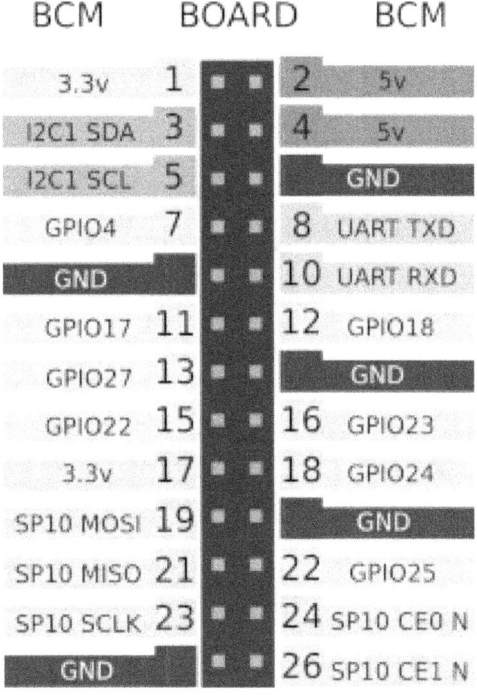

Figura 3.17. Equivalencias en los GPIO del sistema de numeración BCM y Board: http://robologs.net/2014/04/12/tutorial-de-raspberry-pi-gpio-y-python-i

3.2.5 LEDS DE ESTADO

Todas las placas Raspberry Pi tienen al menos un LED de estado. El número y la posición de estos varía según el modelo. A continuación se muestra las diferentes configuraciones que pueden encontrarse en los modelos actuales.

LED	COLOR	ESTADO	INFORMACIÓN
ACT	Verde	Estado de la Tarjeta	Se está accediendo a la tarjeta SD
PWR	Rojo	Encendido	Se recibe potencia, 3,3 V.
FDX	Verde	Full Duplex	Conexión a la red Full Duplex
LNK	Verde	Conexión	Hay conexión a la red
100	Amarillo	100 mbps	Conexión a la red a 100 mbps

Tabla 3.2. LED de estado y la información que transmiten.

El **modelo A** tiene activos los LED "ACT" y "PWR".

Figura 3.18. Disposición de los LED en el Modelo A http://www.raspberrypi-spy.co.uk/2013/02/raspberry-pi-status-leds-explained.

El **Modelo B** tiene cinco LED de estado indicados con "ACT", "PWR", "FDX", "LNK" and "100".

Figura 3.19. Disposición de los LED en el Modelo B (Rev. 1) http://www.raspberrypi-spy.co.uk/2013/02/raspberry-pi-status-leds-explained.

El **modelo B Rev2** tiene los cinco LED: "ACT", "PWR", "FDX", "LNK" y "100".

Figura 3.20. Disposición del LED en Pi Zero http://www.raspberrypi-spy.co.uk/2013/02/raspberry-pi-status-leds-explained

Los **modelos A+, B+ y Pi2** disponen de dos LED en la PCB ("ACT" y "PWR"). La B+ y la Pi 2 también disponen de dos LED más junto al zócalo de Ethernet.

Figura 3.21. Disposición de los LED en Pi 2, B+ y A+: http://www.raspberrypi-spy.co.uk/2013/02/raspberry-pi-status-leds-explained.

La **placa Pi Zero** solo dispone de un LED de estado de actividad. No tiene LED de potencia.

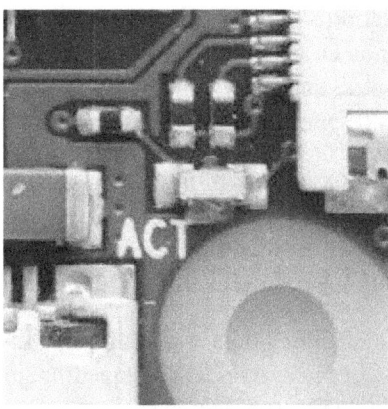

Figura 3.22. Disposición del LED en Pi Zero: http://www.raspberrypi-spy.co.uk/2013/02/raspberry-pi-status-leds-explained.

La **Raspberry Pi 3** dispone de dos LED, donde uno de ellos se etiqueta con "ACT".

Figura 3.23. Disposición de los LED en Pi 3

3.2.6 Puertos y buses en Raspberry Pi

Los puertos y los buses son los encargados de que haya comunicación entre dispositivos microncontrolados. Estos puertos pueden ser más perceptibles como los USB o ser internos en un SOC (*System on a chip*). El puerto se establece como el punto de conexión de entrada y salida y los buses son los caminos que hay entre estas dos conexiones (o puertos) de entrada y salida.

Los **puertos paralelos** envían la información (como indica su definición) de forma paralela y por tanto los buses tienen un mayor número de cables, pistas o caminos. **Los puertos serie,** sin embargo, son los que más se utilizan en la actualidad y son entre otros los puertos **USB, UART, I2C, CAN bus, RS232,** etc.

Los buses pueden ser **síncronos o asíncronos**. La diferencia entre ambos reside en que a la hora de comunicar dispositivos que trabajan a frecuencias distintas, necesiten o no de una señal de sincronización.

Los buses I2C, SPI y UART que dispone Raspberry PI, se comentan a continuación:

3.2.6.1 BUS I2C

En esencia, el Bus I2C (*Inter-Integrated-Circuit*, entre circuitos integrados) se trata de un bus formado por 2 cables de comunicación (SDA, *Serial Data* y SCL, *Serial Clock*) al que se le añade otro para conectar las masas (GND) de los dispositivos.

Para avanzar de forma práctica en la implementación y uso del bus I2C hay que decir que las líneas SDA y SCL deben tener resistencias *pull-up* (recomendable 2,2 kΩ) a la tensión de alimentación (que en Raspberry sería de 5 V).

La comunicación es maestro-esclavo por lo que en cada momento uno de los dispositivos toma el papel de maestro y el resto de esclavos. El maestro genera una señal de reloj por SCL que se usará para sincronizar todos los dispositivos. Y por SDA viajara la información. Cada esclavo debe tener configurada una dirección de esclavo. Esta dirección es una variable de 8 bits donde los 7 primeros son un número en binario y el último bit indica si es una lectura o escritura lo que quiere hacer el maestro.

El puerto I2C permitirá conectar sensores, pantallas u otros dispositivos como Arduino. De esta forma, se puede disponer de una variedad de aplicaciones que hacen al sistema ser muy enriquecedor.

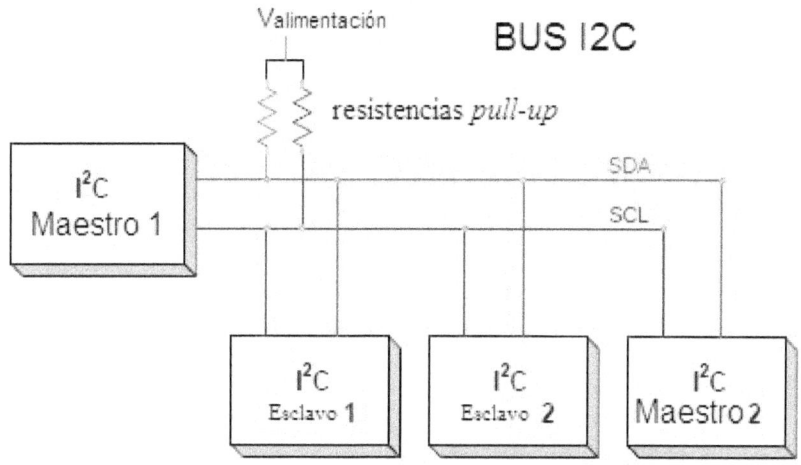

Figura 3.24. Conexión esquemática del bus I2C.

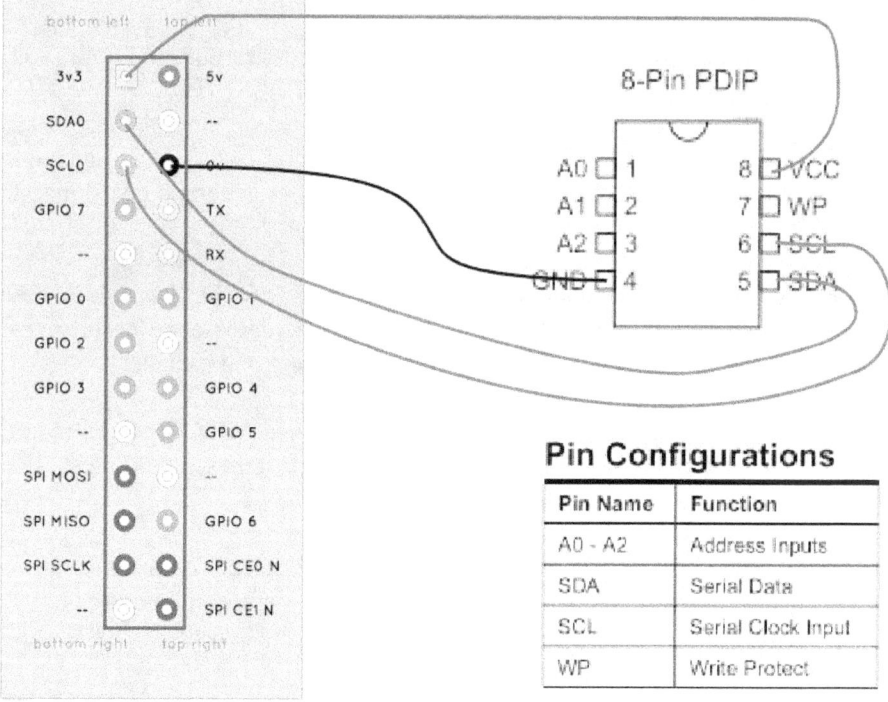

Figura 3.25. Ejemplo de conexión utilizando a una memoria EEPROM utilizando el bus I2C (http://www.gallot.be/?p=180)

3.2.6.2 SPI

Hay muchos periféricos que pueden ser añadidos a la Raspberry Pi utilizando el bus I2C, pero también la conexión de interfaz serie SPI. Entre estos se incluyen sensores atmosféricos, EEPROMS, *displays*, etc.

En Raspberry Pi se pudo ver que los pines SDA y SCL se utilizaban para la comunicación I2C.

El bus SPI (*Serial Peripheral Interface*) se trata de un bus serie estándar de comunicaciones, utilizado principalmente para la transferencia de información entre casi cualquier dispositivo electrónico digital que acepte un flujo de *bits* serie regulado por reloj.

El bus SPI lo desarrolló inicialmente Motorola (ahora Freescale). SPI puede funcionar a 10-20 Mbps.

Al igual que en I2C, los dispositivos SPI se comunican mediante una relación maestro-esclavo. Aquí sin embargo, la comunicación es bidireccional (*full-duplex*), ya que en el caso de I2C es *half-duplex*.

La sincronización y la transmisión de datos se realiza por medio 4 líneas o señales.

- ▼ **SCLK (*Clock*):** Es el pulso que marca la sincronización. Con cada pulso de este reloj, se lee o se envía un *bit*. El reloj es generado por el maestro y controla la comunicación en ambos sentidos.

- ▼ **MOSI (*Master Output Slave Input*):** La línea MOSI es la salida de datos del maestro o también la línea de entrada de datos en el esclavo. Esta línea es la que lleva los datos de desde el maestro al esclavo.

- ▼ **MISO (*Master Input Slave Output*):** La línea MISO es la entrada de datos del maestro y por tanto la línea de salida del esclavo. En esta línea se transmite datos desde el esclavo al maestro.

- ▼ **SS/Select/CS (*Chip Select*):** Es la línea de selección de chip, que se activa para seleccionar un esclavo con el que debe comunicarse.

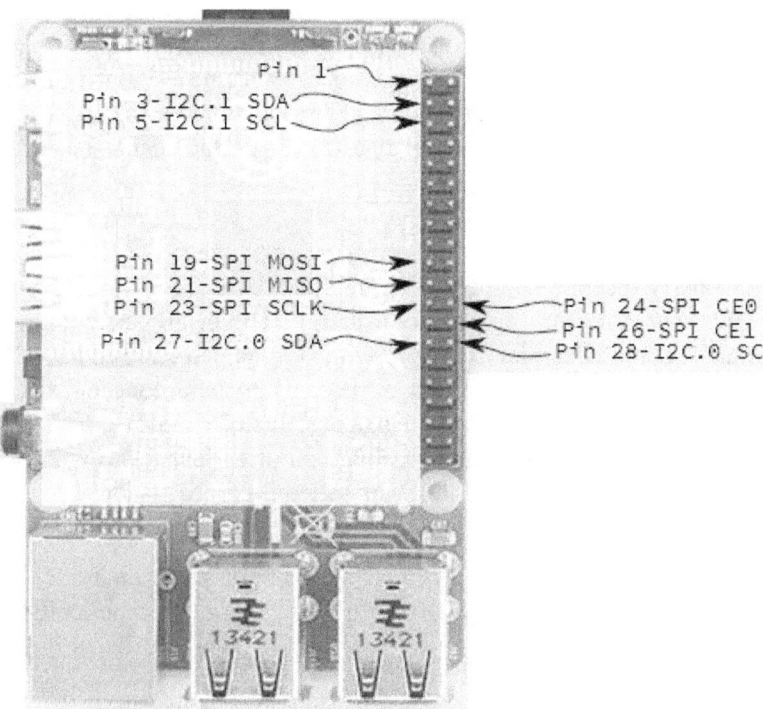

Figura 3.26. Pines del Bus Serie SPI y I2C en la placa (https://learn.sparkfun.com/tutorials/raspberry-pi-spi-and-i2c-tutorial).

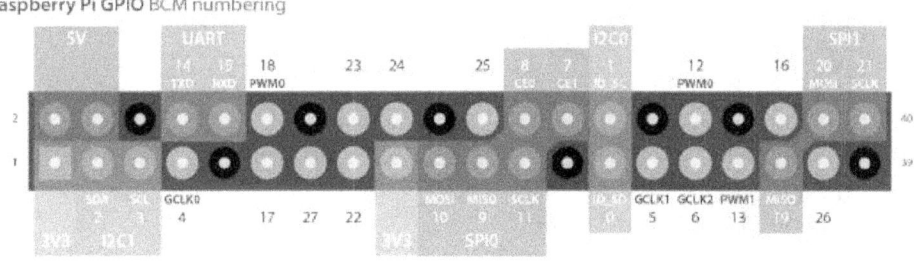

Figura 3.27. Completa visión de los pines del Bus Serie SPI y I2C con numeración BCM. (http://es.pinout.xyz)

SPI supone un interfaz sencilla y no necesita arbitraje o mecanismo de respuesta ante fallos. A su vez, tampoco requiere de las resistencias *pull-up* y por tanto tiene un menor consumo de energía. Sin embargo, SPI necesita una línea por cada esclavo por tanto más pines. SPI no tiene señal de asentamiento por lo que podría estar enviándose información sin esclavos y el maestro no se estaría dando cuenta.

3.2.6.3 UART

Raspberry dispone también de un módulo UART (*Universal Asynchronous Receiver Transmiter,* transmisor/receptor asíncrono universal) para comunicaciones. Esta interfaz de comunicación serie se presentaba principalmente en los ordenadores antiguos. Antes de USB la UART era el mecanismo para conectar el teclado, el ratón o incluso un modem de comunicaciones, incluso era la interfaz empleada por los terminales o consolas para interactuar con un ordenador. Hoy en día es casi imposible encontrar una de estas interfaces serie en un ordenador, y prácticamente ha sido reemplazada por USB.

Los pines de la UART en Raspberry Pi son el 6 para la masa, el 8 (o GPIO 14) para la transmisión (TXD0) y el 10 (o GPIO 15) para la recepción RXD 0.

Más adelante se mostrarán aplicaciones y formas de uso del puerto.

Figura 3.28. Pines del puerto UART en Raspberry Pi 3.

4

MODELOS Y ACCESORIOS DE RASPBERRY PI

4.1 MODELOS DE RASPBERRY PI

Se puede encontrar en la actualidad 7 modelos diferentes de Raspberry Pi, aunque se sigue en procesos de mejora continua por lo que todo apunta a que seguirán evolucionando. Se citan a continuación:

- Modelo A
- Modelo B
- Modelo A+
- Model B+
- Pi 2
- Modelo B
- Pi Zero
- Pi 3 Modelo B
- Compute Module. Es una versión especialmente pensada para uso empresarial e industrial.

Cada modelo ha tenido diferentes revisiones. Se adjunta imagen de las diferentes placas que se han desarrollado para la familia.

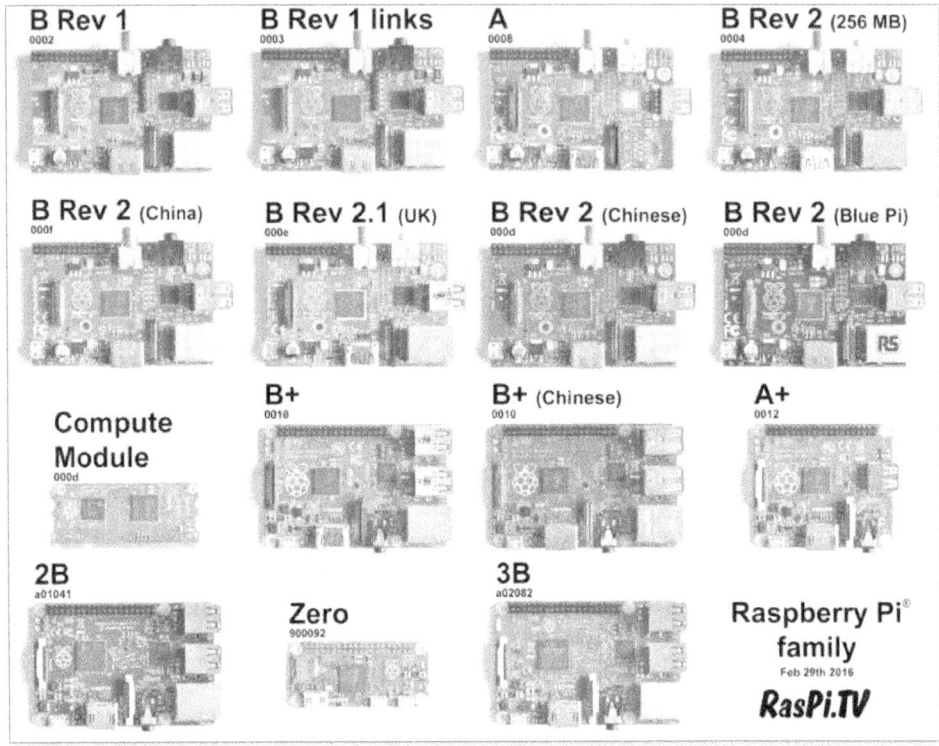

Figura 4.1. Foto de la familia de placas Raspberry Pi (http://raspi.tv/2016/raspberry-pi-family-photo-updated-to-include-pi3b-29-feb-2016).

A nivel cronológico, la Raspberry ha tenido el siguiente desarrollo:

- Placa Raspberry Pi 1 Modelo B. Abril-Junio 2012
- Placa Raspberry Pi 1 Modelo A. Febrero 2013
- Placa Raspberry Pi 1 Modelo B+. Julio 2014
- Placa Raspberry Pi 1 Modelo A+. Noviembre 2014
- Placa Raspberry Pi 2 Modelo B. Febrero 2015
- Placa Raspberry Pi Zero. Noviembre 2015
- Placa Raspberry Pi 3 Modelo B. Febrero 2016

4.1.1 Raspberry Pi 1

Figura 4.2. Placa Raspberry Pi 1 Modelo B (https://www.raspberrypi.org/forums/viewtopic.php?t=4751).

La placa **Raspberry Pi 1 Modelo B** sale a la luz en Febrero de 2012 y cuenta principalmente con las siguientes características:

- Procesador: Broadcom BCM2835 SoC a 700 MHz.
- GPU: Co-procesador multimedia Dual Core VideoCore IV
- Memoria RAM: 256 MB SDRAM 700 MHz. Menos memoria pero también menos consumo.
- Tarjeta SD, MMC, ranura para tarjeta SDIO, siendo el único modelo con ranura para tarjetas SD de tamaño estándar.
- 5 V con ranura microUSB para alimentación de la placa.
- Dos puertos USB.
- Puerto de salida HDMI y RCA.
- Ethernet 10/100 RJ45 para conexión a Internet.
- Conector de 3,5 mm de audio tipo *jack*.
- Pines GPIO: 26

Figura 4.3. Placa Raspberry Pi 1 Modelo A (http://www.zdnet.com/pictures/photos-of-the-raspberry-pi-through-the-ages-from-the-prototype-to-pi-3/3).

La placa **Raspberry Pi 1 Modelo A**, *sale en Febrero de 2013 y es análoga a la A+ posterior salvo que dispone de 26 GPIO y pesa 45 g (el modelo A+ pesa 26 g ya que es algo más reducida).*

Figura 4.4. Placa Raspberry Pi 1 Modelo B+ (http://www.zdnet.com/pictures/photos-of-the-raspberry-pi-through-the-ages-from-the-prototype-to-pi-3/5).

La placa **Raspberry Pi 1 Modelo B+** aparece en Julio 2014. Se adjunta un resumen de las novedades que traía.

- Fuente de Alimentación para 3,3 V y 1,8 V.
- Alimentación a 5 V con protección de polaridad y fusible de 2 A (por lo que es posible enchufar y desenchufar USB sin resetear la tarjeta.
- Nuevo chip de controlador USB/Ethernet.
- 4 puertos USB en lugar de 2.
- 40 pines GPIO.
- 3,5 mm para conector de audio. Salida análoga al modelo A+.
- Tarjeta MicroSD.

En cuanto a similitudes:

- Tamaño básico análogo, 85mm x 56mm.
- Mismo procesador, Broadcom SoC a 700 MHz (permite *overclocked*).
- Misma memoria RAM, 512 MB.
- Mismo conector de potencia microUSB.
- Software Raspbian/NooBs.
- Puerto HDMI.
- Conector de la cámara que permite conectar la cámara oficial de Raspberry Pi.
- Conector de pantalla que hace posible utilizar una pantalla en vez de usar el puerto HDMI.

Figura 4.5. Placa Raspberry Pi 1 Modelo A+ (http://www.zdnet.com/pictures/photos-of-the-raspberry-pi-through-the-ages-from-the-prototype-to-pi-3/6).

El **modelo A+** aparece en noviembre de 2014. La diferencia más relevante es que solo dispone de un puerto USB y no tiene puerto Ethernet aunque se puede conectar a Internet mediante un adaptador wifi a través del conector USB. Consume cerca de un tercio de la potencia del modelo B, por lo que es interesante para los proyectos donde sea necesario utilizar un bajo consumo. Cada modelo ha tenido diferentes revisiones. Se adjunta imagen de las diferentes placas que se han desarrollado para la familia.

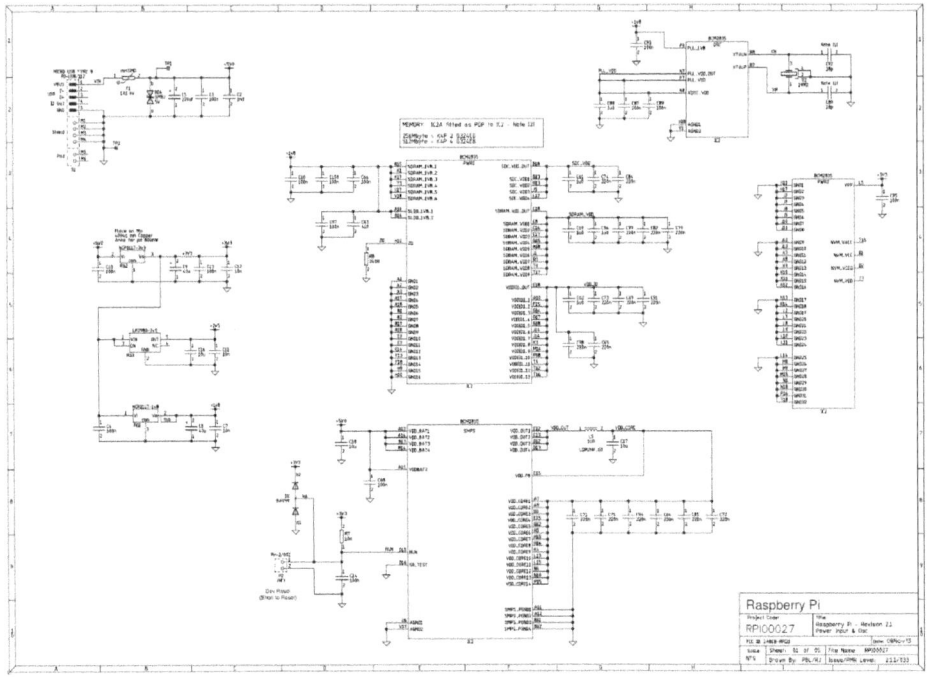

Figura 4.6. Esquema de Raspberry Pi 1 Modelo A y B. Revisión 2.1 (https://www.raspberrypi.org/documentation/hardware/raspberrypi/schematics/Raspberry-Pi-Rev-2.1-Model-AB-Schematics.pdf).

Las características principales de la placa se muestran como sigue:

- Procesador: Broadcom BCM2835 SoC Full HD.
- GPU: Coprocesador multimedia Dual Core VideoCore IV.
- Memoria RAM: 256 MB SDRAM 700 MHz. Menos memoria pero menos consume.
- Almacenamiento a través de tarjetas microSD. Utilizado en lugar de un disco duro.
- Un puerto USB. Solo dispone de uno por lo que si se desea conectar un teclado y ratón al mismo tiempo se tendría que utilizar un concentrador USB externo.

- 5 V con ranura microUSB para alimentación de la placa.
- Puerto de salida HDMI
- Circuito de audio con fuente de alimentación de bajo ruido
- Pines GPIO: 40
- Consumo de energía: 600 mA

4.1.2 Raspberry Pi 2

Bajo consumo (2,5 W) por lo que puede estar conectada todo el día.

Figura 4.7. Placa Raspberry Pi 2 Modelo B (http://www.zdnet.com/pictures/photos-of-the-raspberry-pi-through-the-ages-from-the-prototype-to-pi-3/7).

Raspberry Pi 2 aparece en Febrero de 2015 y llega con procesador Broadcom ARM Cortex-A7 de cuatro núcleos y 1 GB de RAM, lo que según sus desarrolladores multiplica por seis la potencia del aparato.

Se indican sus especificaciones técnicas del Raspberry Pi 2 al completo:
- Procesador de cuatro núcleos Broadcom BCM2836 ARM Cortex-A7.
- GPU VideoCore IV doble núcleo con soporte OpenGL ES 2.0, aceleración por hardware OpenVG, 1080p 30 *frames*, H.264.
- Memoria 1 GB LPDDR2 SDRAM.
- Salida de video 1.080 p.
- Salida video compuesto (PAL / NTSC).

- Salida de audio estéreo.
- Ethernet 10/100 Base.
- HDMI 1.3 y 1.4.
- Audio compuesto *jack* 3,5 mm.
- 4 puertos USB 2.0.
- MPI CSI-2.
- Tarjeta MicroSD.
- Conector Serie.
- 40 pines GPIO.

Raspberry Pi 2 es compatible con los anteriores modelos y optimiza la ejecución de tecnologías libres. La Fundación Raspberry Pi ha colaborado con Microsoft para ofrecer una versión de Windows 10 adaptada al Raspberry Pi 2. Este hecho le ha dado una característica muy potente a la placa para el desarrollador.

A continuación se expone una tabla comparativa entre Pi modelo B+ y Pi2 modelo B donde se puede ver las mejora principal de la memoria SDRAM principalmente.

	RASPBERRY PI MODEL B+	RASPBERRY PI2 MODEL B
SoC	Broadcom BCM2835	Broadcom BCM2836
CPU	ARM11 ARMv6 700 MHz	ARM11 ARMv7 Cortex-A7 4 núcleos 900 MHz
GPU	Broadcome VideoCore IV 250 MHz. OpenGL ES 2.0	Broadcome VideoCore IV 250 MHz. OpenGL ES 2.0
RAM	512 MB LPDDR SDRAM 400 MHz	1 GB LPDDR2 SDRAM 450 MHz
USB 2.0	4	4
Salidas de Video	HDMI 1.4 1920x1200 píxeles	HDMI 1.4 1920x1200 píxeles
Almacenamiento	microSD	microSD
Ethernet	10/100 Mbps	10/100 Mbps
Tamaño	85,6x56,5 mm.	85,6x56,5
Peso	45 g	45 g

Tabla 4.1. Comparativa de las especificaciones de Raspberry Pi 2 Modelo B con su predecesora Raspberry Pi 1 Modelo B+

4.1.3 Raspberry Pi Zero

Figura 4.8. Placa Rasberry Pi Zero (http://www.zdnet.com/pictures/photos-of-the-raspberry-pi-through-the-ages-from-the-prototype-to-pi-3/8)

Este modelo que aparece en Noviembre de 2015 es un ordenador de que mejora en precio y características. La característica principal es que se trata de un ordenador de reducidísimas dimensiones por tan solo unos 5 euros.

Las características de esta placa son:

- Un procesador Broadcom BCM2835.
- Núcleo de 1GHz ARM11 (40% más rápido que el Raspberry Pi 1).
- 512 MB de SDRAM LPDDR2.
- Tarjeta micro-SD.
- Un socket mini-HDMI para salida de video 1080p a 60fps (fotogramas por segundo).
- Micro-USB para datos y energía.
- GPIO de 40 pines.
- Pinout similar al de los Modelo A + / B + / 2B.
- Dimensiones 65 mm x 30 mm x 5 mm.

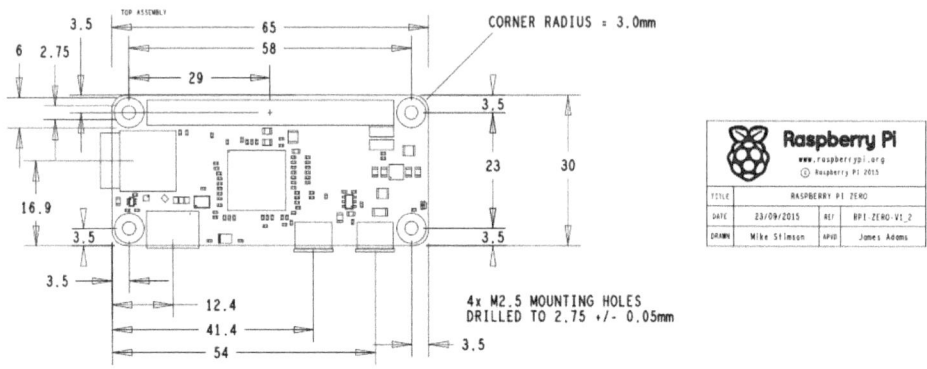

Figura 4.9. Esquema mecánico de Raspberry Pi Zero (https://www.raspberrypi.org/documentation/hardware/raspberrypi/mechanical/rpi-zero-v1_2_dimensions.pdf).

4.1.4 Raspberry Pi 3

Las placas Raspberry han seguido evolucionando y lo seguirán haciendo en la búsqueda de mejorar su potencia y coste. Bajo esta idea sale a la luz el Modelo Raspberry Pi 3 en Febrero de 2016. El coste estimado en el mercado oscila en torno a unos 40 Euros. Su reducido tamaño pero amplia potencia hacen a este dispositivo muy interesante para todo tipo de aplicaciones.

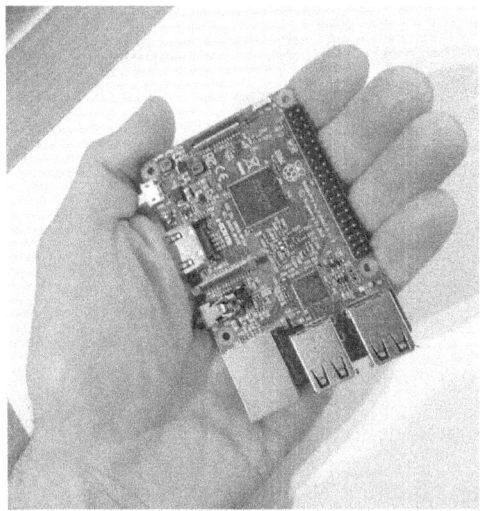

Figura 4.10. Vista de la placa Raspberry Pi 3 Modelo B en una mano.

La placa Raspberry Pi 3, incorpora conexiones inalámbricas lo que le permite convertirse en casi cualquier cosa. Desde un mini-pc hasta un servidor de datos, la base para un robot o un centro de ocio. La placa ensambla en su circuito un *chipset Broadcom BCM2387* de cuatro núcleos ARM Cortex-A53 a 1,2 GHz. Otra característica interesante de la placa es su GPU que se trata de una Broadcom VideoCore IV que le permite llegar a resoluciones Full HD con facilidad.

Dispone de 1 Gb de RAM DDR2 con lo que puede ejecutar sistemas operativos como Windows 10 Iot Core entre otros y dispone de 4 puertos USB.

Esta placa incorpora conectividad wifi y *Bluetooth* integradas, así como HDMI para la visualización de contenidos en alta definición sobre un gran número de dispositivos de pantallas y ordenadores.

Las dimensiones de la placa son 85x56x17. A continuación se resumen las características principales:

- Procesador:
  - Chipset Broadcom BCM2387.
  - 1,2 GHz de cuatro núcleos ARM Cortex-A53.
- GPU
  - Dual Core VideoCore IV ® Multimedia Co-procesador. Proporciona Open GL ES 2.0, OpenVG acelerado por hardware, y 1080p30 H.264 de alto perfil de decodificación.
  - Capaz de 1 Gpixel / s, 1.5Gtexel / s o 24 GFLOPs con el filtrado de texturas y la infraestructura DMA.
- RAM: 1GB LPDDR2.
- Conectividad
  - Ethernet socket Ethernet 10/100 BaseT.
  - 802.11 b / g / n LAN inalámbrica y *Bluetooth* 4.1 (Classic *Bluetooth* y LE).
  - Salida de video.
    - HDMI rev 1.3 y 1.4
    - RCA compuesto (PAL y NTSC).
  - Salida de audio
    - jack de 3,5 mm de salida de audio, HDMI.
    - USB 4 x Conector USB 2.0.
  - Conector GPIO
    - 40-clavijas de 2,54 mm (100 milésimas de pulgada) de expansión: 2 x 20 tira.

- Proporcionar 27 pines GPIO, así como 3,3 V, +5 V y GND líneas de suministro.
- Conector de la cámara de 15 pines cámara MIPI interfaz en serie (CSI-2).
- Pantalla de visualización Conector de la interfaz de serie (DSI) Conector de 15 vías plana flex cable con dos carriles de datos y un carril de reloj.
- Ranura de tarjeta de memoria Empuje / tire Micro SDIO.

Placa Raspberry Pi 3 Modelo B

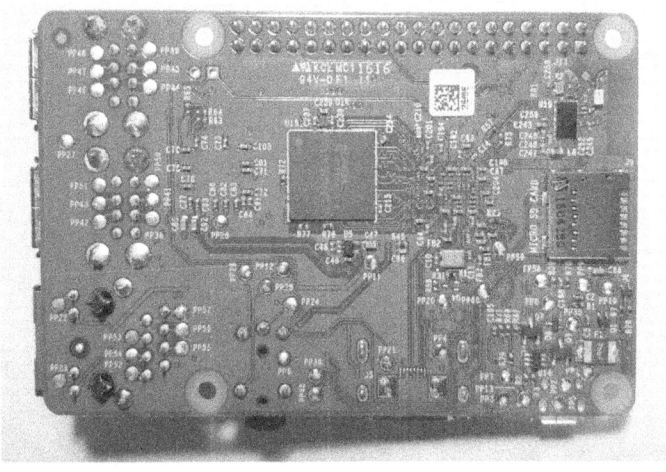

Figura 4.11. Reverso de la placa Raspberry Pi 3 Modelo B

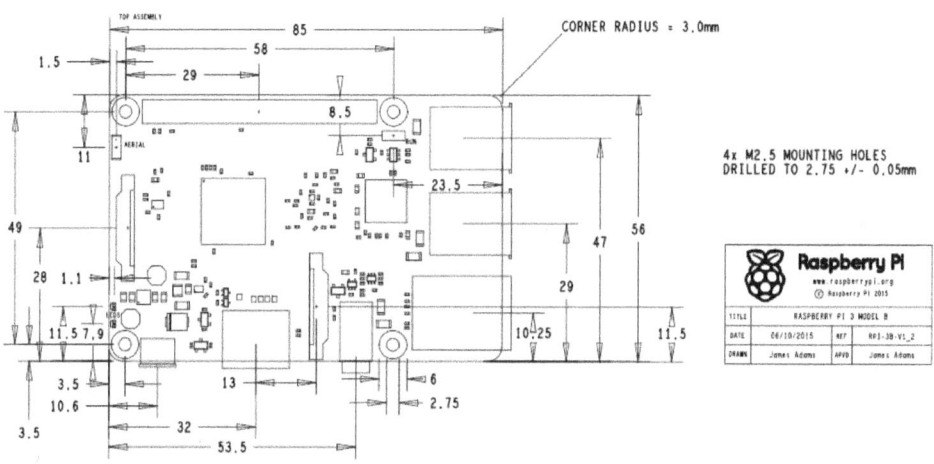

Figura 4.12. Esquema mecánico de Raspberry Pi 3 (https://www.raspberrypi.org/documentation/hardware/raspberrypi/mechanical/RPI-3B-V1_2.pdf).

Placa	Raspberry Pi 2 Modelo B	Raspberry Pi 3 Modelo B
Procesador	Broadcom DCM2836	Broadcom BCM 2837
CPU	Quadcore ARM Cortex-A7 32 Bit	Quadcore ARM Cortex-A53, 64 Bit
Velocidad del reloj	900 MHz	1,2 GHz
RAM	1 GB	1 GB
GPU	250 MHz VideoCore IV (R)	400 MHz VideoCore IV (R)
Network Connectivity	1x10/100 Ethernet (RJ45)	1x10/100 Ethernet (RJ45)
Wireless	No	802.11n wireless LAN (wifi) y *Bluetooth* 4.1
Puertos USB	4xUSB 2.0	4xUSB 2.0
GPIOs	2x20 Pines	2x20 Pines
Interfaz cámara	15-pin MIPI	15-pin MIPI
Interfaz *Display*	DSI 15 Pin / HDMI Out / Composite RCA	DSI 15 Pin / HDMI Out / Composite RCA
Potencia de suministro (Capacidad de corriente)	1,8 A	2,5 A

Tabla 4.2. Comparativa entre Raspberry Pi 2 Model B y Raspberry Pi 3 Model B.

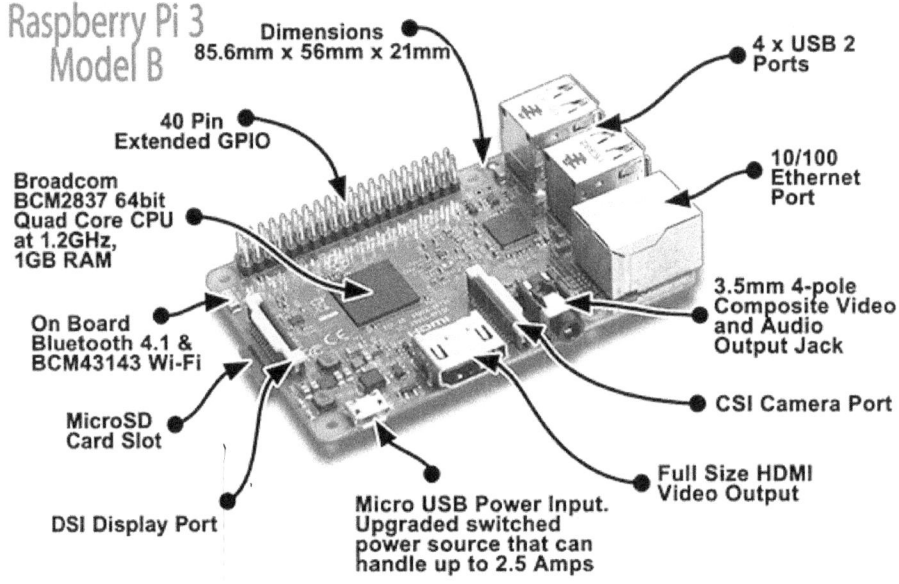

Figura 4.13. Elementos de la Placa Raspberry Pi 3 Modelo B. Image Source: Element14.com

4.1.5 Raspberry Pi Compute Module

La placa Raspberry Pi Compute Module de 67.6 x 30 mm aparece en Abril 2014 con la idea de desarrollar un miniPC orientado a entornos empresariales e industriales. Este dispositivo disponen del mismo *hardware* que los modelos actuales pero en un formato SODIMM DDR2 (formato que se utiliza principalmente para la memoria de muchos ordenadores portátiles).

El módulo se desarrolla con el procesador BCM2835 y dispone de 512 Mb de RAM así como 4 GB de memoria eMMC Flash que permiten disponer directamente el sistema operativo en este almacenamiento integrado. También disponen de conector HDMI y puerto USB.

El módulo se diseñó para los que posteriormente crean sus propios PCBs, pero también se dispone de unas placas base donde conectarlos y servir así a distintos propósitos.

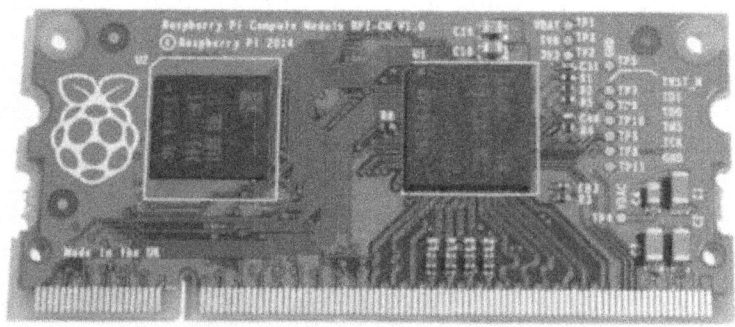

Figura 4.14. Placa Raspberry Pi Compute Module (https://www.raspberrypi.org/blog/raspberry-pi-compute-module-new-product).

4.1.6 Resumen de las diferencias entre las placas Raspberry Pi

Como se ha visto, existen varias placas con diferentes características que se han ido desarrollando y mejorando cronológicamente. Estas diferencias pueden ver resumidas a continuación en la siguiente imagen.

Entre las diferencias más importantes, es interesante ver cómo la Raspberry Pi3 Modelo B, que es la última en salir ha desarrollado también la conectividad al tiempo de mejorar su procesador y capacidad con respecto a su predecesora Pi2.

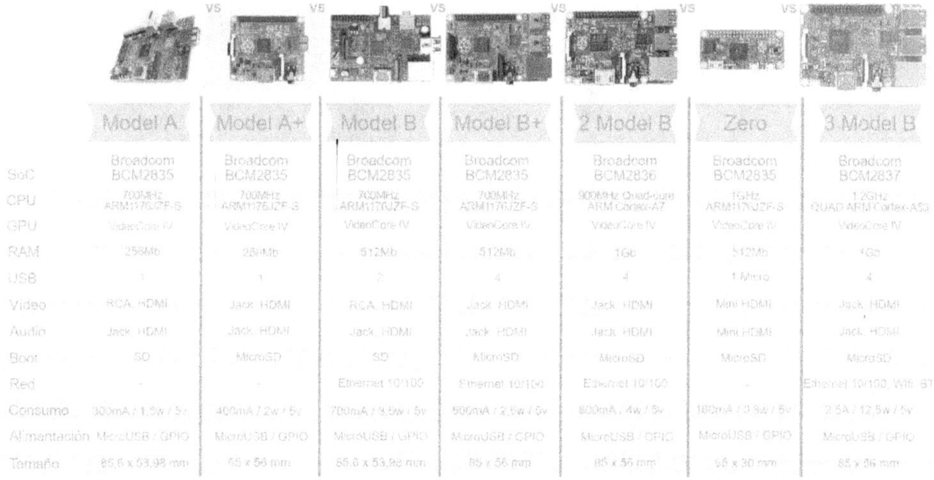

	Model A	Model A+	Model B	Model B+	2 Model B	Zero	3 Model B
SoC	Broadcom BCM2835	Broadcom BCM2835	Broadcom BCM2835	Broadcom BCM2835	Broadcom BCM2836	Broadcom BCM2835	Broadcom BCM2837
CPU	700MHz ARM1176JZF-S	700MHz ARM1176JZF-S	700MHz ARM1176JZF-S	700MHz ARM1176JZF-S	900MHz Quad-core ARM Cortex-A7	1GHz ARM1176JZF-S	1.2GHz QUAD ARM Cortex-A53
GPU	VideoCore IV	VideoCore IV	VideoCore IV	VideoCore IV	VideoCore IV	VideoCore IV	VideoCore IV
RAM	256Mb	256Mb	512Mb	512Mb	1Gb	512Mb	1Gb
USB	1	1	2	4	4	1 Micro	4
Video	RCA, HDMI	Jack, HDMI	RCA, HDMI	Jack, HDMI	Jack, HDMI	Mini HDMI	Jack, HDMI
Audio	Jack, HDMI	Jack, HDMI	Jack, HDMI	Jack, HDMI	Jack, HDMI	Mini HDMI	Jack, HDMI
Boot	SD	MicroSD	SD	MicroSD	MicroSD	MicroSD	MicroSD
Red	-	-	Ethernet 10/100	Ethernet 10/100	Ethernet 10/100	-	Ethernet 10/100, Wifi, BT
Consumo	300mA / 1,5w / 5v	400mA / 2w / 5v	700mA / 3,5w / 5v	500mA / 2,5w / 5v	800mA / 4w / 5v	160mA / 0,8w / 5v	2,5A / 12,5w / 5v
Alimentación	MicroUSB / GPIO	MicroUSB / GPIO	MicroUSB / GPIO	MicroUSB / GPIO	MicroUSB / GPIO	MicroUSB / GPIO	MicroUSB / GPIO
Tamaño	85,6 x 53,98 mm	65 x 56 mm	85,6 x 53,98 mm	85 x 56 mm	85 x 56 mm	65 x 30 mm	85 x 56 mm

Figura 4.15. Comparativa general de las placas Raspberry Pi (http://comohacer.eu/wp-content/uploads/comparativa-raspberry-pi.png).

4.2 ACCESORIOS DE LAS PLACAS RASPBERRY PI

Los desarrolladores también cuentan con algunos accesorios para la placa que se pueden adquirir para diversos usos. Se resumen aquí los mostrados en la Web de la fundación.

4.2.1 Caja Raspberry Pi

La Caja de Raspberry Pi o (*Raspberry Pi Case*) permite a los usuarios disponer de una protección para las diferentes placas.

La caja de Raspberry está hecha de material ABS (*Acrylonitrile Butadiene Styrene*, acrilonitrilo butadieno estireno), plástico muy resistente al impacto de los golpes. Su configuración permite disponer de un fácil acceso a los GPIO, la cámara y los conectores *display*. Dispone de LED para indicación de encendido y actividad.

Figura 4.16. Caja Raspberry Pi (https://www.raspberrypi.org/products/raspberry-pi-case).

Pueden verse muchos modelos en el mercado incluso en Aluminio como el ejemplo mostrado en la Figura.

Figura 4.17. Caja Aluminio para Raspberry Pi 3 (https://wickedaluminum.com/collections/frontpage/products/pi-holder-pi-3-case-w-heat-dissipation).

Figura 4.18. Carcasa original de Raspberry Pi 3 (https://www.profesionalreview.com/2016/05/07/raspberry-pi3-review).

4.2.2 Fuente de alimentación Universal

Esta fuente de alimentación universal oficial para Raspberry Pi, está aprobada por la Raspberry Pi Foundation. Se suele presentar al mercado con adaptador según en qué país se esté, cable y conector MicroUSB integrados.

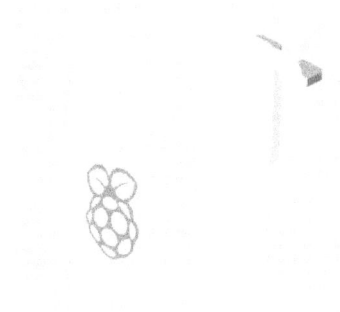

Figura 4.19. Fuente de alimentación universal oficial para Raspberry Pi.

A continuación se citan algunas características principales de comportamiento a nivel de tensión, corriente y potencia:

- Salida: 2 a 5 V Corriente Continua
- Protección contra cortocircuitos, exceso de corriente y sobretensión
- Bajo consumo de corriente en espera.
- Conector micro USB con cable de 1,5 m.
- Aislamiento doble de clase II.
- Modo conmutado: Raspberry Pi.
- Corriente de salida 2A.
- Potencia nominal 10W.
- Rizado y ruido 300mV pp.
- Temperatura máxima +50°C.
- Temperatura mínima 0°C.
- Tensión de entrada 90 → 264V ac.
- Tensión de salida +5V dc.

4.2.3 Cámara de Raspberry Pi

La placa de cámara Raspberry Pi de alta definición (HD) se conecta a cualquier Raspberry Pi o Compute Module para la creación de fotografías y video HD.

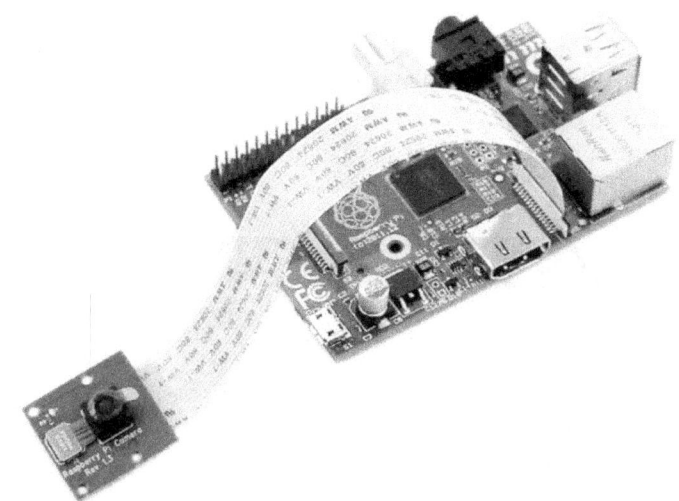

Figura 4.20. Cámara Fuente de alimentación universal oficial para Raspberry Pi

El módulo cámara de 5 megapíxeles está diseñado específicamente para Raspberry Pi, con una lente de foco fijo. Es capaz de tomar imágenes estáticas de 2592 x 1944 y también es compatible con el formato de video 1080x30, 720x60 y 640x480x60/90.

La cámara se conecta a la Raspberry Pi por medio de un pequeño conector en la parte superior de la tarjeta y utiliza la interfaz dedicada CSi, diseñado especialmente para la conexión de cámaras conectándose por medio de un cable de cinta corta. La placa de la cámara es de tamaño muy reducido, alrededor de 25 mm x 20 mm x 9 mm y pesa poco más de 3g.

Figura 4.21. Tamaño de la cámara Rev. 1.3 de Raspberry Pi

La cámara tiene alta sensibilidad, baja diafonía y ruido bajo. Dispone de control automático de exposición, balance de blancos automático, filtro de banda automático y calibración del nivel de negro automático. Así mismo dispone de controles programables para la velocidad de fotogramas, puerto de video digital (DVP), Interfaz de salida en paralelo y 32 bytes de memoria programable una sola vez incorporada (OTP).

Características	Valor
Dimensiones	25x20x9 mm.
Peso	3 g
Resolución	5 Megapíxeles
Modos video	1080p30, 720p60, VGA90
Resolución imagen	2592x1944 pixel

Tabla 4.3. Características de la cámara de Raspberry Pi.

La *Camera Module v2* ha reemplazado a la original en abril de 2016. Esta cámara tiene un sensor Sony IMX219 8-megapíxel que mejora de su antecesora. Esta cámara permite videos HD también, así como dispone de función de cámara lenta y *time-lapse* (técnica fotográfica que permite mostrar diferentes sucesos que por lo general suceden a velocidades muy lentas e imperceptibles al ojo humano como una flor abriéndose).

Para la cámara también existen aplicaciones para documentales en vida salvaje, seguridad doméstica e incluso botánica.

4.2.4 PI NOIR Camera V2

La cámara de Raspberry para imágenes nocturnas (en aplicaciones donde no hay mucha luz o baja iluminación) el sensor de la cámara no ofrecía todas las posibilidades esperadas. Por ello, se creó una nueva cámara llamada Pi Noir (NoIR = *No Infrared*) que elimina el filtro infrarrojo del sensor de la cámara, lo que de inmediato la convierte en una herramienta perfecta para labores en condiciones de baja iluminación y le abre la puerta a otras aplicaciones, para las que es necesario captar la luz infrarroja. Esta cámara se comercializa por un precio de unos 25 €. La cámara de Raspberry (también llamada RaspiCam), la primera cámara que salió para Raspberry Pi es más apta para realizar fotos o video de día cuando hay luz, mientras que la cámara Pi NoIR es una cámara para realizar fotos de noche. Las fotos de día salen con tonalidades más oscuras como si hicieras una foto en blanco y negro y eso es debido al filtro IR eliminado.

Al igual que en la cámara de Raspberry Pi, la cámara Module v2 (Pi NoIR) reemplazó también a la original en Abril 2016.

Figura 4.22. Cámara Pi NoIR v2.

4.2.5 Raspberrry Pi USB Wifi Dongle

Ya se ha indicado que Raspberry Pi3 Modelo B dispone de conectividad pero si se está utilizando modelos anteriores y se desea conectarse a Internet, esto no es un problema gracias al dispositivo USB para conexión wifi de la fundación Raspberry Pi.

El dispositivo se trata de un chipset BCM43143 para una conectividad del tipo 802.11b/g/n con 150 Mbps.

Figura 4.23. USB de Raspberry para conexión wifi.

4.2.6 Sense Hat

Sense Hat es una placa de expansión o *shield* de raspberry que se acopla sobre la placa mediante los 40 pines GPIO. Este dispositivo, cuenta con diversos sensores basados en circuito integrado para las diferentes aplicaciones. Dispone de giroscopio, acelerómetro, magnetómetro, barómetro, sensor de temperatura y otro de humedad relativa así como una pantalla de matriz de 8x8 tipo LED y un pequeño *joystick* con 5 botones.

Figura 4.24. Shield Sense Hat para Raspberry Pi.

El Sense Hat se coloca en la parte superior de la Raspberry Pi, a través del GPIO. El resumen de las características de esta placa se muestra a continuación:

- Giroscopio - sensor de velocidad angular: ±245/500/2000dps
- Acelerómetro - Sensor de aceleración lineal: ±-2/4/8/16 g
- Magnetómetro - Sensor Magnético: ± 4/8/12/16 gauss
- Barómetro: rango absoluto de 260 - 1260 hPa

- Sensor de temperatura a ± 2°C en el rango 0-65°C.
- Sensor de humedad relativa.
- Pantalla de matriz de 8x8 LED.
- Joystick pequeño con 5 botones.

Figura 4.25. Conexión de la Shield Sense Hat en la placa Raspberry Pi.

4.2.7 Raspberry Pi Touch Display

Rasbperry Pi ha sacado su propia pantalla nativa que aprovecha el conector presente en las placas base. La pantalla es de 7", con una resolución de 800x480 y cuenta con conexiones HDMI, DPI y DSI. Esta pantalla es multitáctil contando con soporte para 10 puntos simultáneos. La principal gracia de que sea oficial, es que viene con agujeros ya hechos para montar la Raspberry Pi por detrás de forma fácil.

Figura 4.26. Pantalla táctil de Raspberry Pi y sus accesorios
(https://thepihut.com/products/official-raspberry-pi-7-touchscreen-display)

En resumen sus características principales son:

▼ Tamaño: 7″.

▼ Dimensiones de la pantalla: 194mm x 110mm x 20mm (incluidos separadores).

▼ Tamaño de pantalla visible: 155mm x 86mm.

▼ Resolución de pantalla: 800 x 480 pixels hasta 60fps.

▼ Color: hasta 24bits.

▼ Táctil: capacitiva de 10 puntos.

▼ Placa adicional para hacer la conexión, también que sirve para alimentar la Raspberry por lo que con un solo cable de alimentación tendremos todo funcionando

▼ Función dual screen de esta pantalla y la salida HDMI que pueden estar activas de forma simultánea.

Figura 4.27. Visión trasera de la pantalla táctil con la placa Raspberry Pi conectada.

5
SISTEMAS DE HARDWARE LIBRE

Bajo el espíritu de la difusión del conocimiento y la tecnología bajo el que trabaja Raspberry Pi, la iniciativa de los sistemas de *hardware* libre o abierto ha sido creada en general para poder dirigir el uso, la copia, modificación y distribución de documentación sobre cualquier diseño creado bajo esta dinámica, así como la producción y distribución de estos productos. La documentación del diseño de *hardware* puede incluir diagramas esquemáticos, diseños de circuitos o de placas de circuitos, dibujos mecánicos, diagramas de flujo y textos descriptivos, así como otros materiales explicativos.

En diferentes organizaciones se sentía la necesidad de permitir el intercambio de conocimientos a través de una amplia comunidad y en consonancia con los ideales de la "*ciencia abierta*". Esto ofrece, al igual que en el caso del *software* abierto (*open source*) desarrollar los mejores dispositivos posibles bajo la cooperación de cualquier interesado. Talento y recursos son las principales motivaciones que puede ofrecer inicialmente a sus desarrolladores.

Hay organizaciones que en la actualidad proporcionan sus desarrollos bajo este marco para el intercambio de conocimientos que concilia los principios de diseño abierto con trazabilidad junto con una política clara para la gestión de la propiedad intelectual.

El concepto de *hardware* de código abierto o *hardware* abierto aún no es tan conocido ni extendido como el concepto de *software* libre o código abierto. Sin embargo, comparte los mismos principios, es decir, cualquiera bajo esta determinación puede ver la documentación de diseño, estudiarlo, modificarlo y compartirlo.

Cada vez hay más esfuerzos por parte de las diferentes organizaciones y empresas para construir un ecosistema de *hardware* abierto.

5.1 LICENCIAS SOFTWARE Y HARDWARE

Se considera licencia de *software* o *hardware* a una autorización o permiso concedido por el autor para utilizar un programa o sistema habiendo marcado límites y derechos respecto a su uso.

En el caso del **software,** hay varios tipos de licencias como el *software* comercial habitual (como puede ser Windows de pago o GNU libre) es decir, que están en el mercado para el uso de todos. También se encuentra el *software* privativo o personalizado que sería el desarrollado de forma concreta para un usuario. Así mismo, hay licencias de dominio público y otras como *Copyleft*, propietario (*shareware*), libre (*freeware*), *adware* y *software* de código abierto entre otras modalidades.

El **software de código abierto** (*Open Source*), en ocasiones, se utiliza esta expresión para referirse a la misma categoría a la que pertenece el *software* libre ya que las diferencias de ambas categorías son pocas: casi todo el *software* libre es de código abierto, y casi todo el software de código abierto es libre.

El *software* libre (o *Free Software*), se trata de un programa que respeta la libertad de usar el programa, con cualquier propósito, de estudiar cómo funciona el programa y modificarlo, adaptándolo a las necesidades del usuario. Así como ofrece libertad para distribuir copias del programa o mejorarlo y hacer públicas esas mejoras. Sin embargo, *software libre* no es necesariamente gratuito, aunque normalmente se pueda encontrar así. Ejemplos de *software libre* serían el conocido sistema operativo Linux, o programas como Open Office, Apache, eMule, Ubuntu, Mozilla.

Sin embargo, no todos los usuarios y programadores de *software* libre estaban de acuerdo con los objetivos del movimiento y en 1998 una parte de la comunidad del *software* libre se bifurcó y dio origen a una campaña para promover el código abierto.

En el caso de programas de código abierto (*Open Source*) se enfoca más en los beneficios prácticos como acceso al código fuente que en aspectos éticos o de libertad del *software* libre. Su premisa es que al compartir el código, el programa resultante tiende a ser de calidad superior al software propietario. Obviamente para lograr calidad técnica lo ideal es compartir el código, pero no estás obligado a hacerlo. De todas maneras existe muy poco software que sea reconocido por la iniciativa de código abierto y que a su vez no sea *software* libre, de aquí que se utilicen casi siempre ambos términos juntos para referirse a lo mismo.

En resumen, ambas expresiones describen casi la misma categoría de *software*, pero representan puntos de vista basados en diferentes valores. El código abierto es una metodología de programación orientada a la practicidad, el *software* libre es un movimiento social.

El **software de dominio público** es un término jurídico cuyo significado es "sin derechos de autor". En algunos casos, un programa ejecutable puede ser de dominio público pero no disponer libremente del código fuente. En ese caso no es *software* libre, ya que requeriría accesibilidad al código fuente. Por otro lado, la mayoría del *software* libre no está en el dominio público sino bajo los derechos de autor, y los titulares de esos derechos han dado el permiso legal para que todos puedan utilizarlo en libertad, usando una licencia de *software* libre.

El **software con copyleft** (término en torno a *copyright* "derecho de autor", más *left* "dejar", es decir, dejar copiar en este caso) define claramente las condiciones bajo las cuales pueden realizarse copias, modificaciones y redistribuciones. De esta forma se hace posible modificar y redistribuir el programa registrado y al mismo tiempo se garantiza que se preserven estas libertades para cualquier usuario de una copia, o de una versión derivada.

Como ejemplo y más utilizada se tiene la GPL (*General Public Licence*, Licencia Pública General. La mejor explicación, se puede encontrar en Wikipedia con la siguiente definición bajo el contenido de *copyleft*:

"La forma más simple de hacer que un programa sea libre es ponerlo en el dominio público, sin derechos reservados. Esto le permite compartir el programa y sus mejoras a la gente, si así lo desean. Pero le permite a gente no cooperativa convertir el programa en software privativo. Ellos pueden hacer cambios, muchos o pocos, y distribuir el resultado como un producto privativo. Las personas que reciben el programa con esas modificaciones no tienen la libertad que el autor original les dio; el intermediario se las ha quitado. En el proyecto GNU (Sistema operativo de tipo UNIX), nuestro objetivo es el dar a todo usuario la libertad de redistribuir y cambiar software GNU. Si los intermediarios pudieran quitar esa libertad, nosotros tendríamos muchos usuarios, pero esos usuarios no tendrían libertad. Así en vez de poner software GNU en el dominio público, nosotros lo protegemos con Copyleft. Copyleft dice que cualquiera que redistribuye el software, con o sin cambios, debe dar la libertad de copiarlo y modificarlo más. Copyleft garantiza que cada usuario tiene libertad."

Si un programa es libre pero no tiene *copyleft*, es posible que algunas copias o modificaciones no sean libres en absoluto. Una empresa de *software* puede compilar el programa, con o sin modificaciones, y distribuir el archivo ejecutable como software privativo.

En el caso del *software* **shareware**, el usuario puede evaluar de forma gratuita el producto, pero normalmente con limitaciones en el tiempo o con algunas restricciones. Y por otro lado, el término **freeware** (*software* gratuito) se usa generalmente para referirse a programas en los que se permite la utilización y redistribución pero no la modificación (el código fuente no está disponible). No hay que confundirlo con *software* libre, sino gratuito (que en ocasiones se utiliza para ofrecer un programa con ciertas limitaciones para que se pruebe y si se desea el completo, se ha de pagar por esta licencia).

El *software adware* (de los vocablos ingleses "a*dvertising*", publicidad y *"ware"* de *software*, programa) se utiliza para denominar cualquier programa informático que muestra anuncios al usuario mientras está utilizando un ordenador o cualquier otro dispositivo que dispone de conexión a internet. Estos programas son de uso habitual en las páginas *web*, aunque su uso se extiende también a las aplicaciones para dispositivos móviles y a otras aplicaciones de ordenadores y tabletas que muestran publicidad al usuario mientras este hace uso de ellas.

En ocasiones se da la opción al usuario de disponer del mismo programa sin anuncios desembolsando una pequeña cantidad o seguir utilizando la versión gratuita con anuncios, aunque el *adware* es en ocasiones demasiado invasivo.

En ocasiones el *adware* va un poco más allá de solo mostrar publicidad y recoge información del ordenador que está interactuando con él y de los hábitos de navegación a través de la web del usuario. En estos casos, cuando estos programas realizan acciones más allá de la mera muestra de publicidad son considerados *spyware* (programas espías) o *malware* (programas maliciosos).

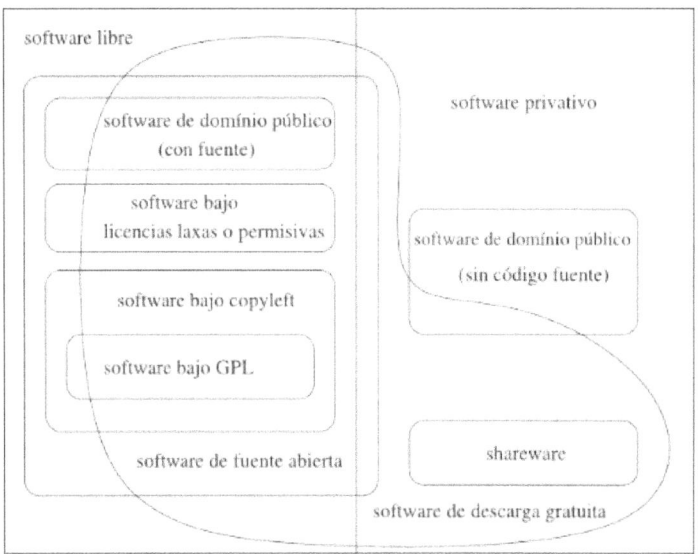

Figura 5.1. Categorías de software libre diseñado originalmente por Chao-Kuei (https://www.gnu.org/philosophy/categories.es.html).

En el caso del ***hardware* libre**, las especificaciones y diagramas esquemáticos son de acceso público de forma gratuita o bajo alguna forma de pago. Las mismas ideas sobre el *software* libre son aplicables a la del *hardware* libre en que forma parte de la cultura libre. Sin embargo, dado que el *hardware* tiene asociados a él costos variables directos, ninguna definición de *software* libre se puede aplicar directamente sin modificación. Por otro lado, aunque al término libre se suele asociar con la palabra gratis (debido a la similitud de *free software* como *software* libre, significando *free* también gratis en inglés), muchos de ellos son únicamente accesibles mediante pago.

El término *hardware* libre se ha usado principalmente para reflejar el uso del *software* libre con el *hardware* y el lanzamiento libre de la información con respecto al *hardware*, a menudo incluyendo la presentación de los diagramas esquemáticos, diseños y otra información acerca de cómo está desarrollado.

Lejos de ser una novedad, esta corriente enlaza directamente con década de los años 70, cuando los primeros aficionados a los ordenadores construían sus propios equipos en los garajes con piezas que compraban a diferentes fabricantes y creando sus propias implementaciones.

En el caso de los dispositivos de lógica programable reconfigurables, en el que se comparten los diseños lógicos, también ha supuesto una forma de realización de *hardware* libre. En vez de compartir los diagramas esquemáticos, es compartido el código HDL (*Hardware Description Languaje,* lenguaje de descripción del *hardware*).

El *hardware* libre toma las mismas ideas del *software* libre para aplicarlas en su campo, principalmente en lo referente a la libertad de uso, de estudio y modificación, de distribución y sobre todo de redistribución de las versiones modificadas. Como objetivo, se plantea la creación de diseños de sistemas de forma abierta o colectiva, de manera que todas las personas puedan acceder, como mínimo, a los planos de construcción de estos dispositivos. Al igual que en el *software* libre, **la denominación de *hardware* libre, se refiere a la libertad de poder utilizar el dispositivo y su documentación o distribución**, no a que sea necesariamente gratuito.

Por otro lado, la información sobre la manera de comunicarse con el *hardware*, el diseño del mismo y las herramientas utilizadas para crear ese diseño deben ser publicadas para poder ser usadas libremente. De esta manera se facilita el control, implementación y mejoras en el diseño por la comunidad de desarrolladores.

Hay que añadir, que al existir una gran cantidad de patentes que existen ya en el mercado, muchas veces es complicado conseguir una solución óptima que previamente no haya sido ya patentada por alguna empresa. Aparte de esto, los componentes electrónicos son lanzados al mercado con una limitada documentación, incluso hasta el punto de hacer imposible una reparación.

5.2 PROYECTOS DE PLACAS HARDWARE ABIERTAS

Aunque Raspberry Pi es una de las placas más populares y desarrolladas en el marco del *hardware* libre, existen otras que son interesantes mencionar.

Los diferentes fabricantes presentan algunas soluciones con diferentes costes según el *hardware* que incorpore, así como las conexiones para ampliar sus posibilidades.

Una de las primeras iniciativas nacidas bajo el concepto de hardware libre es el proyecto Arduino. También existen otras como BeagleBone, Nanode o Flyport. (*si lo desea puede consultar la bibliografía del mismo autor del presente libro: Arduino, Guía práctica de fundamentos y simulación. Autor Eugenio López Aldea, Editorial RAMA*).

Aparte de estos modelos, se citan otros ejemplos a continuación.

5.2.1 Pine A64

Pine64 es una familia de placas de *hardware* con su primer modelo llamado PINE A64. Su nombre se debe a las constantes PI y de Euler. A64 fue fundada a través del sistema de *crowdfunding* (es decir, financiación colectiva) en Kickstarter crowdfunding en Diciembre de 2015 para la creación de una placa potente de muy bajo coste que compitiese en el mercado de las placas libres actuales.

El modelo **PINE A64**, es un desarrollo que destaca por contar con un procesador ARMv8 Cortex-A53. Este procesador de 64 bits posibilita la decodificación de contenidos de video 4K (es decir resolución a 4.096 x 2.160 píxeles, que además da como resultado una relación de aspecto de 1.9:1). También cuenta con opciones como conector Gigabit Ethernet y hasta 2 GB de memoria RAM y son bastante económicas.

El modelo más reciente es el PINE A64+ que cuenta con un procesador ARM Cortex A53 de 64 bits, 2GB DDR3, HDMI y Ethernet entre otras características.

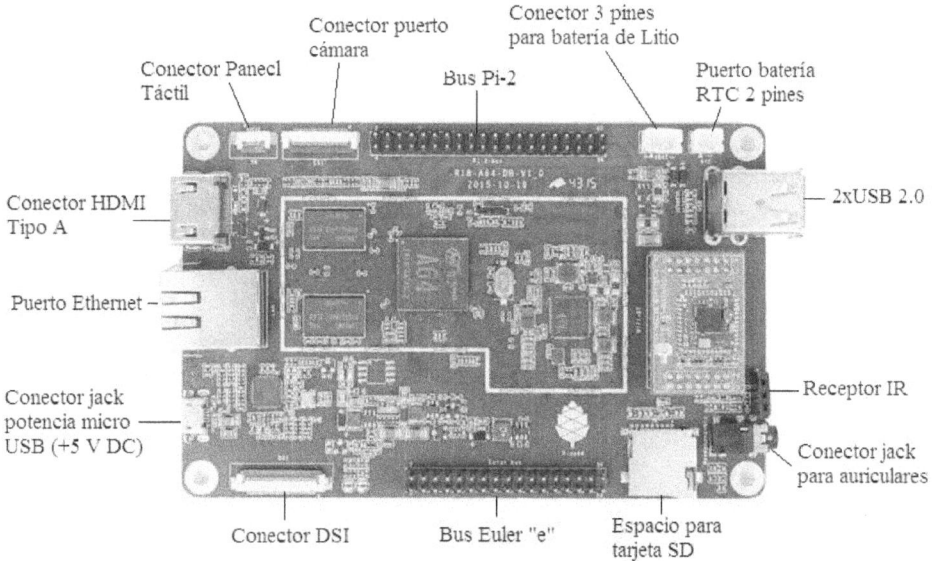

Figura 5.2. Placa Hardware PINE A64 y sus puertos o conectores.

	Pine A64+ 2GB	Pine A64	Raspberry Pi3 Model B	RaspberryPi 2 Model B
Tipo de CPU	ARM Cortex A53	ARM Cortex A53	ARM Cortex A53	ARM Cortex A7
Núcleos CPU	4	4	4	4
Bus CPU	64-bit	64-bit	64-bit	32-bit
Velocidad CPU	1,2 GHz	1,2 GHz	1,2 GHz	0,9 GHz
Tipo GPU	Mali 400-MP2	Mali 400-MP2	Videocore IV	Videocore IV
Núcleos GPU	2	2	1	1
Velocidad GPU	250 MHz	250 MHz	400 MHz	250 MHz
Memoria	2 GB DDR3	512 MB DDR3	1 GB LPDDR2	1 GB LPDDR2
Flash	microSD (hasta 256 GB)	microSD (hasta 256 GB)	microSD (hasta 256 GB)	microSD (hasta 256 GB)
Puertos USB 2.0	2	2	4	4
Conexión	10/100/1000 Mbps	10/100/1000 Mbps	10/100Mbps	10/100Mbps
Wifi/*Bluetooth*	802.11b/g/n, *Bluetooth* 4.0	N/A	802.11b/g/n, *Bluetooth* 4.1	N/A
Puerto HDMI	HDMI 1.4	HDMI 1.4	HDMI 1.4	HDMI 1.4

Tabla 5.1. Comparativa entre PINE A64+ 2GB, Pine A64, Raspberry Pi 3 Modelo B y Raspberry Pi 2 Modelo B

5.2.2 ODROID

ODROID es una creación coreana de Hardkernel. Una de sus primeras placas es la Odroid-C1, una placa potente y con un bajo precio, posee un procesador *quadcore* a 1.5 Ghz, 1 Gb de memoria RAM y un puerto GPIO de 40 pines. El procesador que usa Odroid-C1 es un Amlogic S805. Odroid-C1 posee también un puerto Ethernet y salida mini-HDMI, lo que no tiene a diferencia de Raspberry Pi es un puerto RCA para conectar el televisor y un *minijack* para la salida analógica de audio. Lo que sí tiene a diferencia de Raspberry Pi, es un puerto de infrarrojos.

Sin embargo, en la actualidad se puede encontrar la placa ODROID-C2 con un procesador Amlogic ARM Cortex-A53 (ARMv8) 1,5 Ghz quad core CPUs, con un GUR Mali 450 y 2 Gbytes DDR3 SDRAM, HDMI 2.0, USB 2.0, y también el receptor de infrarrojos (IR). Permite Ubuntu 16.04 o Android 5.1 Lollipop.

Figura 5.3. Placa Hardware ODROID-C2 (http://forum.odroid.com/viewtopic.php?f=135&t=18683).

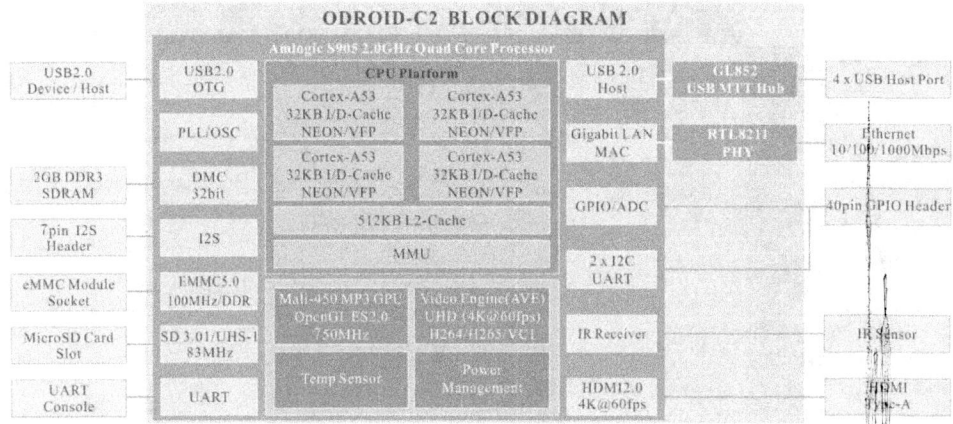

Figura 5.4. Diagrama de bloques de la placa Hardware ODROID-C2 (http://forum.odroid.com/viewtopic.php?f=135&t=18683).

También es posible encontrar la placa ODROID-XU4, más potente pero más cara. Dispone de un procesador con tecnología ARM big.LITTLE.

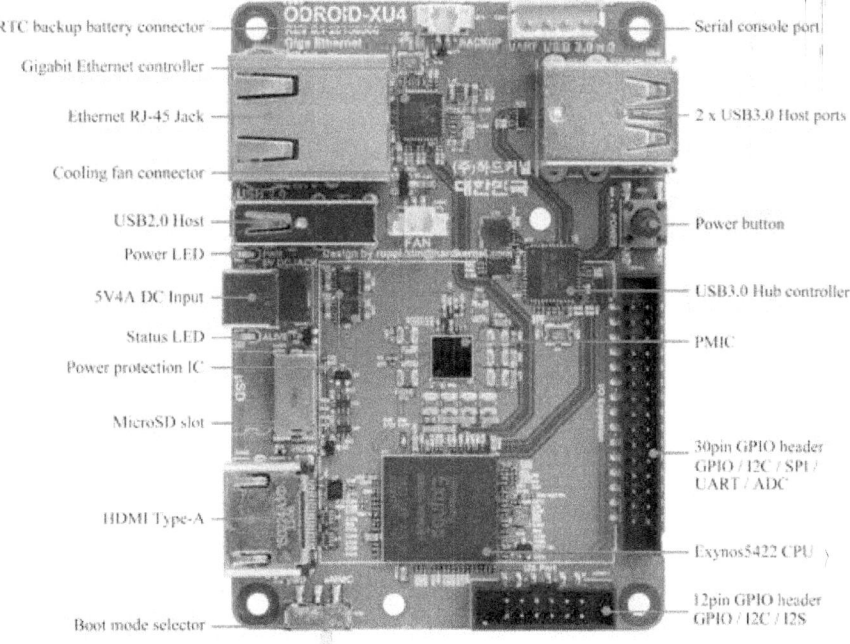

Figura 5.5. Placa Hardware ODROID-C2 (http://www.hardkernel.com/main/products/prdt_info.php?g_code=G143452239825&tab_idx=2).

	Pine 64+	Odroid C2	Raspberry Pi 3
CPU	BCM 2837 ARMv8 Cortex-A53 1,2 GHz (Quadcore 64 bit)	Amlogic S905 ARMv8 Cortex-A53 2GHz (Quadcore 64 bit)	BCM 2837 ARMv8 Cortex-A53 1,2 GHz (Quadcore 64 bit)
GPU	ARM Mali MP2 400 MHz	ARM Mali 450-MP Octa Core 750 MHz	Broadcom VideoCore IV Dual Core 400 MHz
RAM	512 MB a 2GB SDRAM DDR3	2GB DDR3 SDRAM	1GB RAM LPDDR2
Almacenamiento	microSD	microSD-eMMC 5.0	microSD
Comunicación	Ethernet 10/100/1000 Receptor Infrarrojos (IR)	Ethernet 10/100/1000 Receptor Infrarrojos (IR)	Ethernet 10/100-Wifi 802.11 b/g/n
Alimentación	microUSB 5 V 2A Batería de litio 3,7 V	microUSB/microJack 5 V 2 A	microUSB 5,1V 2,5 A
USB	2xUSB 2.0	4xUSB 2.0	4xUSB 2.0
HDMI/Codecs	HDMI 1.4 H264/H265 4K	HDMI 2.0 H264/H265 4K	HDMI 1.4 H264 1080p
GPIO	Conectores Pi2, Euler y EXP	40 + 7 GPIO	40 GPIO
Dimensiones	133 x80x19 mm.	85x56x18 mm.	85,6x56x21 mm.
Sistemas operativos	Debian, Lubuntu, Android, Chromium OS, OpenHAB, Remix OS	Ubuntu, Android, Fedora, ARCHLinux, Debian, Openelec	Raspbian, Ubuntu, Mate/Snappi, Windows 10 IOT, OSMC, OpenElec, PiNET, RiscOS
P.V.P. (aproximado)	Desde 13 a 25 €	48 €	30 €

Tabla 5.2. Comparativa entre Pine A64+, Odroid C2, Raspberry Pi 3 (http://www.peatonet.com/pine-64-review-comparativa-odroid-c2-raspberry-pi-3).

5.2.3 OLinuXino

OLinuXino son los nombres de las familias de placas desarrolladas Olimex. Olimex (*www.olimex.com*) es un fabricante situado en Bulgaria y presenta más de 25 años de experiencia. Desarrollan placas de *hardware* libre embebida con microprocesador ARM basada en Linux.

Uno de sus modelos que presenta más actuales sería el A20-OLinuXino-MICRO-4GB. Este sistema incluye un procesador ARM Cortex-A7, memoria 1 GB DDR3 RAM, 4 GB memoria Flash, 2xUSB, conector HDMI, 160 GPIOs y Tarjeta MicroSD entre otras características.

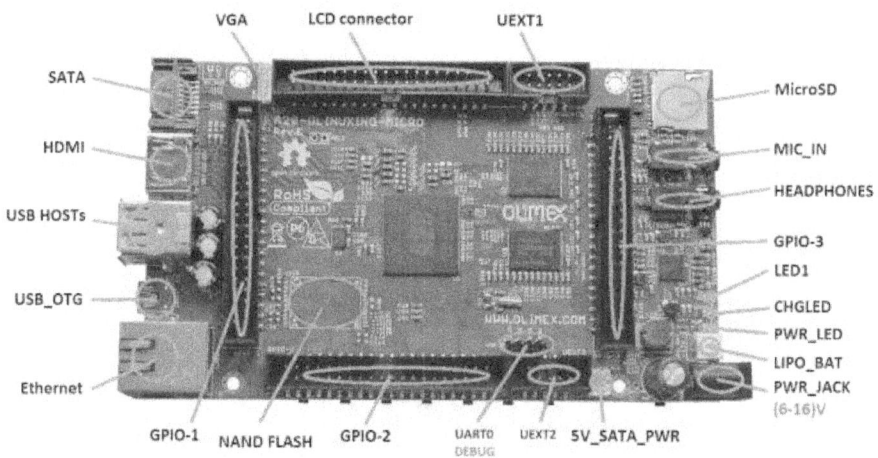

Figura 5.6. Placa Hardware Olimex A20-OLinuXino-MICRO-4GB (https://www.olimex.com/Products/OLinuXino/A20/A20-OLinuXino-MICRO 4GB/resources/A20-OLinuXino-Micro.pdf).

El procesador que incluye la placa, ARM Cortex A7 Dual-Core, tiene como principal característica un bajo consumo y buen rendimiento lo que lo hace muy apto para este tipo de aplicaciones, así como para móviles.

El SoC de la placa presentada, dispone de un microprocesador Allwinner A20, con doble núcleo que admite video en alta definición (hasta 2160p). Este procesador está pensado para equipos de tipo multimedia. Allwinner (al igual que Broadcom) lleva trabajando varios años en el mundo del desarrollo de procesadores ofreciendo productos económicos.

Olimex presenta otras placas como la familia iMX233, A13, A10, A10S, A33, RT5350 según el microprocesador con el que trabaje.

5.2.4 Cubieboard

Cubieboard el es nombre de una placa desarrollada por el fabricante chino CubieTech. Las alternativas de este fabricante en sus primeras placas van normalmente con placas de **uno o dos núcleos**, y acompañadas de **1 ó 2 GB de memoria RAM**. En la actualidad una de las placas que se ha desarrollado es la

Cubieboard5 con un procesador Allwinner H8 Octa-Core Cortex-A7 a 2.0 GHz (de 8 núcleos). Lleva conector RJ45, HDMI (1080p), *Bluetooth* 4.0, wifi, SPI, I2C, UART, PWM, JTAG definen las características principales de esta placa.

La familia de placas Cubieboard va desde la 1 a la 5 y la CubieAIO-A20 hasta la fecha.

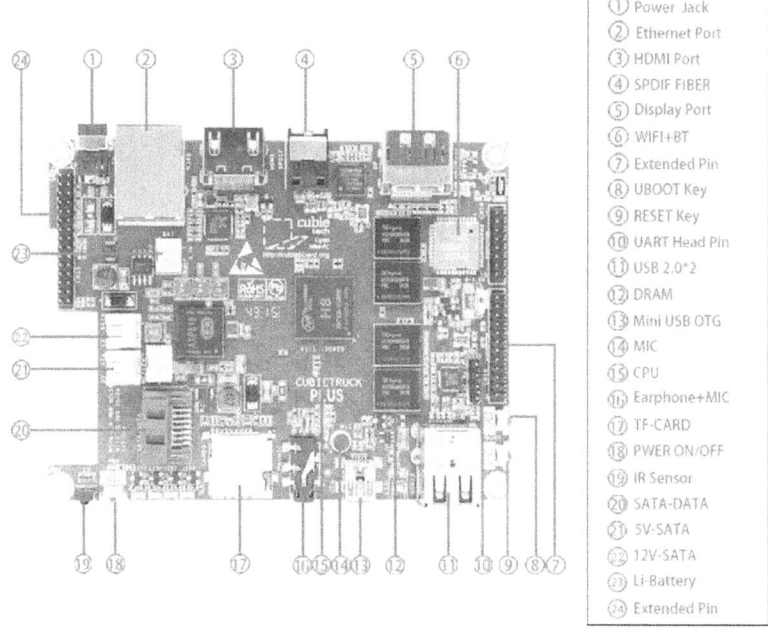

Figura 5.7. Placa Hardware Olimex A20-OLinuXino-MICRO-4GB (http://www.cubietech.com/product-detail/cubieboard5).

5.2.5 Rock Lite Pro

Rock Lite Pro está desarrollada por Radxa (China) y ofrece un procesador ARM de cuatro núcleos a 1600 MHz (basada en el chip RK3188) al que le acompañan 2 GB de memoria RAM y dos puertos USB. Puede ejecutar Android o distribuciones Linux. Algunos conectores son HDMI, Ethernet, wifi, GPIOx80. Sin embargo su coste está en torno a 80 Euros.

En su página Web (*http*://wiki.radxa.com/Rock) se puede encontrar toda la información sobre el *hardware* y proyectos

Figura 5.8. Placa Rock Lite Pro: https://i1.wp.com/raspberryparatorpes.net/wp-content/uploads/2014/10/radxa-rock-pro-top.jpg.

5.2.6 Banana Pi

Dentro de las económicas (con un precio que oscila en 38 Euros), el modelo Banana Pi de la firma China con el mismo nombre cuenta con procesador de doble núcleo acompañado por 1 GB de memoria RAM, así como dos conectores USB estándar y un micro USB OTG.

El procesador trabaja a 1 Ghz. Se trata de un ARM Cortex-A7 Dual-Core CP . La placa también contiene una GPU tipo ARM Mali400MP2, Gigabit Ethernet, 1G de memoria DDR3 y soporte SATA. Este este micro, se puede ejecutar eficientemente sistemas operativos como Android, Debian, Ubuntu y Raspbian. También soporta Scratch.

Modelos posteriores como Banana Pi BPI-M2U, Banana Pi BPI-M64 o Banana Pi BPI-M3 disponen de mejoras técnicas como 2GB de RAM, o trabajan con un procesador de 64 bits.

Se puede consultar toda la gama y características en su página Web en *http://www.banana-pi.org*. Son muy dinámicos y tienen una buena imagen de los productos que se están desarrollando.

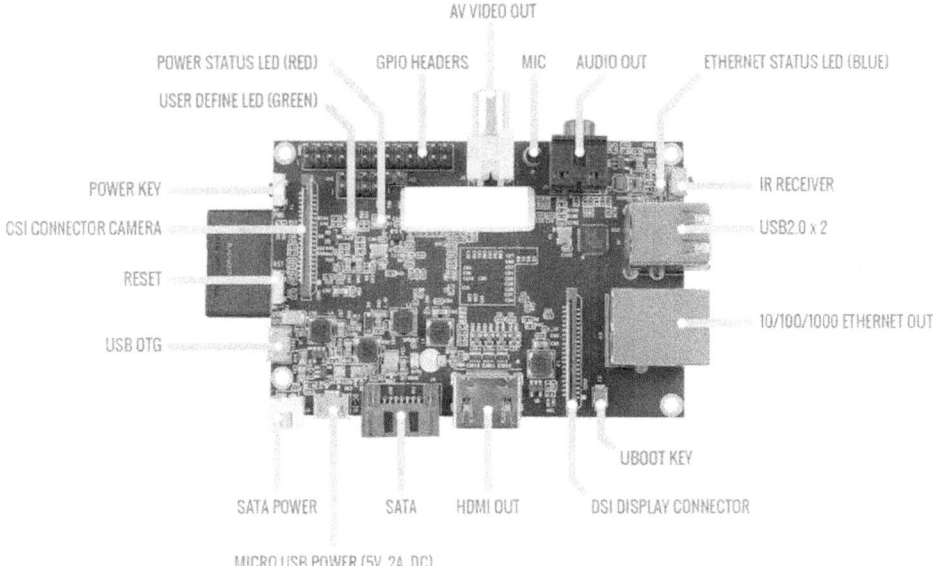

Figura 5.9. Placa Banana Pi: http://www.ubuntizando.com/conoces-banana-pi-la-version-china-y-vitaminada-de-raspberry-pi/.

5.2.7 Hackberry A10

La placa Hackberry A10 es un poco más grande en tamaño que la Raspberry. Dispone de un procesador ARM Cortex A8 a 1,2 GHz y una GPU Mali400, ya que usa el SoC Alwinner A10.

La placa dispone de 1GB de RAM DDR3, Ethernet 10/100 y wifi 802.11n para conectividad sencilla a Internet, 2 puertos USB, ranura SD, 4GB de memoria NAND y un puerto serie de 4 pins.

En cuanto a sus conexiones multimedia, dispone de entrada de micrófono, salida HDMI y AV (Audio-Video). Además lleva de serie Android ICS, pero gracias al uso de Cortex A8 es también compatible con múltiples distribuciones de Linux, que además se pueden instalar en la SD para tener un arranque dual.

El precio de la Hackberry A10 oscila entre los 60 Euros según el cambio de la moneda, incluyendo el adaptador de corriente a 5V.

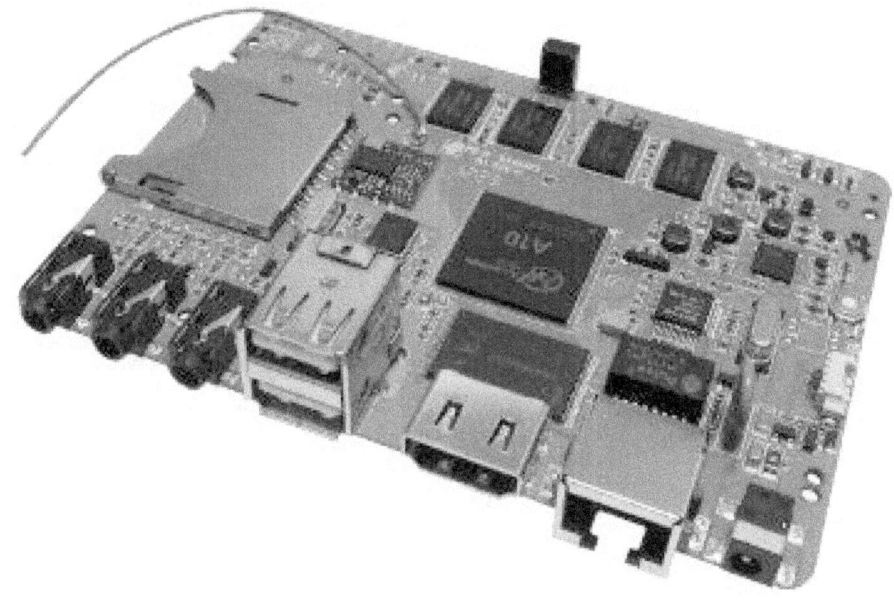

Figura 5.10. Placa Hackberry A10.

En resumen, se puede indicar que con características similares a la placa Cubieboard, esta placa ofrece:

- CPU 1.2GHz Allwinner A10 ARM Cortex A8.
- 512MB / 1GB DDR3 100mb reservados para GPU.
- Salida HDMI.
- 2 x USB 2.0.
- Entrada de micrófono 3.5 mm.
- Puerto serie
- Salida de video compuesto y por componentes 3.5mm (cables no incluidos).
- Tarjetas SDHC hasta 32 GB.
- 4GB NAND Flash.
- 10/100 Ethernet, Realtek 802.11n wifi.

6

SOFTWARE DE LA RASPBERRY PI

Los ordenadores y sistemas electrónicos que trabajan con información digital pueden ejecutar diversos programas que gestionarán los diferentes recursos de estas máquinas de proceso.

Para establecer unos mecanismos y reglas básicas de funcionamiento de forma que los programas puedan acceder de una forma ordenada a los diferentes recursos de la máquina se desarrollaron los **Sistemas Operativos**.

Los sistemas operativos para PC u ordenadores de sobremesa son muy variados, pero los más utilizados son el sistema operativo Windows, Mac y el Linux. Por otro lado, los sistemas operativos para móviles y *tablets* más utilizados son el Android y el iOS.

6.1 LINUX

Linux, según la definición extraída de la *Web de Debian* (*https://www.debian.org*): *es un conjunto de programas que le permiten interactuar con su ordenador y ejecutar otros programas. El sistema operativo consiste en varios programas fundamentales que necesita el ordenador para poder comunicar y recibir instrucciones de los usuarios; tales como leer y escribir datos en el disco duro e impresoras; controlar el uso de la memoria; y ejecutar otros programas. La parte más importante de un sistema operativo es el núcleo. En un sistema GNU/Linux, Linux es el núcleo. El resto del sistema consiste en otros programas, muchos de los cuales fueron escritos por o para el proyecto GNU. Dado que el núcleo de Linux en sí mismo no forma un sistema operativo funcional, preferimos utilizar el término "GNU/Linux" para referirnos a los sistemas que la mayor parte de las personas llaman de manera informal "Linux".*

Linux es un sistema operativo gratuito y de libre distribución inspirado en el sistema Unix, escrito por Linus Torvalds y ayudado por muchos otros colaboradores.

Se han desarrollado para Linux varias distribuciones (coloquialmente llamadas *distros*), que incluyen algunos paquetes de *software* o aplicaciones de uso general o no tan general para satisfacer las necesidades de un grupo específico de usuarios. Algunas distribuciones son Debian (para Raspberry Raspbian), Arch Linux, Ubuntu, Fedora, RedHat, etc.

A continuación se muestran unos conceptos básicos de Linux con la idea de que el usuario de Raspberry Pi pueda explorar también los aspectos más técnicos del desarrollo de su sistema operativo más extendido o distribuciones que se utilizan normalmente para la placa Raspberry Pi.

En Linux, al contrario de lo que ocurre en otros sistemas operativos, para trabajar por defecto, la comunicación no se realiza de una forma gráfica, sino introduciendo comandos de forma manual. Para ello Linux dispone de varios programas o intérpretes que se encargan de interpretar los diferentes comandos que introduce el usuario para la realización de las tareas encomendadas. Este intérprete es la ***shell*** de Linux (es el equivalente del intérprete de comandos de DOS), y significa caparazón o concha . El intérprete de comandos más popular que trabaja en la mayoría de las distribuciones de GNU con Linux es **Bash** (acrónimo *de Bourne Again Shell*). No obstante, casi todas las distribuciones actuales ya incluyen el sistema *X Window* que ofrece una interfaz de usuario para facilitar esta misión.

En Linux se dispone de la terminal para la introducción de los comandos. Una terminal para Linux, es una forma de acceder al sistema sin utilizar esta interfaz gráfica, es decir, realizar todo tipo de tareas en formato texto. La forma de utilizar el sistema de este modo es mediante órdenes. Esta terminal es llamada con frecuencia la *línea de comandos*, "*prompt*", o "*shell*".

Otra de las características más importantes de Linux es su capacidad de ser un sistema operativo **multitarea** y **multiusuario**. Por tanto, es capaz de ejecutar varios programas de forma simultánea llevando a varios usuarios al mismo tiempo. Para ello, cada usuario deberá tener su cuenta y establecer así lo privilegios del mismo.

Como se indicó Linux tiene la posibilidad de ser trabajado con un entorno de escritorio gráfico. GNOME y KDE son dos de los entornos más conocidos.

GNOME (*GNU Network Object Model Environment*) tuvo su origen en los en 1999 y está traducido actualmente en más de 166 idiomas.

El objetivo de este entorno es crear un sistema de escritorio para el usuario final que sea completo, libre y fácil de usar. Para ello utiliza las bibliotecas gráficas GTK (*GIMP - GNU Image Manipulation Program - Tool Kit*) y trabaja bajo licencia GPL.

Con GNOME es posible utilizar varios espacios de trabajo y cada uno con un escritorio independiente de los demás. GNOME es muy configurable pudiendo trabajar sobre los menús, iconos, tipos de letra, fondo de escritorio, pantalla, sonido, etc.

Por otro lado **KDE (*KDesktop Environment*)** se trata de un entorno de escritorio creado en 1996 para diferentes versiones del sistema UNIX. Se basa en en la biblioteca gráfica Qt y actualmente está traducido en más de 108 idiomas.

Este entorno se basa en la personalización, y de la misma manera que GNOME prácticamente cualquier cosa puede ser configurada por el usuario. Es un escritorio diseñado para ser bonito conllevando mayor consumo de recursos.

Volviendo al intérprete de comandos basado en texto de Linux o *shell* se dispone de comandos para indicar al sistema operativo qué se desea hacer.

Estos se pueden ver con todo detalle en un manual de Linux, pero lejos de ahondar en estos detalles, se presentan dos conceptos interesantes para las aplicaciones con Raspberry Pi, *root* y *sudo*.

Una de las principales características de Linux es la capa extra de seguridad que añade a su sistema requiriendo siempre una contraseña para comenzar a trabajar.

La **cuenta de superusuario (*root*)** es la cuenta con los permisos más elevados en sistemas Unix. Este usuario tiene permisos de lectura, escritura y ejecución de cualquier aplicación del sistema (acceso administrativo en general); a diferencia de los usuarios normales que tienen acceso limitado a ciertas tareas.

En Linux, en lugar de asignar derechos de administrador a todas las cuentas de usuario, Linux separa la cuenta de superusuario (*root*) de la cuenta de usuario normal.

Para hacer algo con privilegios de superusuario se utilizará el comando **SU**. Esto hace que, al menos se tenga consciencia de que se está haciendo algo más serio con nuestro sistema. SU, del inglés *substitute user* (cambio de usuario), se utiliza principalmente para cambiar de usuario en una terminal; generalmente de un usuario normal a *root*, sin tener que cerrar sesión e iniciar de nuevo. Para iniciar sesión como superusuario hay dos formas.

Escribiendo en la terminal:

su

O bien, escribiendo el comando SU seguido del nombre de usuario con el que se desea entrar:

su [nombre del usuario]

En ambos casos se pedirá de inmediato la contraseña del usuario solicitado. Esto es útil para administrar bases de datos, servidores web y otros servicios que disponen de usuarios específicos para realizar diferentes tareas de administración.

En algunas distribuciones de Linux la cuenta de superusuario viene desactivada por defecto. Para obtener privilegios de *root* se utiliza el comando **SUDO**.

SUDO permite ejecutar comandos como otro usuario (incluso como *root*) siendo solicitada nuestra propia contraseña en lugar de la del usuario requerido. La ventaja de utilizar *SUDO* es que solo se ejecuta el comando solicitado simulando ser otro usuario, sin cambiar verdaderamente el usuario actual.

Posteriormente, se mostrarán ejemplos y se verá más claro la utilización de esta operativa.

6.2 SISTEMAS OPERATIVOS PARA LA RASPBERRY PI

Como ya se ha visto, un sistema operativo puede ser definido como un conjunto de órdenes y programas especialmente hechos para la ejecución de varias tareas en un procesador o computadora. El sistema operativo, servirá de intermediario entre el usuario y la computadora. Provee de rutinas básicas para controlar los distintos dispositivos del equipo y permite administrar, escalar y realizar interacción de tareas. Así mismo, el sistema operativo también tiene como función, administrar todos los periféricos de una computadora.

El sistema operativo también tiene la misión de administrar los recursos de la máquina de proceso para evitar que los programas entren en conflicto y cargar en memoria y facilitar la ejecución de los programas que el usuario desee.

Podría resumirse indicando que el sistema operativo es un conjunto de programas que realiza las siguientes funciones:

- Inicializa el hardware del ordenador
- Suministra rutinas básicas para controlar dispositivos
- Permite administrar, escalonar e interactuar tareas
- Mantiene la integridad de sistema
- administra archivos y documentos creados por usuarios
- ejecuta de forma controlada los programas
- comunica entre usuarios y con otras computadoras
- Administra pedidos de usuarios para la utilización de programas y espacio de almacenamiento

La Raspberry como cualquier dispositivo electrónico que procesa, necesita un sistema operativo para la comunicación entre su *hardware* y el usuario así como la gestión de todos los recursos antes mencionados. Raspberry Pi como ordenador o máquina de proceso que es, es capaz de ejecutar un sistema operativo sobre el que puede ejecutar programas escritos en cualquier lenguaje (y que existan las herramientas necesarias para interpretarlo/compilarlo). RPI puede usar una amplia variedad de sistemas operativos. A continuación se muestran algunos de estos sistemas operativos y gestores de contenidos más utilizados.

6.2.1 Raspbian

El sistema operativo Raspbian es una versión de Linux basada en Debian y especialmente desarrollada para Raspberry. Es el sistema operativo más popular para este dispositivo y el que se puede encontrar en la página Web de *raspberry.org* por defecto para su instalación.

Este sistema operativo viene preinstalado con *software* educativo para programación y uso general, con cliente de correo electrónico, navegador web e incluso la *suite* de ofimática LibreOffice.

Raspbian tiene las mismas ventajas que Debian disponiendo de una enorme comunidad de usuarios. En capítulos posteriores se mostrará con detalle la instalación y utilización de este sistema operativo, así como los conceptos básicos de Linux, desde donde parte, para poder desarrollar.

La distribución de Raspbian utiliza LXDE (*Lightweight X11 Desktop Environment*) como escritorio y *Midori* como navegador web. Además contiene herramientas de desarrollo como IDLE para el lenguaje de programación *Python* o *Scratch*.

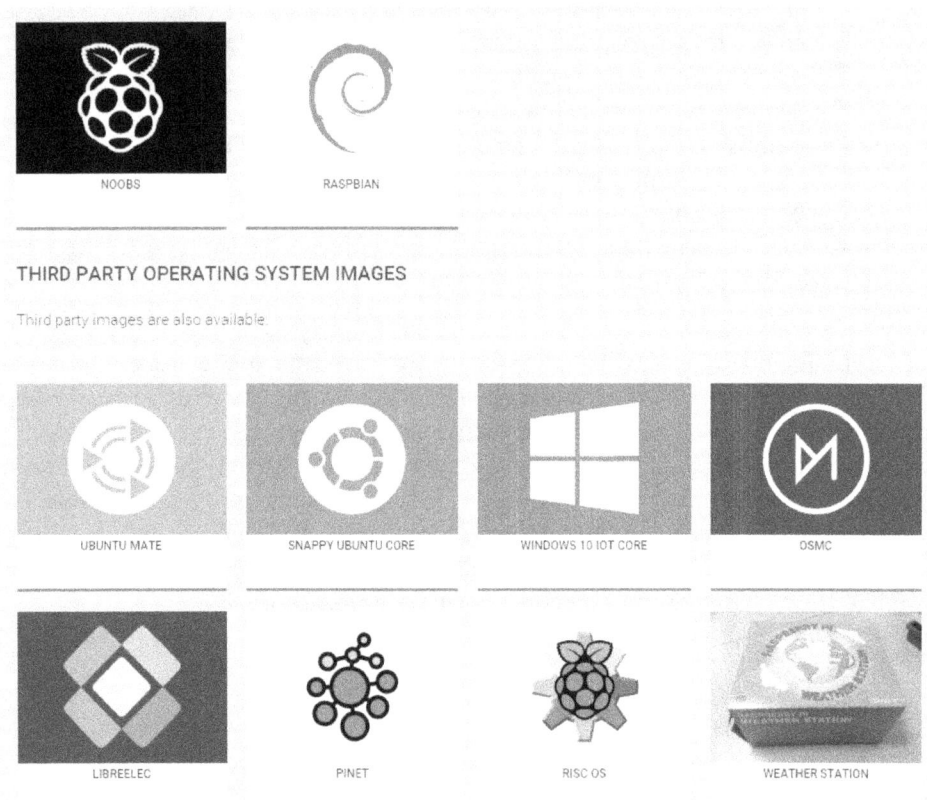

Figura 6.1. Sistemas operativos para Raspberry Pi mostrados en la página oficial de raspberrypi.org.

6.2.2 Ubuntu Mate

Ubuntu Mate es otro sistema operativo que ofrece la página oficial de raspberry pi. Ambos son los más populares.

Según *Wikipedia*: *Ubuntu MATE es una distribución Linux basada en Ubuntu. Está mantenida por la comunidad y es un derivado de Ubuntu oficialmente reconocido por Canonical (empresa de software de ordenadores con base en Reino Unido), usando el entorno de escritorio MATE.*

Este sistema operativo ofrece una imagen para instalarlo de forma nativa y sencilla. Así mismo, ofrece una versión para PC que permite disponer del mismo sistema en los dos ambientes (es decir, se puede experimentar con una máquina virtual y luego implementarlo en la Raspberry Pi).

Ubuntu Mate, al igual que Raspbian, se instala en una tarjeta microSD, basta con cambiar de tarjeta para hacer experimentos sin alterar la instalación que ya se tuviese realizada.

Si se desea descargar Ubuntu Mate desde la página oficial de raspberry Pi, al pinchar sobre el sistema operativo se mostrará la siguiente página web desde donde realizar la descarga: *https://ubuntu-mate.org/raspberry-pi*

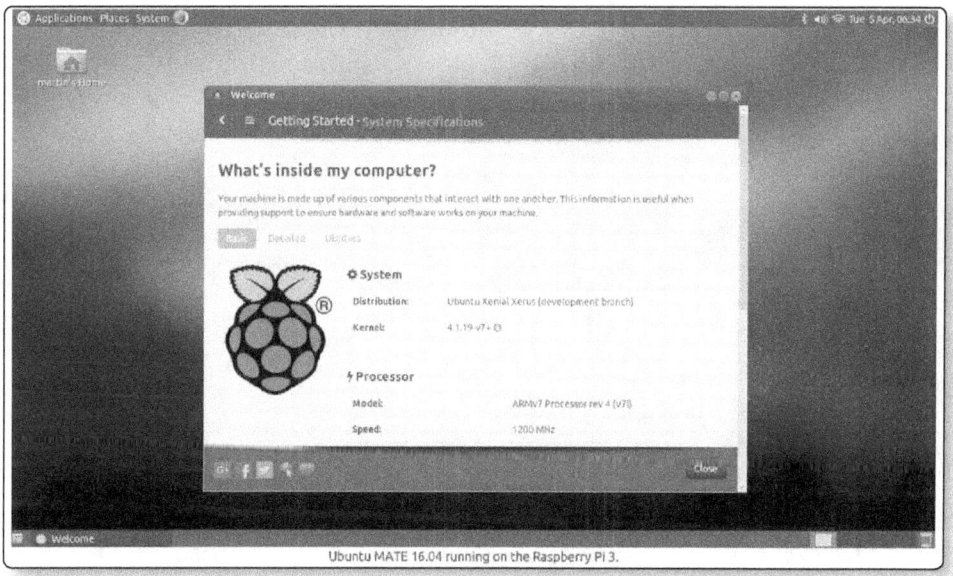

Figura 6.2. Imagen de Ubuntu Mate ejecutándose en una placa Raspberry Pi 3 (https://ubuntu-mate.org/raspberry-pi).

A continuación se resume la instalación del sistema operativo en la Raspberry Pi.

En primer lugar, se ha de descargar el archivo de imagen en el ordenador. Dentro de la página web indicada de Ubuntu Mate, aparece el enlace para la descarga del mismo. Para la implementación correcta la tarjeta *microSD* debe ser de al menos 8 GB y mínimo clase 6 o 10 (este número indicaba la velocidad de transferencia mínima de la tarjeta en MB/s).

La versión con la que se trabaja en la actualidad es Ubuntu Mate 16.04 LTS aunque como todo, está en continua evolución.

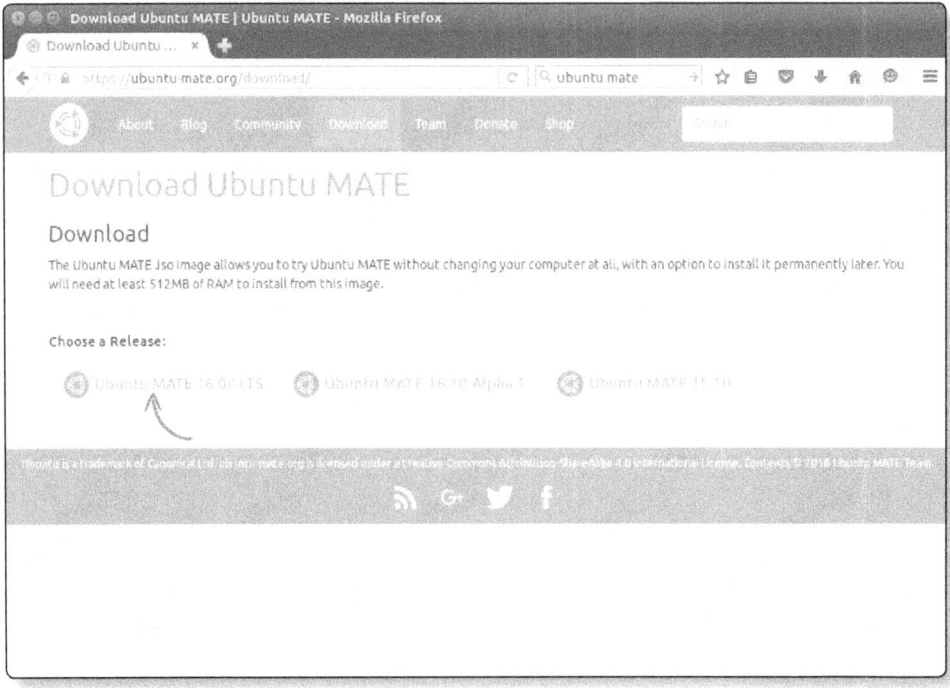

Figura 6.3. Descarga de Ubuntu Mate en https://ubuntu-mate.org/raspberry-pi.

Una vez realizada la descarga, se vuelca la imagen en la tarjeta *microSD* para poder trasladarla a la placa Raspberry Pi.

Por último, se realiza el proceso de instalar el sistema operativo en la Raspberry Pi. Se le conecta el cable de red, televisor mediante HDMI, teclado y ratón a los puertos USB y finalmente a la red eléctrica. Este proceso es similar al de Raspbian y se explica en detalle en el capítulo *"Arracando la Raspberry Pi"*.

6.2.3 Otros sistemas operativos

6.2.3.1 PIDORA

Pidora es también una distribución linux para la Raspberry Pi que contiene paquetes de *software* del proyecto Fedora y de terceras fuentes compilados especificamente para ARMv6.

Figura 6.4. Logotipo de Pidora.

Al igual que la distribución Raspbian de Debian, Pidora se ha compilado específicamente para aprovechar el hardware que ya está integrado en la Raspberry Pi.

Pidora ofrece interesantes extras a su experiencia estándar de escritorio en Fedora. La reducción de empuje gráfico de la RPi provoca que el escritorio de GNOME se sustituya por el XFCE, más ligero.

Pidora contiene una serie de módulos Raspberry Pi específicos de *Python* y bibliotecas nativas, como *WiringPi (*librería de acceso a la GPIO escrito en C para el BCM2835 utilizado en la Raspberry Pi), *bcm2835* (similar a *WiringPi* pero con más capacidades del *hardware*) y *rpi.gpio*. El núcleo también está compilado para trabajar las *interfaces* Raspberry Pi como I2C, SPI, serie y GPIO, y desde varias de ellas se puede acceder a las interfaces de archivo / sys (incluso de *bash*) sin el uso de las bibliotecas o módulos especiales. Además, Pidora contiene utilidades y bibliotecas específicas para el acceso a la tarjeta de video Broadcom VideoCore IV GPU Pi.

6.2.3.2 RISC OS

Este sistema operativo no tiene nada que ver con Linux, Unix ni Windows (es decir, este no utiliza Linux como kernel, no es una distribución de GNU, pero sí es *OpenSource*). RICS OS es un sistema operativo muy especializado en tecnología ARM.

Figura 6.5. Logotipo de RISC OS.

Fue desarrollado en Cambridge para procesadores ARM siendo un sistema operativo de escritorio. Se trata de un sistema operativo rápido y compacto optimizado para los recursos de la Raspberry Pi.

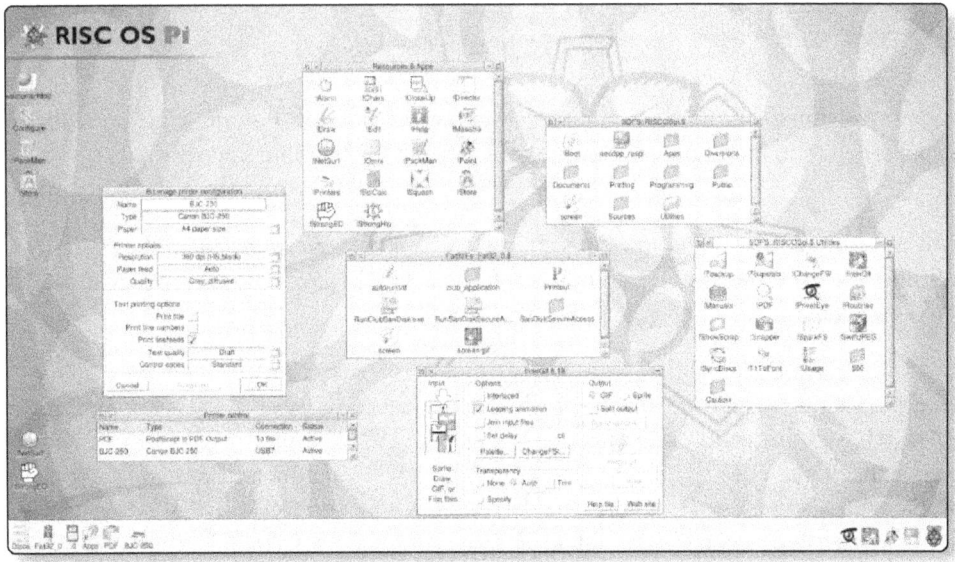

Figura 6.6. Imagen del sistema operativo RISC OS Pi (http://domoticx.com/raspberry-pi-sd-image-risc-os-operating-system).

Desde Octubre de 2012, fue liberado para RPi. Su ventaja radica principalmente en que utiliza recursos mínimos, muchos de los programas no requieren un procesador rápido. No utiliza mucha memoria y no requiere espacio de disco duro. Su activación es de unos 10 segundos para un gráfico de escritorio (todo a través de *interface* gráfica). También es un sistema operativo multitarea. Sin embargo, tiene algunas desventajas si se utiliza como un pequeño ordenador de sobremesa ya que utiliza el navegador *Netsurf* (que no soporta Youtube) y la ejecución en juegos con alta animación/video es lenta.

6.2.3.3 ARCH LINUX ARM

La mejor definición para Arch Linux, se puede encontrar en su propia Web: *https://wiki.archlinux.org/index.php/Arch_Linux_(Espa%C3%B1ol)* donde indica que Arch Linux *es una distribución GNU/Linux independiente, de propósito general, desarrollada para x86-64. Se esfuerza en ofrecer las últimas versiones estables de la mayoría del software, siguiendo un modelo rolling-release (es decir, de lanzamiento continuo, en lugar de cambios bruscos). La instalación por defecto deja un sistema de base mínima, que el usuario podrá configurar posteriormente agregando lo que necesite.*

Arch Linux ARM (*https://archlinuxarm.org*) está basada en Arch Linux. No dispone inicialmente de interfaz gráfica de usuario, pero es posible configurarlo más tarde. Es ideal como sistema operativo que comienza con solo una línea de comandos y algunas utilidades básicas de Linux para tener la posibilidad de personalizarlo a su deseo. Ofrece un sistema operativo interesante para cuando se necesita toda la potencia de un sistema integrado como el de la RPi ya que solo instala lo que desea instalar. Sigue la filosofía de K.I.S.S. (*Keep It Simple Stupid,* es decir, mantenerlo simple) Lo mejor es mantener las cosas técnicas simples.

Figura 6.7. Logo de Arch Linux ARM.

6.2.3.4 OPENELEC Y OSMC

Openelec, es el acrónimo de *Open Embedded Linux Entertainment Center*. Se trata de un sistema operativo diseñado especialmente para dispositivos embebidos, como Raspberry Pi además de para PC, con la idea de ofrecer a los usuarios un sistema operativo preparado para el entretenimiento. Implementando aplicaciones como **Kodi** (anteriormente conocida como **XBMC**) que permiten convertir tu ordenador en un centro multimedia en el que reproducir tus videos, archivos musicales o fotografías.

Figura 6.8. Logo de Openelec.

Gracias a esta distribución, desarrollada desde la raíz para este fin, disponemos de un centro multimedia en nuestra Raspberry Pi.

Figura 6.9. Imagen general de Openelec desde https://www.youtube.com/watch?v=GBhvwel8_UU

OSMC (*Open-Source Media Center*) es también un completo sistema operativo el cual incluye y ejecuta Kodi permitiendo utilizar este centro multimedia de forma sencilla y sin configuraciones en el dispositivo. Este sistema operativo busca ejecutar en primer plano Kodi en una *interfaz* especialmente pensada para televisiones, dando muestra de que esta es la única función del sistema, aunque en realidad, si lo necesitamos, podamos salir del centro multimedia y tomar el control del sistema operativo (Debian).

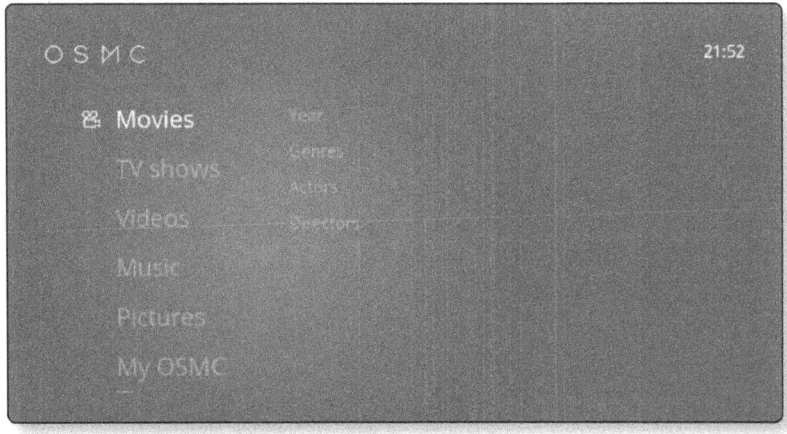

Figura 6.10. Imagen general de Openelec: https://osmc.tv.

OSMC dispone de un un centro multimedia simple y muy sencillo y rápido de utilizar. Gratuito y de código abierto, ya que tanto Debian (sistema operativo base) como toda la plataforma OSMC son libres.

6.2.3.5 OTROS SISTEMAS OPERATIVOS

Microsoft, consciente de que el Internet de las Cosas, o IoT (*Internet of Things*), es el futuro, avanzó con esta tecnología en su nuevo sistema operativo llamado Windows 10 IoT Core, una versión del núcleo de Windows 10 adaptada para el IoT. Windows 10 IoT, puede funcionar tanto en dispositivos con pantalla o sin ella, cargando tan solo el núcleo del sistema y funcionando con pocos recursos. De esta forma se puede también conseguir una buena productividad y seguridad.

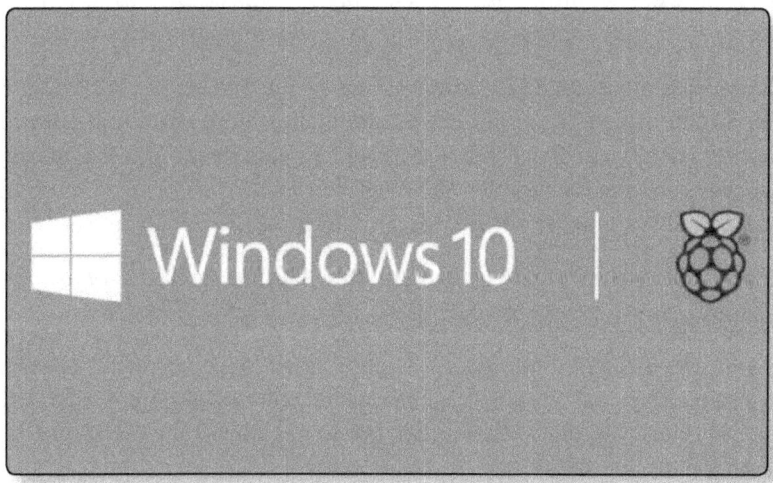

Figura 6.11. Windows 10 IoT Core: https://www.xataka.com/makers/que-puedes-y-que-no-puedes-hacer-con-windows-10-iot-core-en-las-raspberry-pi-2.

Actualmente la *Raspberry Pi Foundation* ha añadido también otros sistemas operativos oficiales. Se puede encontrar imágenes nuevas como las de **Pinet** que se basa en Raspi-LTSP, una distribución para Raspberry Pi que utiliza el *Linux Terminal Server Project* y que se crea como proyecto que intenta convertir un conjunto de placas RPis en una red cliente-servidor (de gran utilidad para centros de enseñanza o **Snappy Ubuntu Core16 (que es una versión reducida de Ubuntu)**.

6.3 SCRATCH

Scratch es un entorno de programación visual. Con él se pueden crear animaciones, juegos y trabajos artísticos interactivos al tiempo que se inicia en los principios técnicos de la programación. Facilita el aprendizaje autónomo y se puede instalar y redistribuir gratuitamente en cualquier ordenador con el Sistema Operativo Windows, Mac OS X o Linux, incluyendo el *hardware* de nuestro tratamiento Raspberry Pi.

Desde la página web del observatorio tecnológico del Ministerio de Educación y Ciencia se puede ver una explicación detallada y el nivel de interés que esta herramienta ha suscitado en la educación de las TIC (Tecnologías de la Información y la Comunicación).

Página web: *http://recursostic.educacion.es/observatorio/web/fr/software/programacion/619-iniciandose-en-la-programacion-con-scratch*

Scratch está basado en el lenguaje LOGO, muy utilizado hace unos años en educación. Su entorno gráfico permite la programación mediante bloques funcionales, por lo que no es necesario el aprendizaje de un lenguaje de programación específico. El *software* permite que los bloques se vayan uniendo para formar el programa, que luego se ejecuta directamente a través de un intérprete.

Scratch significa "arañar", pero también significa *empezar algo desde cero*. El icono de *Scrach* y el personaje que aparece por defecto es un gato.

El objetivo de la *Fundación Raspberry Pi* para construir computadoras pequeñas y asequibles para niños se adapta perfectamente al objetivo de *Scratch* de ayudar a los jóvenes a aprender a codificar, por lo que no es ninguna sorpresa ver que *Scratch* forma parte del sistema operativo *Raspbian*.

Scratch está creado por el Grupo Lifelong Kindergarten del Laboratorio de Medios del MIT, es gratuito y está destinado a jóvenes entre 8 y 16 años aunque es usado por jóvenes de todas las edades. La última versión de Scratch (2.0) se basa en la misma edición de Scratch (versión 1.4), pero ahora se ejecuta mucho más rápido (hasta 10 veces más rápido en algunos casos) y tiene soporte nativo para los pines GPIO.

6.3.1 Características básicas de Scratch

El principal objetivo del proyecto *Scratch* fue desarrollar una plataforma de acercamiento a la programación que resultase atractiva para las personas que no tengan que estar involucrados en el mundo de la programación. Así mismo, busca ser sencillo para que cualquier persona pueda crear sus propios juegos, historias o animaciones y además pueda compartirlos con el resto del mundo. No requiere ningún conocimiento específico en programación o en lenguajes de programación previo, elemento que lo hace atractivo para su utilización en las escuelas. La plataforma resulta apta para el uso en todos los niveles educativos.

Para programar con *Scratch* se desarrollarán proyectos. Los proyectos de *Scratch* (o programas) están construidos con Objetos que se pueden programar. Este objeto puede parecer a una persona, un coche o cualquier otra cosa. También permite usar cualquier imagen como disfraz, dibujar una imagen en el editor o importar una imagen del disco duro e incluso arrastrar una imagen de un sitio Web.

Figura 6.12. Interfaz de Scratch: http://eduteka.icesi.edu.co/modulos/9/285/915/1.

Scratch permite darle instrucciones al objeto, dándole movimiento o reaccionando con otros objetos. Para ello, se encajan una serie de bloques gráficos unos con otros formando pilas, llamadas programas (o *scripts*) que le indican las acciones a hacer en cada uno de los momentos. Cuando usted hace doble clic sobre un programa, *Scratch* ejecutará en orden estos bloques de forma descendente.

Para establecer los programas, se hace necesario un escenario. En él, las animaciones y lo programado se ejecuta. En el comienzo de cada proyecto, se inicia siempre con el objeto Gato por defecto. A los objetos posteriormente se les puede disfrazar e incluir sonidos.

Para su programación, los objetos utilizarán bloques. Estos bloques permiten que el objeto tenga la posibilidad de moverse, de interactuar ante eventos que realicen otros objetos, programar condiciones, hacer operaciones matemáticas, tocar sonidos o reaccionar ante el teclado o ratón entre otras posibilidades.

Figura 6.13. Bloques en Scratch: http://eduteka.icesi.edu.co/modulos/9/285/915/1.

Cuando en un programa se necesita administrar muchas variables u ordenarlas de una forma específica se hace esencial utilizar las listas. *Scratch* también permite crear y manipular listas que pueden almacenar tanto números como cadenas de letras u otros caracteres.

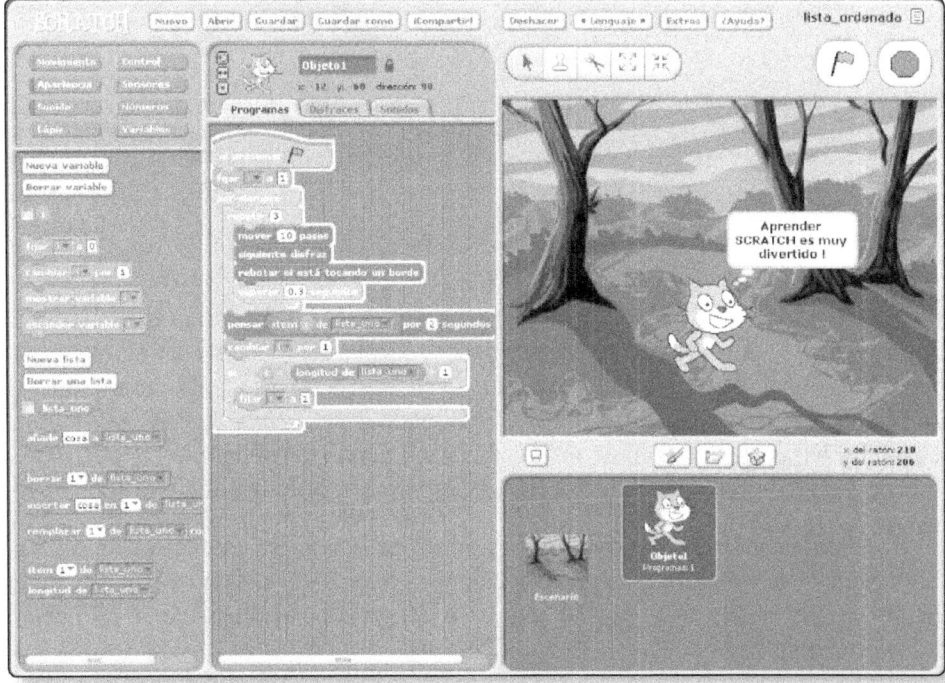

Figura 6.14. Ejemplo de pantalla en Scratch: http://www3.gobiernodecanarias.org/medusa/ecoescuela/recursosdigitales/2014/11/24/scratch.

La interfaz de *Scratch* se puede dividir en diversos elementos:

- **Escenario:** donde se mostrará el resultado de la programación de los objetos con el fondo. Está formado por 480 píxeles de ancho y 360 de alto y se divide en un plano cartesiano xy. El centro del escenario corresponde a las coordenadas x=0; y=0.

- **Gestión de objetos:** Dentro de la gestión de objetos se encuentra por un lado, la lista de objetos donde muestra las miniaturas de todos los objetos incluidos en el proyecto, y por otro, las herramientas que *Scratch* dispone para ellos.

- **Paleta de bloques:** en la que se encuentran distribuidas todas las instrucciones en apartados según su función. Al pulsar alguna de las agrupaciones, se muestran las instrucciones que contiene

- **Área de programa:** donde se sitúan las instrucciones del programa. Cada bloque se enganchará con otro si la sintaxis del programa es correcta. Es interesante saber que si dos bloques son incompatibles no podrán conectarse.

6.4 PYTHON

Entre los diversos lenguajes posibles para desarrollar programas, destaca el Python como lenguaje sencillo y muy intuitivo, muy popular, por lo que existe mucha documentación y potente. Es un lenguaje de programación serio, usado en entornos profesionales. Además, es desarrollado bajo una licencia de código abierto (*open-source*), por lo que puede ser usado en cualquier sistema con total libertad, incluso con fines comerciales. Python, aunque no es el único, es el lenguaje más estándar elegido para la Raspberry Pi. Así mismo, recibe el apoyo de los desarrolladores en sus distribuciones.

Figura 6.15. Icono de Python.

6.4.1 Editor de texto IDLE para Python

Una forma de introducirse en la programación de la Raspberry Pi con Python es a través del Editor de Texto IDLE (*Integrated DeveLopment Environment*, entorno de desarrollo integrado). Con este editor se podrá crear, editar, guardar y ejecutar los programas escritos en él. IDLE se trata de un intérprete de programación, que ofrece un entorno sencillo para la creación de aplicaciones en electrónica con Raspberry Pi.

El sistema operativo Raspbian dispone por defecto de este editor y permite programar tanto en Python 2 como en Python 3. La versión a utilizar dependerá principalmente de lo que se desee hacer, aunque la mayoría de las distribuciones de Linux y Mac siguen utilizando la versión 2.x por defecto.

Si aún no se dispone de la placa y se desea ejecutar el IDLE de Python para programar en él y ver su funcionamiento, se puede descargar de la página Web de Python.org en *https://www.python.org/downloads*

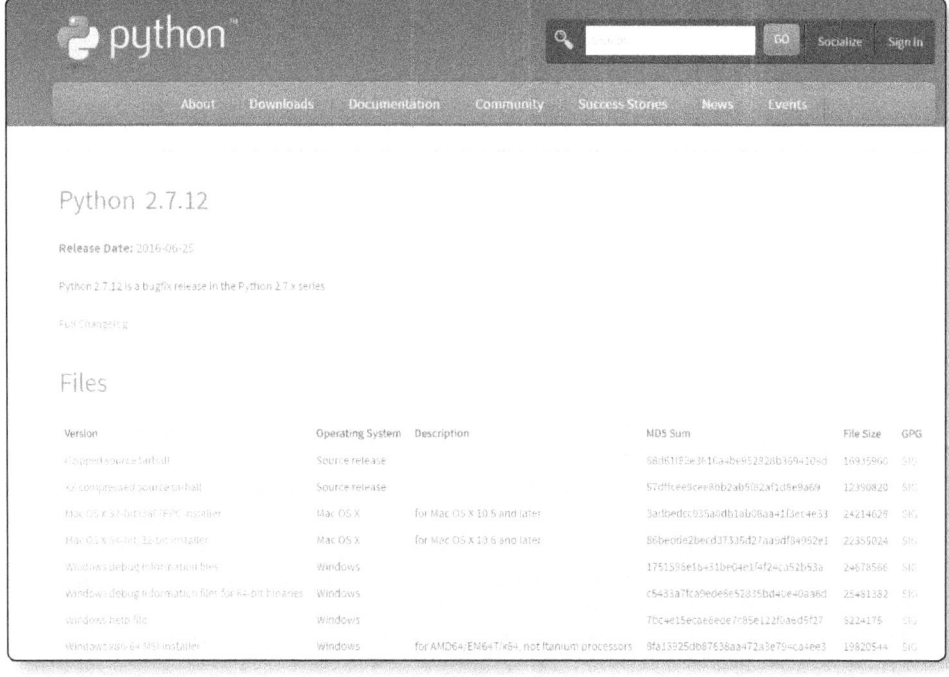

Figura 6.16. Página Web de descarga de Python versión 2.7.12.

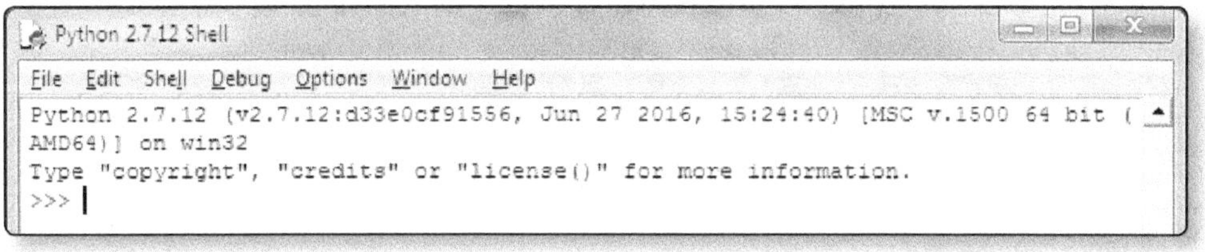

Capítulo 6. **SOFTWARE DE LA RASPBERRY PI**   151

```
Python 2.7.12 (v2.7.12:d33e0cf91556, Jun 27 2016, 15:24:40) [MSC v.1500 64 bit (
AMD64)] on win32
Type "copyright", "credits" or "license()" for more information.
>>>
```

Figura 6.17. Imagen del IDLE por defecto de Python 2.7.12 Shell.

La forma de acceder si ya se dispone de la placa así como del sistema operativo de Raspbian instalado es encender el dispositivo y situarse en el botón Menú-Programación en el que se muestran las diferentes opciones de programación por defecto. Entre ellos Python 2 (IDLE) y Python 3 (IDLE).

Figura 6.18. Imagen del entorno de Rapsbian – Menú – Programación.

Una vez ejecutado el IDLE se puede escribir y ejecutar comandos y funciones de Python así como ver los resultados de forma inmediata. Como ejemplo, puede realizar un primer programa sencillo y ver así el resultado. El símbolo >>> indica que podemos introducir comandos de Python.

Ejemplo de programa:

A="Hola mundo"

print(A)

Después de pulsar el botón *Enter* en la segunda línea el *Shell* devolverá (escribirá) la frase *Hola Mundo* tal y como muestro en la imagen.

```
Python 2.7.12 Shell
File Edit Shell Debug Options Window Help
Python 2.7.12 (v2.7.12:d33e0cf91556, Jun 27 2016, 15:24:40) [MSC v.1500 64 bit (
AMD64)] on win32
Type "copyright", "credits" or "license()" for more information.
>>> A="Hola mundo"
>>> print(A)
Hola mundo
>>>
```

Figura 6.19. Resultado del primer programa con Python utilizando el editor IDLE.

Si desea escribir un programa no se tendrá que utilizar un editor dentro del IDLE. Para ello, en la misma ventana se hace clic sobre *File* y dentro en *New File* que abrirá la ventana de un editor nuevo en el que ya se podrá introducir código completo de programas.

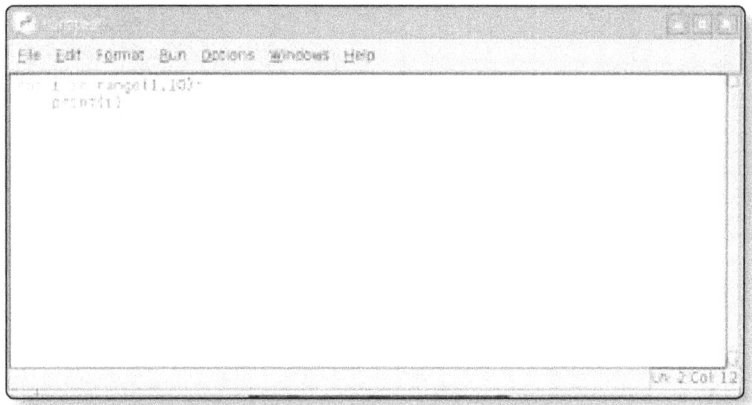

Figura 6.20. Resultado del primer programa con Python utilizando el editor IDLE.

Una vez realizado el programa, se puede guardar el archivo en *File-Save As* y lo guardaremos en una ubicación conocida. Con esto se ha generado un archivo con código de *Python* que se puede ejecutar en la opción *Run-Run Module* o bien presionando la tecla F5. Esto ejecutará el código del programa creado en el *shell* de *Python*.

El IDLE de *Python* utiliza el *tkinter GUI toolkit* que es el paquete estándar GUI (*Graphical User Interface*, Interfaz gráfica de usuario) como se mostrará más adelante. Trabaja igual en Windows, Unix, y Mac OS X. Dispone de editor multiventana, opción de búsqueda dentro de la ventana, así como un depurador con *breakpoints* (puntos de ruptura) entre otras capacidades.

La pantalla de la *Shell* de Python dispone de un intérprete interactivo con identificación de colores en función del código o de los mensajes de error. Los colores ayudarán a identificar los distintos tipos de elementos y a localizar errores. Las palabras reservadas de Python (las que forman parte del lenguaje) se muestran en color naranja, las cadenas de texto en verde, los resultados de las órdenes se escriben en azul, los mensajes de error se muestran en rojo y las funciones en color púrpura. Esto le confiere las características de un editor sencillo, cómodo y potente.

6.4.2 Lenguaje de Programación Python

Python es un lenguaje de programación potente pero sencillo. Posee eficientes estructuras de datos de alto nivel y un enfoque efectivo de la programación orientada a objetos. La sintaxis elegante, los tipos de datos dinámicos y el hecho de ser un lenguaje interpretado hacen de *Python* un lenguaje ideal para la creación de *scripts* y el desarrollo rápido de aplicaciones en todo tipo de áreas y plataformas, y por ello se ha convertido en uno de los lenguajes más extendidos para la programación de aplicaciones con Raspberry Pi.

Python fue creado a finales de los 80 por Guido van Rossum. Se trata de un lenguaje interpretado (*script*). Se caracteriza por ser paradigma de la multiprogramación (orientada a objetos, programación imperativa y programación funcional) con gran tipado dinámico: la misma variable puede contener valores de diferentes tipos. *Python* permite no tener que declarar el tipo de dato que va a contener una variable, ya que este puede determinarse en tiempo de ejecución según el valor asignado.

Es un lenguaje libre de muy alto nivel con una librería muy completa (puede verse en *https://docs.python.org/2/library*). Con *Python* es posible trabajar con cadenas, listas, tablas, pilas, colas, cálculo científico, serialización y persistencia de Objetos, acceso a BBDD, CGIs (*Common Gateways Interface),* URLs, HTTP, FTP, pop3, IMAP, telnet, Cookies, Mime, XML, XDR, etc.

No obstante, *Python* es un lenguaje de propósito general, sencillo, compacto y con una sintaxis clara.

Como se ha indicado con el IDLE, se puede encontrar tanto el intérprete de *Python* como la biblioteca estándar en forma de código fuente o código ejecutable para los principales sistemas operativos en el sitio *web* oficial de *Python* (*https://www.python.org*), y puede distribuirse libremente.

El intérprete de *Python* puede ampliarse fácilmente con nuevas funciones y tipos de datos implementados en C o C++ (u otros lenguajes accesibles desde C). *Python* es también adecuado como lenguaje de extensión de aplicaciones.

Aunque en la documentación se puede consultar una descripción mucho más detallada y completa, a continuación se muestra un resumen simplificado del lenguaje que resultará muy útil a la hora de programar la placa y desarrollar muchos de los proyectos que se plantean aquí o en *Internet*.

6.4.2.1 ELEMENTOS GENERALES DE UN PROGRAMA EN PYTHON

Un programa de *Python* es básicamente un **fichero de texto** que contiene expresiones y sentencias propias del lenguaje *Python*, que luego podrán ser interpretadas por un microprocesador para que responda según el resultado de lo programado.

El lenguaje *Python* está formado por **elementos** (*tokens,* la unidad más pequeña de un programa) de diferentes tipos:

- palabras reservadas (*keywords*)
- funciones integradas (*built-in functions*)
- literales
- operadores
- delimitadores
- identificadores

Para que un programa se pueda ejecutar, este debe ser sintácticamente correcto, es decir, utilizar los elementos del lenguaje *Python* respetando sus reglas de ensamblaje.

Se pueden grabar los *scripts* de *python* a ejecutar como programas independientes, y para su ejecución desde una consola de terminal, ejecutando:

python *programa_primero***.py**

Donde *programa_primero* es el nombre del programa a elección del usuario.

Un programa está formado por **líneas**. En principio, cada línea contiene una instrucción, aunque puede haber varias instrucciones en una línea así como una instrucción puede escribirse en varias líneas.

Los elementos del lenguaje se separan por **espacios en blanco** (normalmente, uno), aunque en algunos casos se verá que no es así. Esta situación se encuentra principalmente entre los nombres de las funciones y el paréntesis para los argumentos, así como antes de una coma o entre los delimitadores y su contenido (paréntesis, llaves, corchetes o comillas). Los espacios no son significativos, es decir, da lo mismo un espacio que varios, excepto al principio de una línea. Los espacios al principio de una línea indican un **nivel de agrupamiento**. Esta es una de las características de *Python* que lo distinguen de otros lenguajes, que utilizan un carácter para delimitar agrupamientos (como por ejemplo las llaves { }). Por ello, a menos que forme parte de un bloque de instrucciones, una línea no puede contener espacios iniciales.

El inicio de un **comentario** se indica con **carácter almohadilla** (#). Aquí *Python* ignoraría el resto de la línea hasta el final de la misma.

En cuanto a las **palabras reservadas** de *Python* son las que forman el núcleo del lenguaje. Estas palabras no podrán utilizarse para nombrar otros elementos (variables, funciones, etc.), aunque pueden aparecer en cadenas de texto.

Las palabras reservadas son: *false, class, finally, is, return, none, continue, for, lambda, try, true, def, from, nonlocal, while, and, del, global, not, with, as, elif, if, or, yield, assert, else, import, pass, break, except, in, raise.*

Los **literales** son los datos simples que *Python* es capaz de manejar como los números (valores lógicos, enteros, decimales y complejos, en notación decimal, octal o hexadecimal), así como cadenas de texto.

Los **operadores** definirán las operaciones matemáticas (lógicas y aritméticas).

Los **delimitadores** son los caracteres que permiten delimitar, separar o representar expresiones. Se muestran ejemplos en los diferentes programas.

Los **identificadores** son las palabras que se utilizan para nombrar elementos creados por el usuario u otros usuarios. Esos elementos pueden ser variables u objetos que almacenan información, funciones que agrupan instrucciones, módulos que agrupan los elementos anteriores, etc. Estarán formados por letras (mayúsculas y minúsculas), números y el carácter guión bajo "_". El primer caracter del identificador debe ser una letra.

Python, al igual que cualquier lenguaje, posee diferentes funciones ya integradas. Se identifica aquí a una **función** como un bloque de **instrucciones agrupadas**, que permiten reutilizar partes de un programa. Se indican algunas de las funciones predeterminadas que *Python* trae por defecto: *abs, dict, help, min, setattr, all, dir, hex, next, slice, any, divmod, id, object, sorted, ascii, enumerate, input, oct,* *staticmethod, bin, eval, int, open, str, bool, exec, isintance, ord, sum, float, print, format, type, chr, vars, locals, max, complex, reversed, zip, etc…*

Un programa puede también importar nuevas funciones que se encuentran definidas en otros ficheros (los módulos). *Python* incluye una biblioteca de módulos (llamada Biblioteca estándar. Se puede encontrar en *https://docs.python.org/3/library*) especializados en todo tipo de tareas.

Además de la biblioteca estándar, existen miles de módulos escritos por diferentes programadores y en el que se puede tener acceso a través de Internet. Como principal repositorio de módulos se encuentra el *Python Package Index* (Índice de paquetes de Python), más conocido por PyPI (se puede ver en *https://pypi.python.org/pypi*).

6.4.2.2 OPERACIONES ARITMÉTICAS

Python distingue entre números enteros y decimales. Al escribir un número decimal, el separador entre la parte entera y la parte decimal es un punto.

Se muestra un ejemplo sencillo:

>>> 5.3
5.3 (resultado)

Si se escribe una coma como separador entre la parte entera y la decimal, *Python* lo entenderá como una pareja de números, por este motivo para números decimales se utiliza el punto.

Las cuatro operaciones aritméticas básicas son la suma (+), la resta (-), la multiplicación (*) y la división (/). Al hacer operaciones en las que intervienen números enteros y decimales, el resultado es siempre decimal. En el caso de que el resultado no tenga parte decimal, *Python* escribe 0 como parte decimal para indicar que el resultado es un número decimal:

>>> 5.3 * 3
15.9

El cociente de una división se calcula en Python con el operador //. El resultado es siempre un número entero, pero será de tipo entero o decimal dependiendo del tipo de los números empleados (en caso de ser decimal, la parte decimal es siempre cero). Por ejemplo:

>>> 8 // 3
2

El resto de una división es calculado con el operador **%**. El resultado tendrá tipo entero o decimal, de acuerdo con el resultado de la operación.

>>> 10 % 4
2

Las potencias se calculan con el operador ******. Las potencias tienen prioridad sobre las multiplicaciones y divisiones. Utilizando exponentes negativos o decimales se pueden calcular potencias inversas o raíces n-ésimas.

>>> 3 ** 2
9
>>> 10 ** -6
0.000001   # Teniendo en cuenta que $a^{-b}= 1/a^b$

Así mismo, también es posible calcular potencias o raíces mediante la función ***pow(x,y)***. Si se incluye un tercer argumento como *pow(x, y, z)*, la función calcularía primero *x* elevado a *y* y después calcula el resto de la división por *z*.

>>> pow(2, 3)
8

Si se desea redondear un número, se puede utilizar la función ***round()*** que admite uno o dos argumentos numéricos. A continuación se muestran algunos ejemplos de las posibilidades de esta función:

>>> round(8.27)
8
>>> round(8.2734, 2)
8.27
>>> round(43428, -3)
44000

Hay que tener en cuenta que Python cuando redondea lo hace de manera que la última cifra (la redondeada) sea par.

Los números decimales se almacenan internamente en binario con 53 bits de precisión (en concreto, se trata del formato de coma flotante de doble precisión de la norma IEEE-754). Cuando se calcula con números decimales, *Python* convierte esos números decimales a binario, realiza la operación y de nuevo convierte el resultado en decimal para mostrarlo en pantalla.

6.4.2.3 CADENAS DE CARACTERES

Las cadenas de caracteres o de texto se pueden indicar y delimitar con comillas simples (') o dobles ("). En *Python* las comillas dobles y las comillas simples son completamente equivalentes, aunque esto no es así en otros lenguajes de programación. Únicamente se ha de tener en cuenta de cerrar con las mismas comillas con las que se abrió la cadena. Ejemplo:

>>> *"Ejemplo de una cadena de texto"*
'Ejemplo de una cadena de texto'

Se puede realizar un salto de línea con la función print(), mediante: \n

>>> *print("Una línea\nOtra línea")*
Una línea
Otra línea
Así como el tabulador: \t
>>> *print("1\t2\t3")*
1   2   3

6.4.2.4 VARIABLES

Una variable, en programación, es en realidad un identificador representado mediante letras del alfabeto latino (*a,b,c,...,x,y,z*) así como palabras completas como *nombre, lugar, etc.,* que designa o está asociado a un espacio en la memoria de un ordenador o dispositivo.

Python es un lenguaje no tipificado, es decir no es necesario que antes de utilizar una variable, se defina el tipo de información a guardar en dicha variable. Sin embargo otros lenguajes como el C, C++ o Java si lo exigen, por tanto se les denomina lenguajes tipificados.

Por tanto, una variable es algo que contiene un valor que puede cambiar. Ejemplo:

>>> *Abel = 6*
>>> *print (Abel)*
6

En el ejemplo propuesto se asigna un número entero 6 a la variable Abel, que puede ser la edad. Después solicitamos que la imprima en pantalla. Aquí hay que tener en cuenta que *Python* distingue entre mayúsculas y minúsculas (en inglés se dice que *Python* es *"case-sensitive"*).

Se observa cómo la variable *Abel* puede variar con el siguiente ejemplo:

>>> Abel = Abel + 1
>>> print (Abel)
7

El nombre de una variable debe empezar por una letra o por un guión bajo (_) y puede seguir con más letras, números o guiones bajos. Los nombres de variables pueden contener cualquier carácter alfabético (las del alfabeto inglés, pero también ñ, ç o vocales acentuadas) y guiones bajos. Lo que no pueden incluir son espacios en blanco. Las palabras reservadas del lenguaje (las que IDLE escribe en naranja) también están prohibidas como nombres de variables.

En una misma línea se pueden definir simultáneamente varias variables, con el mismo valor o con valores distintos, como muestra el siguiente ejemplo:

>>> Abel = Juan = 6
>>> Color, Edad, Lugar = "Rojo", 6, "Madrid"

6.4.2.5 OPERADORES LÓGICOS

Los **operadores lógicos** trabajan con valores booleanos según se muestra a continuación:

- ▼ **and**: "y" lógico. Este operador da como resultado *True* si y solo si sus dos operandos son *True*:

  >>> True and True
  True
  >>> True and False
  False
  >>> False and False
  False

- ▼ **or**: "o" lógico. Este operador da como resultado *True* si algún operando es *True*:

  >>> True or True
  True
  >>> True or False
  True
  >>> False or False
  False

▼ **not:** negación. Este operador da como resultado *True* si y solo si su argumento es *False*:

>>> not True
False
>>> not False
True

Una variable booleana es una variable que solo puede tomar dos posibles valores: *True* (verdadero) o *False* (falso). En *Python* cualquier puede considerarse como una variable booleana. En general los elementos nulos o vacíos se consideran *False* y el resto se consideran *True*. Para comprobar si un elemento es considerado *True* o *False*, se puede convertir a su valor booleano mediante la función *bool()*.

>>> bool(0)
False
>>> bool(41)
True

6.4.2.6 COMPARACIONES

Las comparaciones también dan como resultado valores booleanos:

▼ *> Mayor que; < Menor que;*

>>> 4 > 1
True
>>> 5 < 4
False

▼ *>= Mayor o igual que; <= Menor o igual que;*

>>> 2 >= 1 + 1
True
>>> 4 - 2 <= 1
False

▼ *== Igual que; != Distinto de;*

>>> 2 == 1 + 1
True
>>> 8 / 4 != 3
False

En *Python* un signo igual "=" significa asignación, es decir, almacenar un valor en una variable y dos signos iguales seguidos (==) significa comparación.

Se pueden encadenar varias comparaciones y el resultado será verdadero si y solo si todas las comparaciones lo son.

>>> 4 == 3 + 1 > 2
True
>>> 2 != 1 + 1 > 0
False

6.4.2.7 LISTAS

Las listas son colecciones ordenadas de valores de cualquier tipo. Son secuencias mutables y vienen dotadas de una variedad de operaciones muy útiles.

La notación para lista es una secuencia de valores encerrados entre corchetes y separados por comas. Por ejemplo, si representamos a los números naturales del 1 al 10 sería [1, 2, 3, 4, 5, 6, 7, 8, 9, 10].

Para conocer su longitud se utilizará la función *len ()*.

Por ejemplo:

>>> numnat=[1,2,3,4,5,6,7,8,9,10]
>>> numnat
[1,2,3,4,5,6,7,8,9,10]
>>> len (numnat)
10

Las variables tipo lista, cuentan con varias funciones que permiten realizar operaciones con de ellas. Las operaciones más comunes son agregar, insertar, eliminar o indicar cuantas veces aparece un elemento. A continuación se citan las mismas:

- ▼ *nombre_de_la_lista*.**append(valor):** Agrega un elemento al final de la lista

- ▼ *nombre_de_la_lista*.**count(pos):** Indica cuantas veces aparece el valor situado en la posición (pos) dentro de la lista

- ▼ *nombre_de_la_lista*.**insert(pos, valor)**: Inserta un elemento (valor) en la posición (pos) indicada

▶ *nombre_de_la_lista*.**pop(pos)**: Elimina el valor situado en la posición (pos) indicada

A continuación se citan algunos ejemplos:

>>> *l [5, 'uno', 4, 'dos', 3]*
>>> *l.count(1)*
5
>>> *l.append(2)*
>>> *l*
[5, 'uno', 4, 'dos', 3, 2]
>>> *l.count(2)*
1
>>> *l.insert(2, 'dos')*
>>> *l*
[5, 'dos', 'uno', 4, 'dos', 3, 2]

A continuación se citan las operaciones que pueden ser realizadas en una lista:

Operación	Resultado
x in s	Indica si la variable x se encuentra en s
s + t	Concatena las secuencias s y t
s * n	Concatena n copias de s
s[i]	Elemento i de s, empezando por 0
s[i:j]	Porción de la secuencia s desde i hasta j (no inclusive)
len(s)	Cantidad de elementos de la secuencia s
min(s)	Mínimo elemento de la secuencia s
max(s)	Máximo elemento de la secuencia s

Figura 6.1. Operaciones con listas en Python.

6.4.2.8 TUPLAS

Las tuplas son colecciones ordenadas de valores, que mantienen características similares con las listas. La principal diferencia con respecto a estas, es que las tuplas son inmutables. Una vez definidas, no se podrá modificar ni su tamaño, ni los elementos contenidos en ella. Por esta característica, las tuplas consumen menos espacio en memoria, lo que los hace útiles en determinados casos.

Si a una variable se le asigna una secuencia de valores separados por comas, el valor de esa variable será la tupla formada por todos los valores asignados. A esta operación se la denomina empaquetado de tuplas.

Ejemplo:

>>> a=125
>>> b="\#"
>>> c="Ana"
>>> d=a,b,c
>>> len(d)
3
>>> d
(125, '\#', 'Ana')

6.4.2.9 DICCIONARIOS

Un Diccionario es una estructura de datos con características especiales que nos permite almacenar cualquier tipo de valor como enteros, cadenas, listas e incluso otras funciones. Estos diccionarios nos permiten además identificar cada elemento por una clave (*Key*).

Para definir un diccionario, se encierra el listado de valores entre llaves. Las parejas de clave y valor se separan con comas, y la clave y el valor se separan con dos puntos.

>>> a={ 'nombre': 'Eugenio', 'edad': 30}
>>> a
{'nombre': 'Eugenio', 'edad': 30}

En el momento de guardar el diccionario puede perder el orden de ingreso de los valores. Esto se debe a que los diccionarios son listas no ordenadas de elementos, y su orden final, dependerá de la disposición de memoria del equipo en ese instante.

Para acceder a los elementos del diccionario, se realiza mediante la llave del valor que deseamos obtener.

>>> a['nombre']
'Eugenio'

Si se intenta usar a[0] para acceder al primer elemento del diccionario, se obtendría un error del intérprete, al no existir ningún valor cuya llave sea "0".

Los diccionarios resultan de mucho interés cuando es necesario utilizar información estructurada.

6.4.2.10 ESTRUCTURAS DE CONTROL DE FLUJO

Una estructura de control en *Python* se traduce en unos elementos de programación que permiten controlar el flujo o desarrollo del programa en función de algunos parámetros o circunstancias.

Se pueden clasificar principalmente en:

▼ Estructuras de control condicionales
▼ Estructuras de control iterativas o bucles

Hay que tener en cuenta que las funciones de *Python* no tienen algún tipo de comienzo como en otros programas estilo *begin* o *end*, ni llaves que marquen dónde empieza o termina el código o la estructura de control. El único delimitador aquí son dos puntos (:) y el sangrado del propio código o indentación. En este caso, el sangrado comienza un bloque y su ausencia lo termina. Esto se verá en el ejemplo mostrado más adelante.

En el caso de las **estructuras de control condicionales**, son aquellas que permiten evaluar si una o más condiciones se cumplen, para luego ejecutar una acción u otra en función del resultado de la evaluación. La evaluación de condiciones, solo puede arrojar un resultado de entre dos: verdadero o falso (*True* o *False*).

La condición se define de la siguiente manera:

if (condicion);

  accion1

  accion 2

  ...

  accion_n

A continuación, se cita un ejemplo concreto. En los siguientes programas de ejemplo, se eliminarán de los textos presentados, los símbolos >>>:

>>> *a=5*
>>> *b=10*
>>> *if (a!=b):*
...   *print "desiguales"*
...
desiguales
>>> *if (a==b):*

...   *print "iguales"*
...

En este último caso, no saca nada en pantalla al ser los elementos comparados, distintos.

Mediante la sentencia *else* se puede ofrecer al programa qué hacer en caso de que no se cumpla la condición, por ejemplo:

Si semáforo esta en verde, cruzar la calle. Si no, esperar.

if semaforo == verde:
 print "Cruza la calle"
else:
 print "Espera"

En el caso de las estructuras de control iterativas (también llamadas cíclicas o bucles), estas permiten ejecutar un mismo código, de manera repetida, mientras se cumpla una condición.

Para ello, se muestran dos ejemplos, uno con la instrucción while, que significa *"mientras"* y otro con la instrucción for que significa, *"desde"* pero en el siguiente punto.

edad = 30
while edad <= 30:
 print "Edad", str(edad)
 edad += 1

El programa anterior, sacará en pantalla los números del 1 al 30.

En el caso de desarrollar el bucle con *for* se tendría el siguiente ejemplo:

for edad in range(1, 31):

 print "Edad", str(edad)

6.4.2.11 FUNCIONES

En *Python* se puede asignar funciones al igual que en otros lenguajes. Para ello se utiliza la sentencia *def*. Una función es un conjunto de líneas de código que realizarían una tarea concreta pudiendo retornar un valor.

A continuación se muestra un ejemplo:

def calcula_media():
  media = (a + b) / 2
  print(f"La media de {a} y {b} es: {media}")
  return

Ante una función como la indicada si se establecen los siguientes valores para a y b, se tendría:

a = 10
b = 20
calcula_media()

En pantalla aparecería: *La media de 10 y 20 es: 15*

En las funciones de *Python*, es posible establecer un valor inicial o preasignación para las variables de funciones.

A continuación se muestra otro ejemplo:

Esto lo podemos observar en el siguiente ejercicio:

def multiplica(a=3, b=4):
...   c=a*b
... return c
...
multiplica(5,2)
10
multiplica(10)
40
multiplica()
12
multiplica(b=5)
15

6.4.2.12 MANEJO DE EXCEPCIONES

En el desarrollo de un programa se puede generar diferentes errores. Si estos programas se ejecutan sin tener toda la sintaxis correctamente resuelta pueden aparecer errores. Los errores en la ejecución de un programa, son llamados comúnmente, **excepciones**.

Durante la ejecución de un programa, si surge una excepción dentro de una función y esta no la controla, la excepción salta hacia la función que la llamó y a su vez, si esta otra tampoco la controla, la excepción continua propagándose hasta llegar a la función inicial del programa y si finalmente tampoco se controlase desde ahí, la ejecución del programa se interrumpe. Para mejorar el desarrollo del programa que se esté creando, se muestra a continuación cómo manejar las excepciones.

try:
    acciones
    acciones
    ...
except:
    acciones_en_caso_de_error
    ...
else:
    accion_final
    ...
    ...

Un ejemplo concreto sería el mostrado a continuación:

def divide (a,b):
    try:
        return a*b
    except:
        print "Error de cálculo"

El programa actuaría de la siguiente manera:

divide (6,3)
2
divide (6,0)
Error en el cálculo

6.4.2.13 FICHEROS

Un fichero en *Python* es un objeto creado con una operación de apertura, y sobre el que se puede leer, escribir y cerrar. Queda reflejado como un fichero en el disco duro.

Los ficheros son importantes en Raspberry Pi también porque permiten la escritura de datos recibidos de los diferentes sensores también. Esto permite crear y utilizar muchas y variadas aplicaciones con las GPIO.

Para crear un archivo, escribir datos en él y luego cerrarlo se utilizará el siguiente código general:

```
# apertura de archivo
archivo=open('ubicación/.../fichero.txt','w')
# escritura de datos
archivo.write('Primer dato del fichero\n')
archivo.write('Segundo dato del fichero\n')
# cierre del archivo
archivo.close()
```

En la apertura, se ha realizado con la función *open(ubicación,modo)*. El segundo parámetro sirve para indicar el modo en que abrimos el archivo en este caso en modo escritura (w) *write*.

Si se desea, se puede buscar ahora el archivo en la ubicación elegida. En el caso de desear hacer la lectura de un archivo sería de la siguiente forma:

```
# apertura del archivo seleccionado en modo r, es decir, read o lectura
archivo=open('ubicación/.../fichero.txt','r')
# lectura del contenido del archivo
contenido=archivo.read()
# mostrar en pantalla el contenido
print(contenido)
# cierre del archivo
archivo.close()
```

En el siguiente ejemplo se muestra la lectura del archivo línea a línea (ejemplo con archivo de dos líneas).

```
archivo=open('/home/pi/Desktop/fichero.txt','r')
contenido1=archivo.readline()
contenido2=archivo.readline()
# mostrar en pantalla el contenido línea a línea
print(contenido1)
print(contenido2)
archivo.close()
```

A diferencia del ejemplo anterior en este caso se ha utilizado el comando *readline()* para leer una a una las líneas del archivo.

Aparte del modo escritura o lectura, hay otras opciones para la apertura de archivos. El modo texto "t" es el modo predeterminado. También se puede añadir "a" que sería utilizado para añadir datos al final de un archivo que ya tuviese información. Existe la opción de la apertura en modo binario "b" para añadir imágenes por ejemplo.

Si se desea hacer una escritura de tipo binario se puede hacer añadiendo un indicador de la siguiente forma "w+b".

archivo=open('/ubicacion/.../fichero.txt', 'w+b')

6.4.2.14 CLASES

Sin profundizar en la programación orientada a objetos, se muestra a continuación un pequeño ejemplo que muestra la posibilidad de programación de clases con *Python*. Las ventajas de estas son las propias de los lenguajes de programación orientado a objetos. Si el lector desea profundizar en esta materia puede consultar más detalles en la página Web de *Python* (*http://python.org*).

Las clases son los modelos sobre los cuáles se construirán los objetos que se desean. Una clase es un nuevo tipo de dato y contiene otros datos (que pueden ser de cualquier tipo) y funciones, que trabajarán y operarán sobre esos datos.

Para declarar una clase se realiza de la siguiente manera:

class Nueva_clase (object):
    código_de_la_clase

El *código de la clase* incluirá la declaración de variables y funciones. *object* es la clase base para cualquier objeto creado en Python. Las variables que se incluyan en la clase se denominarán *atributos* y a las funciones *métodos*.

Como ejemplo se creará la clase Hola:

class Nombre (objetc):
    nombre = 'Eugenio'
    apellido = 'López'
    def saludo (self):
        print 'Buenos días, Soy: ' % (self.nombre, self.apellido)

Y, a continuación, se puede crear el objeto (instanciación).

objeto = Nombre ()
objeto.saludo ()

que como resultado obtiene:

Buenos días, Soy Eugenio López

6.4.2.15 MÓDULOS

Con los módulos, es posible empaquetar y reutilizar el código de tal forma que la programación se vuelve más ágil y el trabajo de unas personas puede ser utilizado por otras en otro lugar, cuando estos se comparten.

Los módulos, son bloques o archivos de programas (su extensión es *.py*). Como verá el lector, muchas de las funciones se pueden utilizar cuando las importamos desde un módulo. Estos almacenan la declaración de variables y la implementación de funciones.

Para importar un módulo se escribe el siguiente código:

import Nombre_del_Modulo

6.4.3 Programando en Python online

Como lenguaje extendido que es *Python*, se puede encontrar en Internet intérpretes *online* que permiten probar los diferentes programas con este lenguaje en línea. Se presenta aquí como herramienta útil para el desarrollo de los diferentes programas en *Python* de tal forma que el desarrollador pueda examinar resultados del *software* que está diseñando de forma cómoda y rápida.

Como ejemplo, se cita a continuación uno de los emuladores bastante completo de *Python* (dentro de la Web de *https://www.tutorialspoint.com*)

Figura 6.21. Interprete online de Python: https://www.tutorialspoint.com/execute_python_online.php.

Como ejemplo final, el lector puede incluir el siguiente programa ejemplo y ver su resultado:

```
# -- coding: utf-8 --
#Función fib, devuelve un array con
#los valores de la secuencia de Fibonacci
#hasta max
def fib(max):
  i = 1
  #res es la lista que contendrá los valores
  #de la secuencia
  res = []

  #Se añade los primeros dos valores de la secuencia
  res.append(1)
  res.append(1)

  #El loop se ejectutará mientras i sea menor que max
  while i < max:
    #se calcula la última llave la lista de valores
    last_key = len(res) - 1
    #se suma los dos últimos valores para obtener
    #el próximo valor de la secuencia
    next_number = res[last_key-1]+res[last_key]
    #se añade el resultado a la lista de valores
    res.append(next_number)
    #Se suma uno a i en cada iteración
    i = i+1
  #terminado el loop while se retorna la lista res
  return res

#Asignamos el resultado de la función fib a la variable res
#Se pasa como parámetro el número 20
res = fib(20)

#Impresión de los resultados
i = 1;
for x in res:
  print(i,'---> ',x)
  i = i +1
```

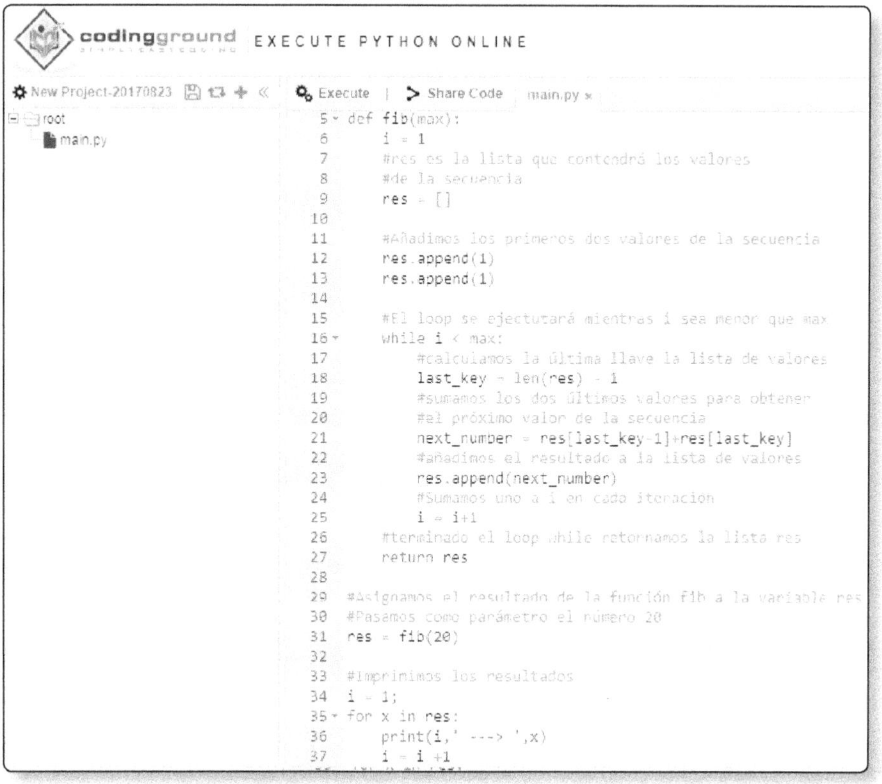

codingground
EXECUTE PYTHON ONLINE
New Project-20170823
root
main.py
Execute
Share Code
main.py
def fib(max):
i = 1
#res es la lista que contendrá los valores
#de la secuencia
res = []
#Añadimos los primeros dos valores de la secuencia
res.append(1)
res.append(1)
#El loop se ejectutará mientras i sea menor que max
while i < max:
#calculamos la última llave la lista de valores
last_key = len(res) - 1
#sumamos los dos últimos valores para obtener
#el próximo valor de la secuencia
next_number = res[last_key-1]+res[last_key]
#añadimos el resultado a la lista de valores
res.append(next_number)
#Sumamos uno a i en cada iteracion
i = i+1
#terminado el loop while retornamos la lista res
return res
#Asignamos el resultado de la función fib a la variable res
#Pasamos como parámetro el número 20
res = fib(20)
#Imprimimos los resultados
i = 1;
for x in res:
print(i,' ---> ',x)
i = i +1

Figura 6.22. Ejemplo de programa código de Fibonacci en el Interprete online de Python https://www.tutorialspoint.com/execute_python_online.php

Default Term
Browser
(7, ' ---> ', 13)
(8, ' ---> ', 21)
(9, ' ---> ', 34)
(10, ' ---> ', 55)
(11, ' ---> ', 89)
(12, ' ---> ', 144)
(13, ' ---> ', 233)
(14, ' ---> ', 377)
(15, ' ---> ', 610)
(16, ' ---> ', 987)
(17, ' ---> ', 1597)
(18, ' ---> ', 2584)
(19, ' ---> ', 4181)
(20, ' ---> ', 6765)
(21, ' ---> ', 10946)
sh-4.3$

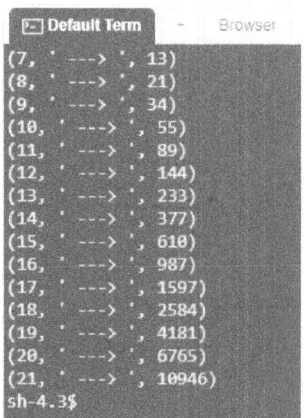

Figura 6.23. Resultado en pantalla del programa del código de Fibonacci en el Interprete online de Python https://www.tutorialspoint.com/execute_python_online.php

Aunque con sus limitaciones, sobre todo para la parte física, los diferentes intérpretes de *Python* online, le permitirán al lector probar sus propios ejemplos antes de la puesta en marcha en la placa y hacer así las correspondientes correcciones o evaluar su resultado de forma cómoda y rápida.

6.4.4 Programando GUIs con Python

Para terminar este apartado, se presenta a continuación la posibilidad de programar **Interfaces Gráficas de Usuario** *(GUIs, Graphical User Interface)* con *Python*.

Cuando se realizan diferentes aplicaciones con Raspberry Pi, puede ser interesante abordar acciones y lectura de datos mediante una sencilla pantalla gráfica. Si por ejemplo, estamos desarrollando una estación meteorológica, los datos recibidos de los diferentes sensores, podrían ser expuestos de una forma amigable en pantalla. Incluso si se desea controlar motores u otro tipo de señales, podría ser también desarrollado mediante diferentes pantallas que dispongan de botones de encendido o apagado, que convenientemente programadas, configurarían la aplicación completa que se desee.

Python permite la creación de aplicaciones gráficas y para ello se mostrará aquí como herramienta gráfica el módulo ***Tkinter***. También se puede desarrollar con otras opciones, sin embargo, *Tkinter* permite el desarrollo de interfaces gráficas de manera sencilla.

Tkinter es una adaptación (o *binding*) de la biblioteca gráfica **Tcl/Tk**. Esta ya viene preinstalada en *Raspbian* (en caso de disponer de versiones anteriores, se puede descargar utilizando el comando *sudo apt-get install python3*).

Para ver su sencillez, se muestra la creación de un ejemplo con una ventana en la que aparezca un título: "Mi primer gráfico en *Python*" y dentro el famoso "¡Hola Mundo!", y un botón que al pulsar escribirá "Pulsado".

```
from Tkinter import *
obj = Tk()
obj.title("Mi primer gráfico en Python ")
etiqueta = Label(obj, text="¡Hola mundo!")
boton = Button(obj, text="Pulsado")
etiqueta.pack()
boton.pack()
obj.mainloop()
```

En primer lugar, se importa el módulo *Tkinter*. Después se crea un objeto *obj* con la clase *Tk()*. Después se le indica el título y se crea la etiqueta y el botón.

Luego se llama al método *pack()* para que el botón y etiqueta sean visibles en la aplicación y por último se llama al método *mainloop()* que se encargará de tener activa nuestra aplicación entrando en un bucle.

El programa se puede guardar con extensión *.py* y ejecutarse desde el menú **Ejecutar** (F5 en el IDLE).

De forma análoga al botón *Button* o a la etiqueta *Label* se encuentra en este módulo la posibilidad de programar los *Widgets* más habituales:

Button	Muestra los botones en su aplicación.
Canvas	Se utiliza para dibujar líneas, polígonos y rectángulos entre otros.
Frame	Widget contenedor para organizar otros widgets.
Checkbutton	Para mostrar varias opciones para seleccionar.
Label	Proporcionar un título de una línea para otros widgets.
Listbox	Proporcionar una lista de opciones al usuario.
Message	Muestra los campos de texto de varias líneas para aceptar los valores de un usuario.
Radiobutton	Muestra una serie de opciones como botones de radio. El usuario puede seleccionar solo una opción a la vez.
Scrollbar	Permite visualizar varios elementos de una lista.
Text	Muestra texto en varias líneas.
tkMessageBox	Muestra cuadros de mensaje en las aplicaciones.

Tabla 6.2. Comandos principales de la librería Tkinker.

Existen muchos más, por lo que se podrá finalmente crear un entorno gráfico que permite al usuario de la aplicación comunicarse con los dispositivos para los que se ha programado rápida y cómodamente.

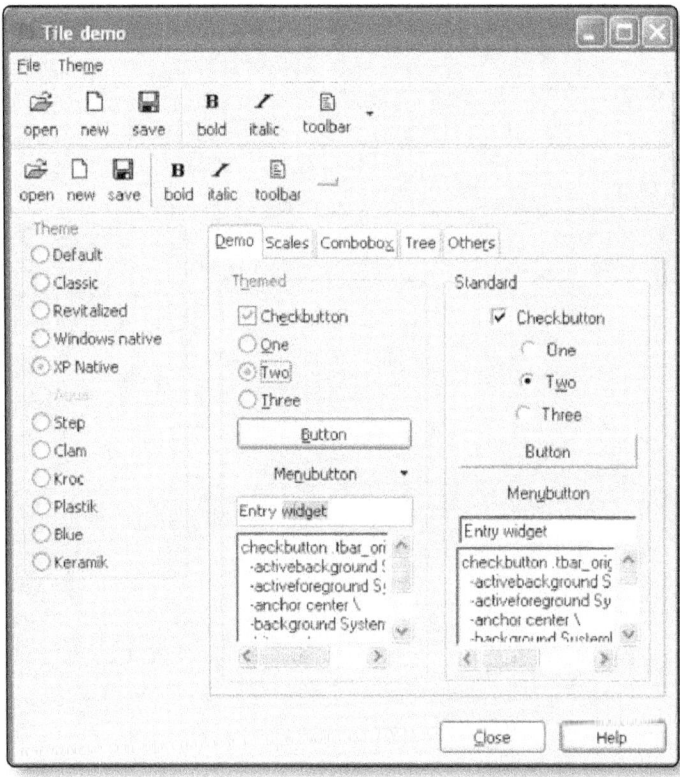

Figura 6.24. Ejemplo de pantalla realizada con comandos de la librería Tkinker: http://howto.lintel.in/tag/tkinter.

7

ARRANCANDO LA RASPBERRY PI

Una vez explicado los conceptos de electrónica en los que se basa las Raspberry Pi, así como el *hardware* y *software* que utiliza, es momento de ponerla en marcha y ver así en qué consiste este dispositivo de forma práctica y las funciones aplicadas que podemos llevar a cabo con estos micro-ordenadores.

En este capítulo se muestra cómo **instalar un sistema operativo** de forma sencilla en la placa Raspberry Pi y cómo desarrollar una primera aplicación. Aunque existen muchas formas de realizar estas tareas, aquí se trata de mostrar la forma de inicializarla de forma rápida.

7.1 PRIMEROS PASOS EN LA RASPBERRY PI

Para iniciar y poner en marcha la placa Raspberry Pi una vez adquirida, hay que instalarle un sistema operativo.

Para ello hay que tener disponible una tarjeta de memoria SD o MicroSD (según el modelo de la placa) de al menos 4 GB donde se cargará este sistema operativo que luego se utilizará en la placa.

En esta tarjeta, se carga el sistema operativo a utilizar en primer lugar (mediante un ordenador) y posteriormente se instala la tarjeta en la Raspberry Pi como se muestra en la figura.

Figura 7.1. Imagen de una tarjeta SD instalada en una placa Raspberry Pi

Para una primera instalación del sistema operativo es recomendable (aunque no necesario) utilizar la aplicación **NOOBS** (que es un acrónimo de *New Out Of Box Software*) ofrecida por *raspberrypi.org* que facilita la instalación de varias distribuciones Linux. El *software* se puede instalar en cualquier tarjeta SD y no necesita conexión a Internet para ser utilizado. En el caso de instalar NOOBS se recomienda que la tarjeta SD sea de al menos 8 GB.

Para descargarnos esta aplicación, navegar a la página de la fundación Raspberry Pi: *https://www.raspberrypi.org*

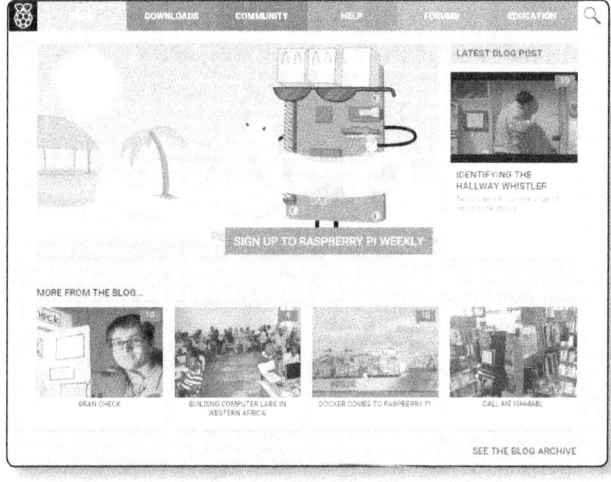

Figura 7.2. Imagen de la página de la fundación Raspberry Pi en www.raspberrypi.org.

Pinchando en *Downloads* (descargas) se puede ver el icono de descarga de la aplicación NOOBS

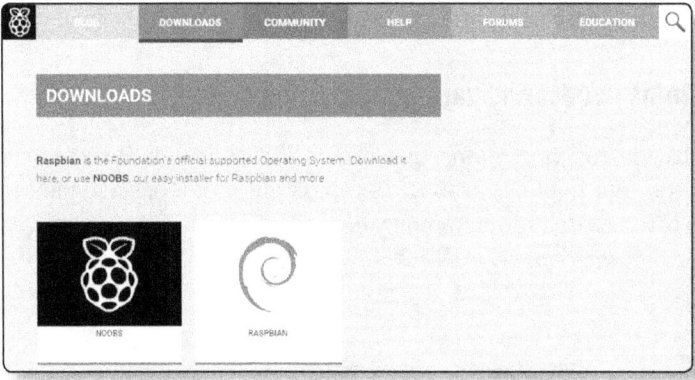

Figura 7.3. Icono de descarga de la aplicación NOOBs e Inoco de Raspbian, el sistema operativo más recomendable para comenzar: www.raspberrypi.org.

Pinchando en NOOBs se accede a la pantalla de opciones de NOOBS. En ella se indica que se trata de un instalador sencillo de sistemas operativos que contiene *Raspbian*. A su vez, se provee de una selección de sistemas operativos alternativos los cuales deben ser descargados desde Internet. También se ofrece la opción NOOBS Lite que contiene el mismo instalador pero sin *Raspbian* precargado.

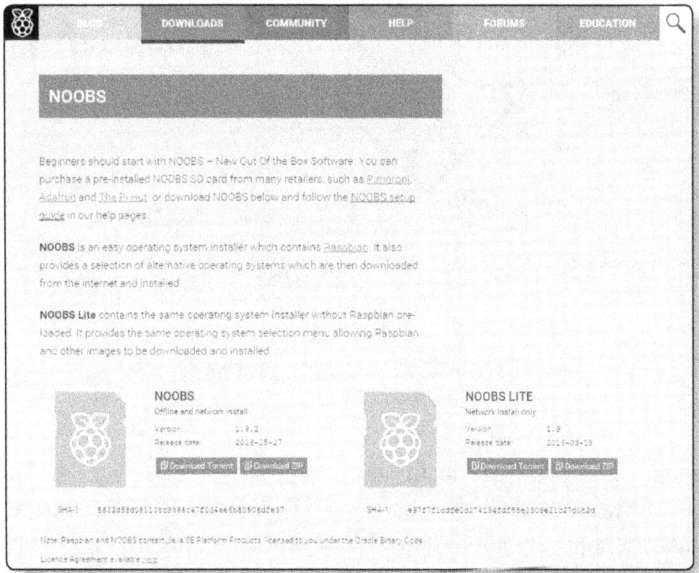

Figura 7.4. Pantalla de opciones en NOOBS (dentro del menú Downloads) www.raspberrypi.org

Pinchando en *Download* ZIP dentro de la opción NOOBs se accederá a la descarga del archivo en formato ZIP del instalador con el sistema operativo NOOBS precargado ya. El archivo son unos 1.020 MB y puede tardar un tiempo en la descarga.

7.1.1 Elementos necesarios para la utilización de la RPi

Dentro de los contenidos que ofrece la fundación Raspberry también se puede encontrar una guía de instalación rápida en la que basarse para la puesta en marcha de la placa de una forma rápida y cómoda (*www.raspberrypi.org/wp-content/uploads/2012/04/quick-start-guide-v2.pdf*). A continuación se muestra imagen sobre dicha guía.

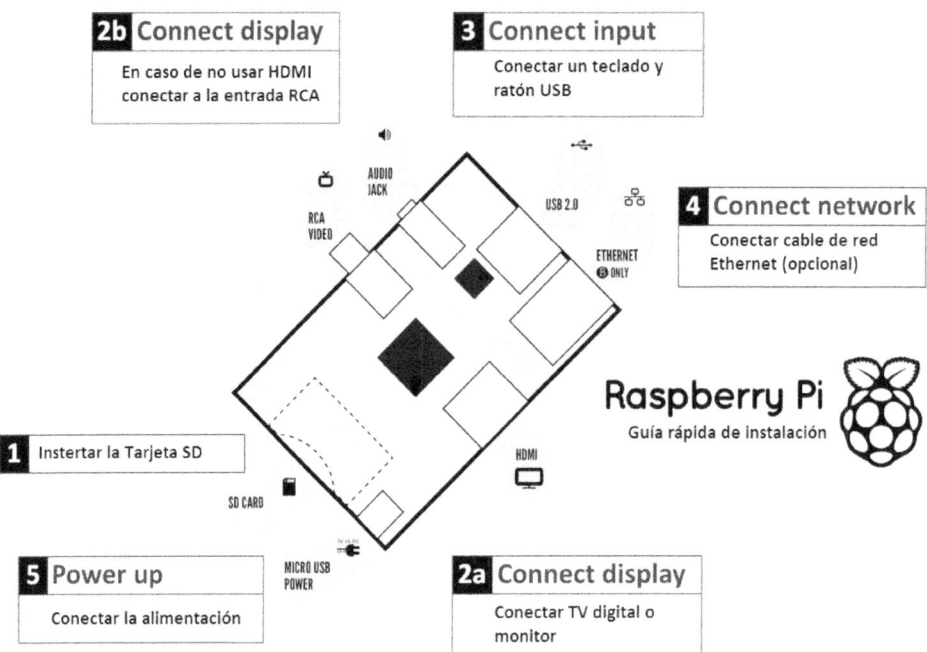

Figura 7.5. Conexión de los dispositivos por pasos a la placa www.raspberrypi.org/wp-content/uploads/2012/04/quick-start-guide-v2.pdf

Siguiendo los pasos de la figura, en primer lugar se inserta la tarjeta SD y después las conexiones de TV (bien por HDMI o por RCA) así como teclado y ratón. La conexión aquí del cable de red Ethernet es opcional. Finamente se pasa a alimentar la placa.

A continuación se resume los dispositivos necesarios para la primera utilización de la Raspberry Pi, así como las recomendaciones o notas de la guía de instalación rápida.

	Dispositivo	Recomendación y notas
1	Tarjeta SD	Tamaño mínimo 4 GB; clase 4 (la clase indica la rapidez de la tarjeta)
2a	Cable HDMI a HDMI / DVI	Para TVs HD y monitores con entrada HDMI o en el caso de utilizar DVI para monitores con esta entrada).
2b	Cable de Video RCA	Un cable de video RCA para conectar a tu monitor analógico en caso de no disponer de salida HDMI
3	Teclado y ratón	Teclado y ratón estándar con conexión USB
4	Cable de Ethernet (opcional)	La conexión Ethernet es opcional, aunque con ella podrás actualizar y conseguir programas nuevos para la Raspberry Pi de forma más sencilla
5	Adaptador de potencia	Una alimentación por micro USB de buena calidad puede proveer de al menos 700 mA y 5 V que es esencial para el funcionamiento de la placa. Muchos cargadores de móviles son adecuados, revisa la etiqueta en el conector. En caso de suministrar menos de 5 V, puede que la placa no trabaje o tenga comportamientos erráticos.
6	Cable de Audio (Opcional)	En caso de utilizar HDMI, el audio se consigue por esta vía, pero si se utiliza un conector RCA analógico, el audio estéreo está disponible junto al conector RCA en el siguiente *jack* de 3,5 mm.

Tabla 7.1. Elementos necesarios para la utilización de la Raspberry www.raspberrypi.org/wp-content/uploads/2012/04/quick-start-guide-v2.pdf

Conector HDMI   Cable HDMI a DVI   Conector de video RCA

Figura 7.6. Imágenes de los conectores HDMI, HDMI a DVI y RCA www.raspberrypi.org/wp-content/uploads/2012/04/quick-start-guide-v2.pdf

Aparte del equipo básico para la primera puesta en marcha, más adelante se puede ampliar con el siguiente equipo:

- ▼ HUB USB. Permite conectar más dispositivos USB a la Raspberry Pi, Si se tiene dispositivos que necesitan bastante corriente hará falta que el HUB sea auto alimentado.

- ▼ Disco duro conectado a un puerto USB.

- ▼ Altavoces o auriculares en caso de que no conectemos la RPi directamente a la televisión (la cual tendrá sus altavoces) mediante HDMI.

- ▼ Disipador de calor.

- ▼ Batería o pilas, en vez de usar un adaptador de corriente.

- ▼ Expansión y periféricos. Como ejemplo se cita la placa *Gertboard*, creada con propósito educativo. Haciendo uso del puerto GPIO, esta placa puede interaccionar con LED, interruptores, señales analógicas, sensores y otros dispositivos, así como controlar motores.

- ▼ Pantalla y cable HDMI. La mayoría de las televisiones tienen conector HDMI, incluso algunas pantallas LCD también. Lo común es que las pantallas LCD tengan conector DVI. En este caso, hará falta un conversor (adaptador) de HDMI a DVI. Otra opción, es conectar la RPi a una pantalla antigua, pequeñas pantallas o aparatos de captura de video mediante la salida RCA. Si existe conexión a varias pantallas mediante las salidas HDMI y RCA entonces la RPi funcionará por defecto con la HDMI.

7.1.2 Pasos para la instalación del sistema operativo

En primer lugar, siguiendo la recomendación, se descargará la aplicación (o instalador) NOOBS en un ordenador.

Una vez descargada y descomprimida según se indicó al principio del capítulo, se pueden ver los siguientes archivos de la figura, entre ellos se encuentra *Instructions-Readme.txt* (Instrucciones-leeme):

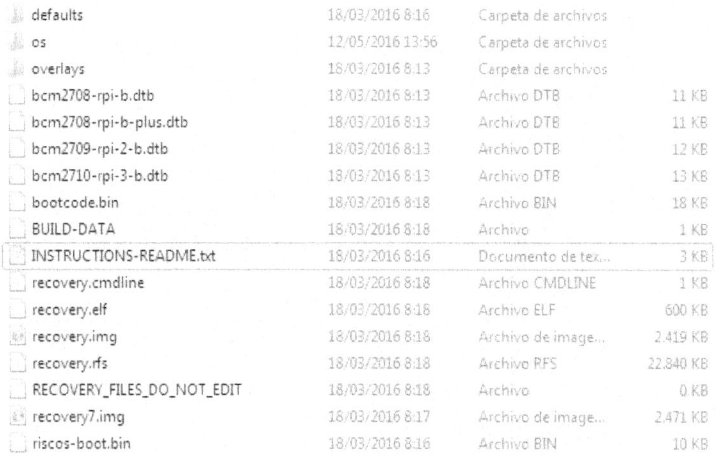

defaults	18/03/2016 8:16	Carpeta de archivos	
os	12/05/2016 13:56	Carpeta de archivos	
overlays	18/03/2016 8:13	Carpeta de archivos	
bcm2708-rpi-b.dtb	18/03/2016 8:13	Archivo DTB	11 KB
bcm2708-rpi-b-plus.dtb	18/03/2016 8:13	Archivo DTB	11 KB
bcm2709-rpi-2-b.dtb	18/03/2016 8:13	Archivo DTB	12 KB
bcm2710-rpi-3-b.dtb	18/03/2016 8:13	Archivo DTB	13 KB
bootcode.bin	18/03/2016 8:18	Archivo BIN	18 KB
BUILD-DATA	18/03/2016 8:18	Archivo	1 KB
INSTRUCTIONS-README.txt	18/03/2016 8:16	Documento de tex...	3 KB
recovery.cmdline	18/03/2016 8:18	Archivo CMDLINE	1 KB
recovery.elf	18/03/2016 8:18	Archivo ELF	600 KB
recovery.img	18/03/2016 8:18	Archivo de image...	2.419 KB
recovery.rfs	18/03/2016 8:18	Archivo RFS	22.840 KB
RECOVERY_FILES_DO_NOT_EDIT	18/03/2016 8:18	Archivo	0 KB
recovery7.img	18/03/2016 8:17	Archivo de image...	2.471 KB
riscos-boot.bin	18/03/2016 8:16	Archivo BIN	10 KB

Figura 7.7. Archivos de la aplicación NOOBS

En el archivo de texto de las instrucciones se puede encontrar la forma en la que iniciar la Raspberry Pi. Se resumen y comentan a continuación:

1. Insertar una SD card de 4 GB o más en tu ordenador. (Normalmente se recomienda de 8 GB o incluso mayor para poder instalar más programas.)

2. Formatear la tarjeta SD utilizando la plataforma específica de instrucciones seguidas a continuación (este paso es importante para el buen funcionamiento de la instalación):

    - *Para Windows*
        - Descargar la *SD Association's Formatting Tool* (Herramienta de Formateo de la Asociación) desde: https://www.sdcard.org/downloads/formatter_4/eula_windows/
        - Instalar y ejecutar la herramienta de formateo en tu ordenador.
        - Seleccionar "FORMAT SIZE ADJUSTMENT" opción a "ON" en el menú "opciones".

    - *Para Mac*
        - Descarcar la *SD Association's Formatting Tool* (Herramienta de Formateo de la Asociación) desde:

          https://www.sdcard.org/downloads/formatter_4/eula_mac/
        - Instalar y ejecutar la herramienta de formateo en tu ordenador.
        - Seleccionar "*Overwrite Format*" (Formato de sobreescritura).

- *Con Linux*
  - En el caso de Linux se recomienda utilizar *gparted*
  - Formatear el disco entero como FAT.

3. Extraer los ficheros contenidos en el NOOBS zip *file*.
4. Copiar los ficheros extraídos en la tarjeta SD.
5. Finalmente insertar la tarjeta SD en la RPi y conectar la alimentación.

Es decir, resumiendo, descomprimir NOOBS que se descarga como fichero zip en la tarjeta SD. Una vez termina de copiarse toda la información, se extrae la tarjeta SD y se inserta la placa Raspberry Pi. Se conecta el cable HDMI, teclado, ratón y cable de red. Por último, el cable de alimentación eléctrica y de esta forma empezará a arrancar la Raspberry Pi.

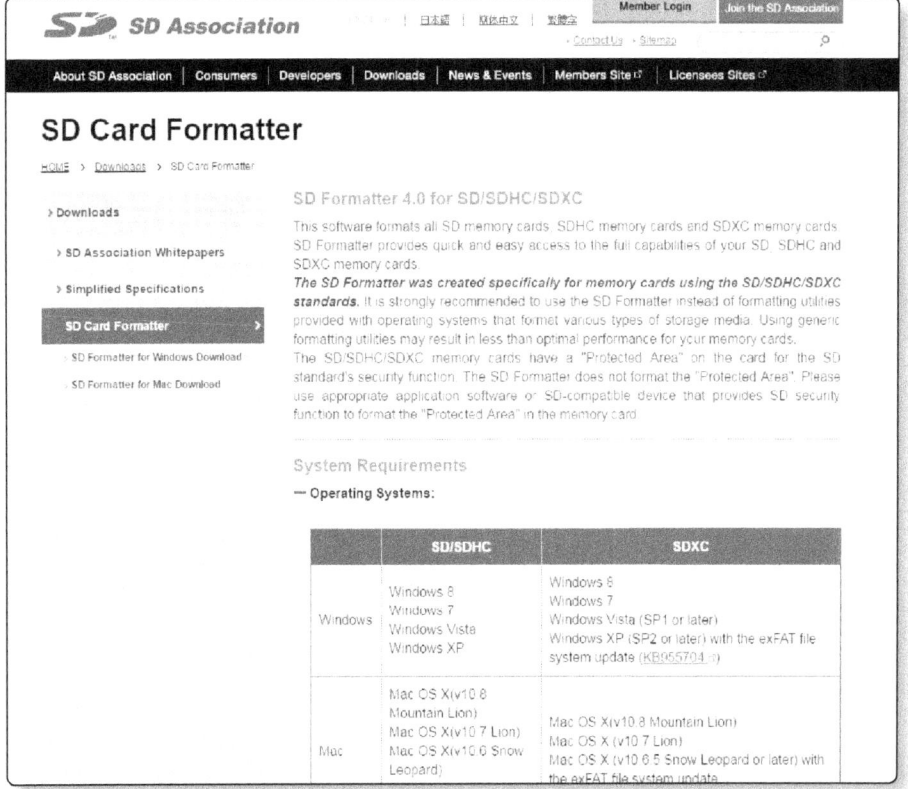

Figura 7.8. Imagen de la página Web de la SD Association para la descarga de SD Card Formatter (https://www.sdcard.org/downloads/formatter_4/index.html).

Como se indicaba, en el programa de instalación NOOBS se encuentran todos los sistemas operativos oficiales para Raspberry Pi en un solo paquete para que se pueda usar el que se desee desde una sola tarjeta de memoria SD y sin realizar cambios en ella.

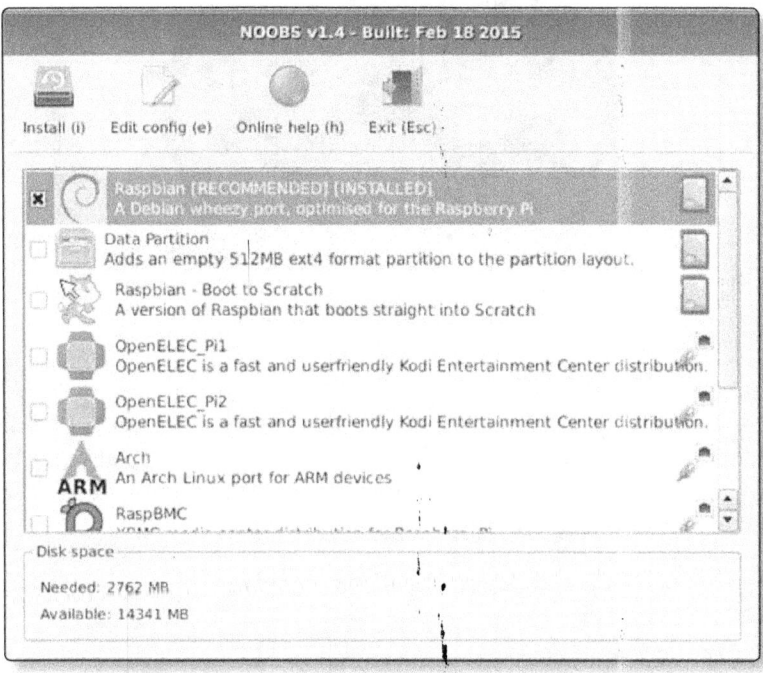

Figura 7.9. Pantalla de NOOBS v1.4 una vez arrancada la Pi.

En las versiones previas, se incluían todos los sistemas operativos en la versión NOOBS *offline*, mientras que en la *Lite*, se tenía que descargar los que se quisiesen a través de Internet. A partir de la versión 1.3.10v lanzada en septiembre de 2014, la versión de instalación *offline*, solo incluye Raspbian, mientras que ofrece la posibilidad de instalar los otros sistemas operativos oficiales a través de Internet. En este caso, es necesario conectar el cable de red a la placa mientras se tiene iniciado NOOBS.

A parte de Raspbian, se dispone de otros sistemas operativos indicados en NOOBS.

Raspbian OS es la opción recomendada, puesto que es una distribución del sistema operativo Linux basada en Debian Wheezy y especialmente pensada para la Raspberry Pi.

Figura 7.10. Ejemplo de una pantalla de escritorio de Raspbian.

Aunque existen muchas otras distribuciones para este mini-ordenador, *Raspbian* sigue siendo por defecto la más completa, estable y con mejor rendimiento. Es el sistema operativo que presenta la fundación. La nueva versión de Raspbian utiliza la versión más reciente de Debian, llamada *Jessie*, que puede descargarse también de la página oficial en:

https://www.raspberrypi.org/downloads/raspbian

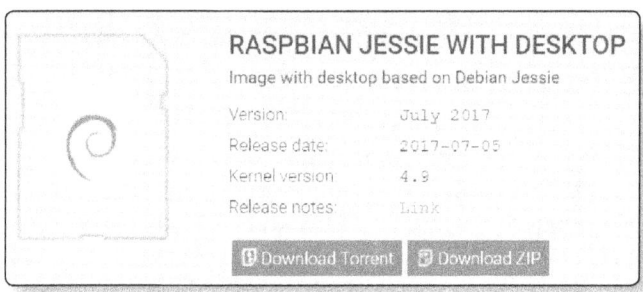

Figura 7.11. Imagen para la descarga de Raspbian Jessie en raspberrypi.org

En esta versión se carga por defecto la interfaz gráfica y el escritorio en lugar de cargar el terminal y tener que ejecutarlo posteriormente. Esto permite utilizar la interfaz gráfica de Raspbian de forma más rápida sin tener que ejecutar manualmente el comando correspondiente. Esta opción es modificable.

También se han mejorado la apariencia de los menús con un aspecto más moderno y con mejor rendimiento.

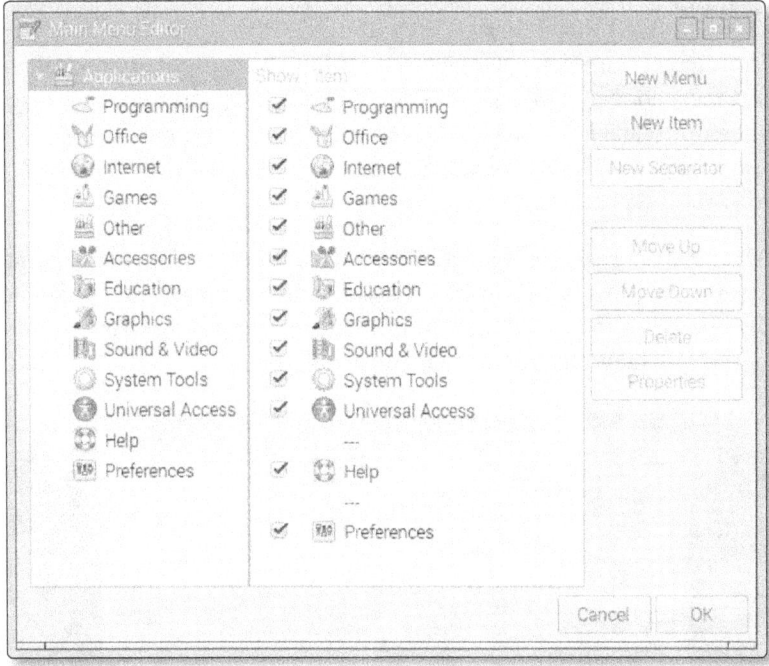

Figura 7.12. Editor de Menú del sistema operativo Raspbian Jessie.

Dentro de las posibilidades de este sistema operativo mejorado, está la interfaz gráfica de la configuración *raspi-config*.

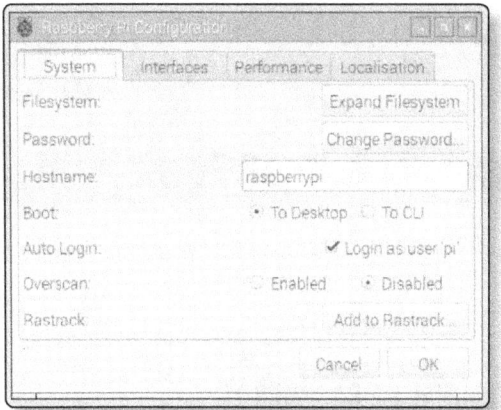

Figura 7.13. Interfaz gráfica para la configuración de Raspberry Pi con el sistema operativo Raspbian Jessie.

7.1.3 BerryBoot

En Internet también se puede encontrar BerryBoot como alternativa a NOOBS (el instalador oficial), que se trata de un gestor de arranque e instalador y que permite controlar varios sistemas operativos al mismo tiempo para Raspberry. Se instala también con solo copiarlo a la SD o desde una unidad externa (USB o disco duro).

BerryBoot permite la instalación de otros muchos sistemas operativos no oficiales y ser instalado a través de VNC (Instalación remota). Ocupa bastante menos que NOOBS pero por lo que indican no instala los sistemas operativos en su última versión, por lo que luego habría que actualizarlos.

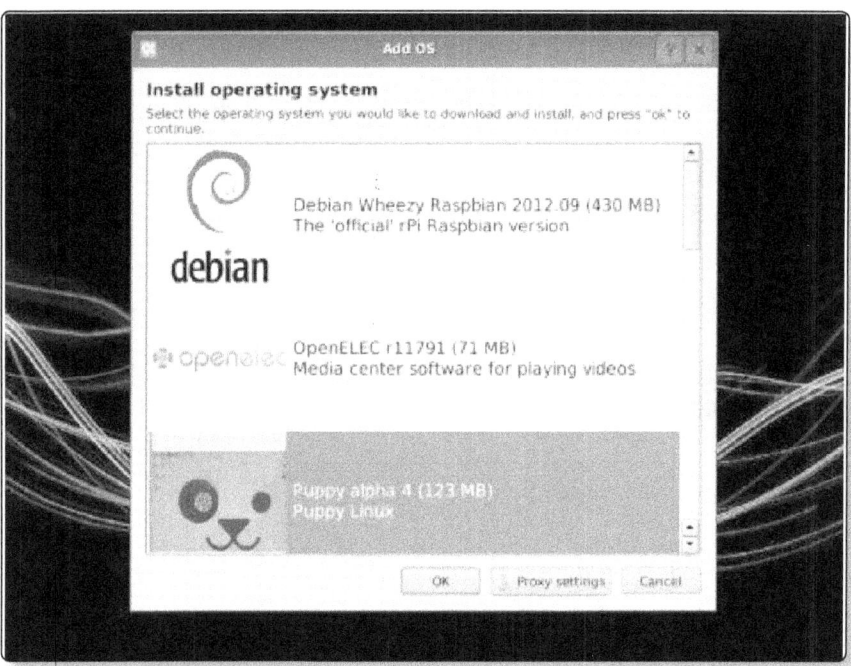

Figura 7.14. Pantalla de instalación del S.O. con Berryboot v2.0. http://www.berryterminal.com/doku.php/berryboot.

7.2 UTILIZAR LA TERMINAL DE RASPBERRY

Aunque en la actualidad se están mejorando los sistemas operativos, la interfaz gráfica y el rendimiento, se aconseja al usuario que quiera experimentar y extraer todas las posibilidades de Raspberry Pi, conocer al menos los diferentes accesos y comandos para llegar a los diferentes resultados.

En el presente libro, se acude a los comandos también para ofrecer una visión completa sobre las diferentes modalidades de acceso a las necesidades que se plantean. El lector podrá así, tener una visión completa y general de toda la actividad del sistema.

Cuando se ejecuta el sistema operativo Raspbian que trae por defecto NOOBs, se podrá ver la siguiente pantalla:

Figura 7.15. Pantalla general de Raspbian

En ella, en la pantalla principal, se muestra entre otros siguiente icono para la utilización del terminal (Icono LXTerminal).

Figura 7.16. Icono de LXTerminal

El terminal, o la consola es una aplicación de uso frecuente en sistemas Linux (como el caso del sistema operativo Raspbian) que permite al usuario programar. El terminal es un intérprete de órdenes basado en texto que permite manejar la totalidad del sistema operativo. Las órdenes que se ejecuten aquí pueden llegar a formar parte de un programa con el que automatizar muchos procesos, en su propio lenguaje particular.

Lo que indica a continuación es una serie de órdenes útiles para las primeras intervenciones con Raspberry Pi y ver así su funcionamiento. Para comenzar tu andadura no tienes más que lanzar el programa **LXTerminal de Raspbian**, lo primero que verás entonces será algo parecido a: pi@raspberrypi ~ $.

Figura 7.17. Icono de LXTerminal.

La palabra **pi** se refiere al usuario conectado. @ significa "en" y **raspberrypi** es el nombre de la placa. Se trata del nombre del ordenador, que es interesante conocer cuando se está conectado en red. El símbolo ~ representa a la carpeta de inicio del usuario actual, que en este caso es **pi**, y es /home/pi. Es decir, indica que la carpeta **pi** está dentro de la carpeta *home*, y se llama separador de carpeta o separador de directorio.

Cuando se encuentra la división "/", se estaría ante la carpeta que contiene a todas las demás. Esta simbología es muy general y se puede ver en los sistemas operativos en general. Por otro lado, el **$**, es el indicador de que el intérprete de comandos del terminal espera tus instrucciones. Es conocido como *prompt*, que significa entrada.

7.2.1 Comandos básicos de la terminal LXTerminal

Lo más importante en cualquier sistema operativo es poder organizar y tener acceso a nuestra información. Para ello, en línea de comandos Esta información se puede mostrar escribiendo la siguiente instrucción **pwd** (*present working directory*, directorio de trabajo presente) seguido de *Enter*.

Mediante el comando **ls** se puede listar el contenido de una carpeta. A su vez, es posible cambiar de directorio usando **cd**. Como ejemplo, si se escribe **cd hola** se entrará a la carpeta llamada "hola", con **cd ..** se regresaría a la carpeta principal.

La creación de nuevas carpetas se realiza con el comando **mkdir carpetaA**, que crea una carpeta llamada "carpetaA".

Estos son los comandos básicos para utilizar en Terminal. Si buscas otros comandos útiles, no dudes en seguir leyendo.

El comando **cp** copia un archivo concreto y lo pega en otro directorio que se escoja. (Ejemplo: **cp /raiz/archivo.txt /raiz/carpeta/archivo.txt**)

El comando **mv** mueve un archivo conreto y lo lleva al directorio que se elija.

- **rm** borrará el archivo deseado.
- **clear** limpiará el terminal borrando todo el texto que haya escrito.
- **df** muestra el espacio libre en el disco duro.
- **history** mostrará el historial de todos los comandos utilizados.
- **top** los procesos que más están consumiendo recursos.

7.2.2 Otros comandos útiles de la terminal LXTerminal

Una de las operaciones interesantes en la terminal es la obtención de permisos de administrador.

Para ello, la identificación se hará como *súper usuario*. Esto puede variar según la distribución pero normalmente se obedece ante el comando "*sudo*".

Escribiendo "*sudo su*" (sin las comillas) en la terminal, pedirá contraseña de usuario, (la misma con la que inician sesión) y a continuación aparecerá algo como esto: [root@raspberrypi]#

Ahora en lugar de un signo de dólar "$", ahora aparece "#". Esto quiere decir, que el usuario es administrador y tiene todos los permisos sobre todo el sistema.

El usuario root en GNU/Linux es el usuario que tiene acceso administrativo al sistema. Los usuarios normales no tienen este acceso por razones de seguridad. Cuando ejecuta una aplicación que requiere privilegios de administrador, *sudo* le pedirá que escriba su contraseña de usuario normal. Esto asegura que aplicaciones incontroladas no puedan dañar su sistema, y sirve como recordatorio de que está a punto de realizar acciones administrativas que requieren que tenga cuidado.

Para usar *sudo* en la línea de comandos, simplemente escriba "sudo" antes del comando que desea ejecutar. Sudo le pedirá su contraseña.

Sudo recordará su contraseña durante un periodo de tiempo (predeterminado a 15 minutos). Esta característica se diseñó para permitir a los usuarios realizar múltiples tareas administrativas sin tener que escribir su contraseña cada vez.

Con el comando **sudo raspi-config** se puede acceder a las opciones de configuración del sistema operativo.

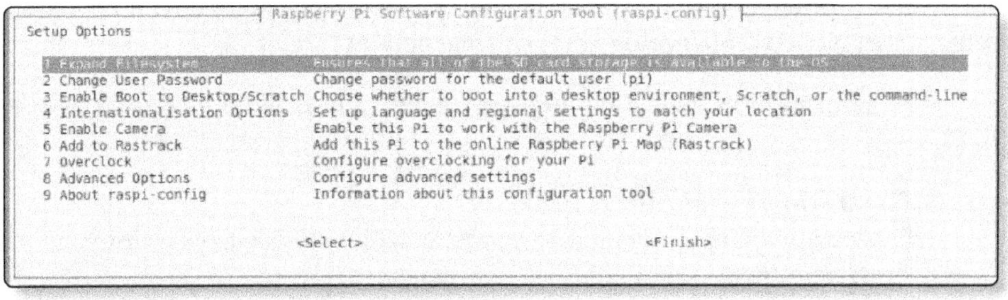

Figura 7.18. Herramienta de configuración (raspi-config) https://www.raspberrypi.org/documentation/configuration/raspi-config.md.

También es posible apagar o reiniciar el sistema. Con **sudo shutdown -h now** el sistema se apaga, mientras que con **sudo shudown -r now** se reiniciaría.

La forma de desplazarse por la pantalla es mediante las flechas del cursor, el tabulador y *enter* (intro). La barra espaciadora se utilizará para marcar una opción. Siguiendo el menú, a continuación se muestran los siguientes puntos:

▼ **Expand Filesystem**: Se utiliza para poder ocupar todo el espacio de la microSD. Normalmente, el sistema operativo ocupa algo más de 3 GB, y ese es el espacio que se puede utilizar. En caso de haberlo grabado en una tarjeta de mayor cantidad de memoria, podría haber una parte de la memoria sin utilizar. Con esta opción, se expande el sistema con la finalidad de poder utilizar toda la capacidad de la tarjeta.

▼ **Change User Password**: Como ya se indicó, el usuario por defecto es pi, y la contraseña raspberry. Esta opción permite su cambio.

▼ **Enable Boot to Desktop/Scratch**: Por defecto, Raspberry Pi arranca en modo consola, pero también se puede arrancar con otras 2 opciones más. Por un lado en modo *Escritorio* donde se inicia el escritorio conocido o en modo *Scratch*.

▼ **Internationalisation Options**: Se utiliza para seleccionar el idioma, el conjunto de caracteres asociado, la moneda, etc.

- *Change Locale:* Para la selección de España, se seleccionaría es_ES.UTF8

- *Change Timezone:* Zona horaria. En esta opción se puede elegir continente y ciudad. Esta selección podría ser Europa y Madrid, por ejemplo. Operación interesante para la primera vez que se ejecuta.

- *Change Keyboard Layout:* Finalmente se selecciona el teclado que se vaya a utilizar. Estas opciones son opcionales, se pueden dejar por defecto las que trae.

▼ **Enable Camera**: Si se desea utilizar la cámara de Raspberry Pi, se puede activar aquí. Para ello, seleccionar la opción *Enable* (habilitar). Esta habilitación asegura 128 Mb a la GPU para su utilización.

▼ **Add to Rastrack**: Permite agregar la posición GPS de la Rasbperry Pi a un mapa mundial que es posible consultar en *rastrack.co.uk*.

▼ **Overclock**: Permite aumentar la velocidad de procesamiento.

▼ **Advanced Options**: Muestra algunas opciones avanzadas.

- *Overscan*: Se utiliza esta opción en caso de conectar la placa a una televisión más antigua. En este caso, puede que aparezcan unos bordes negros y mediante esta opción se pueden eliminar. En pantallas modernas esta operación ya no es necesaria.

- *Hostname*: Es el nombre que la Raspberry Pi que aparecerá en una red.

- *Memory Split*: Es la cantidad de memoria que ofrecemos a la GPU. Las Raspberry Pi antiguas disponían de 512 MB de RAM, en el caso de la RPi 2 ya dispone de 1 GB. En ambos casos es una memoria compartida entre el sistema y los gráficos. Por defecto a la GPU se le otorga 64 MB. Si el propósito va a ser la de utilizarla como centro multimedia, se debería cambiar a la mitad de la RAM que se disponga. En cualquier caso, esta opción permite buscar el equilibrio entre rendimiento para los gráficos y rendimiento para su operativa de trabajo.

- *SSH:* (*Secure Shell*) es el protocolo que se utiliza para conectarse a la Raspberry Pi desde cualquier otro ordenador o dispositivo. Como ejemplo, el *smartphone*. Esta conexión permite modificar, actualizar o instalar en la placa sin necesidad de estar físicamente delante ni de tener conectado ningún teclado por USB a la misma.

- *SPI:* módulo de comunicación serial SPI. En esta opción se puede activar o desactivar.

- *Audio:* Por defecto viene configurado por HDMI. También permite elegir audio por la conexión *jack* de 3.5 mm.

- *Update:* Mediante esta opción se actualiza esta herramienta, *raspi-config*, a la última versión.

Otras posibilidades de los comandos en la terminal son:

▼ Para conocer la información hardware general: **cat /proc/cpuinfo**

▼ Para saber el estado de la memoria: **at /proc/meminfo**

▼ Para ver las particiones de la tarjeta de memoria o el disco duro: **cat /proc/partitions**

▼ Si se desea conocer la versión de la placa: **cat /proc/version**

▼ Temperatura de la CPU: **vcgencmd measure_temp**

▼ Visualizar todos los dispositivos USB conectados: **lsusb**

▼ Si se está en modo línea de comandos y se desea volver al modo gráfico utilizar el comando: startx

Como ya se ha indicado, en el sistema operativo Raspbian Jessie, más actualizado, el acceso a las opciones de configuración se puede hacer de modo gráfico de una forma muy sencilla.

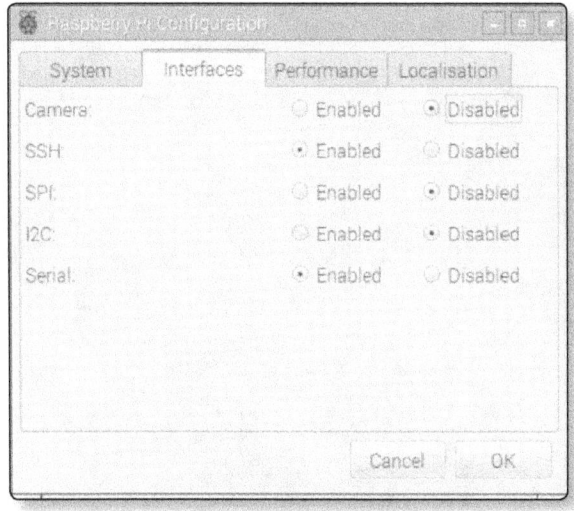

Figura 7.19. Imagen de las opciones Interfaces dentro del configurador de raspberry pi en el sistema operativo Raspbian Jessie

Todos estos comandos permitirán **conocer con detalle todo lo que tiene el dispositivo** y así saber qué se puede y qué no se puede hacer con él.

La ventana de comandos quizá no sea muy interesante en una primera toma de contacto, pero poco a poco se descubrirá **el gran potencial que tiene.**

7.3 CONFIGURAR RASPBERRY EN RED

Una vez que se inicia la Raspberry, es interesante también poder interactuar con ella desde un ordenador bien mediante una red cableada o desde una red inalámbrica. Normalmente esta tarea será una de las cosas que el usuario pretenderá realizar al principio.

La capacidad de interconexión de la placa es muy amplia y permite ser utilizada para todo tipo de proyectos entre los que se incluyen, aparte de Internet, la domótica, la monitorización de datos, actuación de la placa como un servidor, impresora, etc.

A continuación, se muestra cómo la conexión de Raspberry a Internet puede realizarse de forma sencilla a través de un cable de red Ethernet. En el caso de la Raspberry Pi 3, que dispone de cuatro puertos USB y junto a ellos el puerto Ethernet, se puede conectar el cable RJ-45 y este directamente al *router*.

Figura 7.20. Conexión de cable de Ethernet desde la Raspberry Pi al *router* https://learn.adafruit.com/adafruits-raspberry-pi-lesson-3-network-setup/using-a-wired-network

La placa Raspberry Pi viene ya preparada para solicitar la configuración TCP/IP mediante el protocolo estándar DHCP (*Dynamic Host Control Protocol*, Protocolo de configuración dinámica de Host). Este protocolo permite configurar la conexión de forma automática. Para ello tiene que haber un servidor DHCP activo en la red, aunque normalmente ya cualquier *router* dispone de ello.

También es posible realizar la conexión a través de un adaptador wifi USB. En el caso de la placa Raspberry Pi 3, que ya viene incluida wifi estándar de serie, es posible conectarse mediante la habitual manera de selección de redes disponibles y después proporcionar la contraseña de acceso. Se recuerda que el usuario y la contraseña que dispone al hacer la instalación inicial de la placa Raspberry con *Rasbian* son: **pi** y **raspberry**, respectivamente.

Para configurar la conexión mediante wifi, se requiere que el *router* tenga el SSID (*Service Set IDentifier* o identificador de paquetes de servicio) como es habitual para la conexión mediante wifi de tu ordenador.

El SSID (*Service Set IDentifier*) o identificador de paquetes de servicio es el nombre que identifica una red inalámbrica wifi y el que viaja junto con cada paquete de información de la misma, de forma que pueda ser identificado como parte de ella. Normalmente vendrá anotado en el *router,* así como la contraseña.

Los dispositivos que quieren comunicarse entre sí deben tener el mismo SSID. Dicho código, consta de un máximo de 32 caracteres ASCII (*American Standard Code for Information Interchange*), entre las que se encuentra una combinación de letras y números.

Por otro lado, las versiones más recientes de *Raspbian* incluyen ya una utilidad de configuración wifi. Haciendo clic en la aplicación, y pulsar dentro de ella el botón de *scan* (para escanear), se llega a ver las diferentes redes disponibles.

También es posible, configurar la wifi a través de comandos, en lugar de la opción de hacerlo mediante pantallas que muestran la *interface* de usuario a través de la terminal. Para ello hay que encender la Raspberry Pi sin el adaptador de wifi conectado y abrir una terminal haciendo clicando en *LXTerminalK*.

El objetivo en esta parte es editar el archivo **/etc/network/interfaces.**

Resumiendo:

Paso 1. Encender la Raspberry Pi sin el adaptador wifi conectado.

Paso 2. Abrir la terminal *LXTerminal* y ejecutar el siguiente comando:

sudo nano /etc/network/interfaces

A continuación se muestra el siguiente código:

auto lo
iface lo inet loopback
iface eth0 inet dhcp
allow-hotplug wlan0
auto wlan0
iface wlan0 inet dhcp
  wpa-ssid "ssid"
  wpa-psk "password"

donde hay que editar las dos últimas líneas de código escribiendo en lugar de SSID el nombre de nuestra red y en *password* la contraseña de acceso.

Por último presionar la tecla *[ctrl]x* para guardar los cambios e "Y" y *enter* para retornar. En ese momento, se puede conectar el adaptador wifi y encender nuevamente. Raspberry Pi debería conectarse automáticamente al iniciarse.

Si se necesita la dirección IP de la Raspberry, es posible mediante la utilidad de configuración wifi.

Esta operación también se puede realizar desde la terminal con el comando *ifconfig*. La dirección IP aparecerá después de ***wlan0*** donde indica ***inet addr.***

Si la dirección IP comienza con 192.168 o 10.0 se tratará de una dirección interna, por lo que se puede conectar a Internet, pero alguien fuera de su red local no podrá conectarse a su Raspberry Pi a través de la IP.

7.3.1 Conexión a la Raspberry de forma remota

Para poder conectarse a la placa Raspberry a través de un ordenador, se existen varias formas de hacerlo, principalmente por **SSH** o **VNC**. La diferencia principal es en que mientras que en **SSH** se accede en modo texto, con **VNC** se accede a la interfaz gráfica.

Se describe primero la forma de acceso a través de SSH (*Secure Shell*). SSH es un protocolo de comunicación que sirve para acceder y controlar un dispositivo de forma remota a través de la red. Con él es posible la conexión a la placa a través del ordenador, o también otros dispositivos como *tablets*, *smartphones* o cualquier otro dispositivo que disponga de cliente SSH. De esta manera, uno puede conectarse a la terminal de la Raspberry Pi y ejecutar comandos de forma remota.

Para ello, en primer lugar hay que descargarse un cliente **SSH**. Utilizaremos uno de los más populares y gratuitos en el caso de utilizar *Windows*: ***PuTTY***. Es posible descargarse desde este enlace: *http://www.putty.org*

Al abrir el programa, aparece una ventana donde hay que indicar la dirección IP de la Raspberry Pi. Para ello, hay que acceder al *router* y ver que IP se le ha asignado a la Raspberry Pi (o bien conectando un teclado y pantalla a la **Raspberry Pi** y utilizar el comando *ifconfig*).

Ante de seguir hay que recordar tener activado la opción SSH en la placa Raspberry Pi. Para ello, se enciende la Raspberry Pi y se accede a la consola de comandos. A continuación, se accede al *raspi-config*. Para ello, se introduce el comando:

sudo raspi-config

En la opción 8 "*Advanced Options*" se activa el acceso por SSH seleccionando A4 SSH:

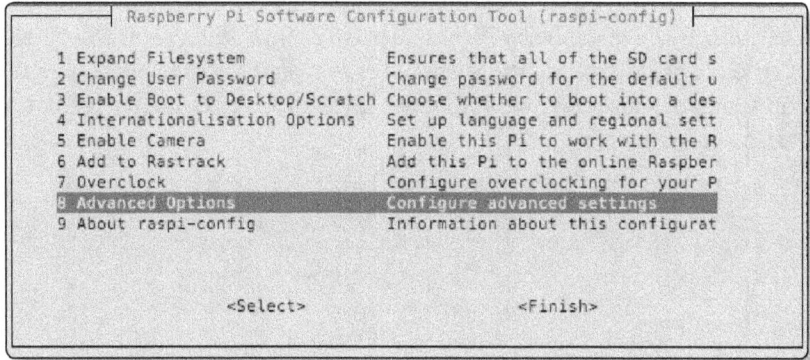

Figura 7.21. Selección de las Opciones Avanzadas en el menú de raspi-config para la activación de SSH.

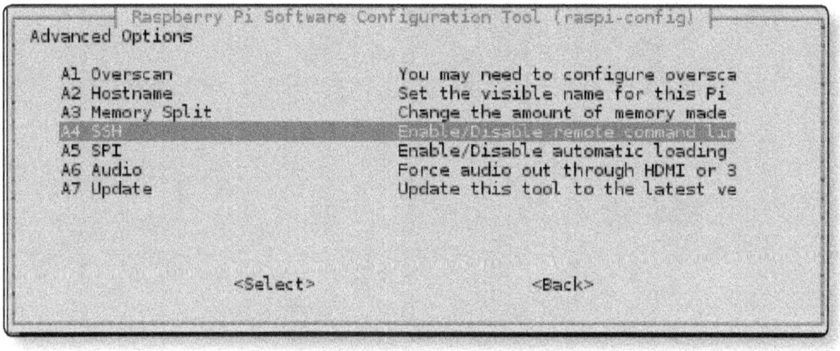

Figura 7.22. Selección de A4 SSH.

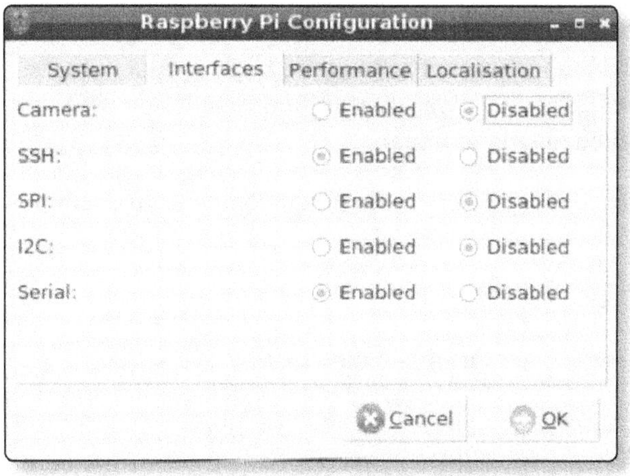

Figura 7.23. Selección de SSH a través de la Interfaz gráfica de raspi-config.

Volviendo a *PuTTY* se crea una nueva conexión indicando la IP (*en Host Name o IP address*) de la Rasberry Pi y el puerto 22. No olvidar tener seleccionada la opción SSH en la pantalla de configuración. En esta pantalla se puede dar un nombre a la sesión y guardar los datos para no tener que volver a completar los datos cada vez que desee conectarse.

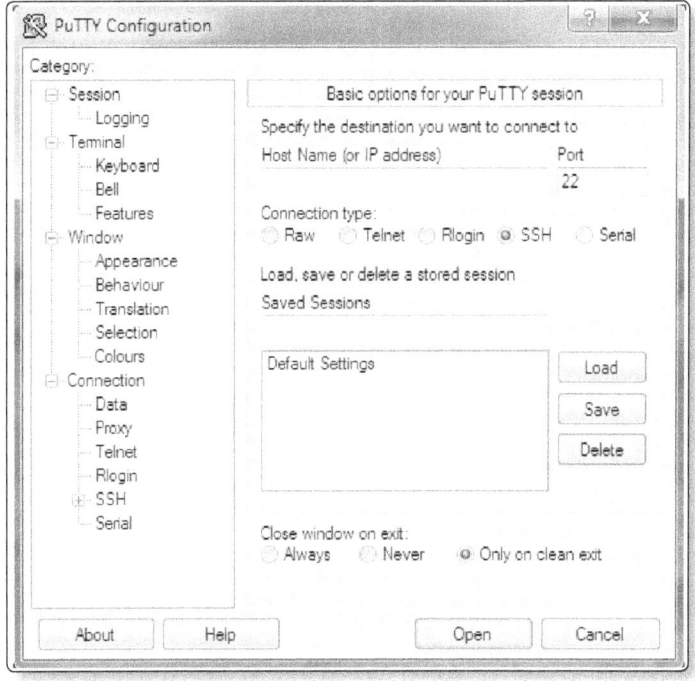

Figura 7.24. Pantalla de conexión remota a Raspberry Pi mediante PuTTY.

Si se establece la conexión, se abrirá una pantalla para introducir el *login* y el *password*. En este momento ya estaremos conectados por SSH a Raspberry Pi y se podrá controlar mediante la terminal.

En el caso de hacer esto desde una máquina Linux, simplemente se escribe el comando:

ssh pi dirección_IP -p 22

donde en *dirección_IP* se escribirá la dirección IP que se tenga.

Finalmente, para cerrar la conexión, escribir *exit*.

En segundo caso, se muestra la conexión a través de VNC (*Virtual Network Computing*). VNC es un programa *Open Source* que permite la conexión a otro ordenador de forma remota a través de la red. En este caso, se realiza visualizando la interfaz gráfica del ordenador que se controla, es decir, que se podrá visualizar y controlar el escritorio de la Raspberry Pi desde el ordenador. VNC está disponible normalmente en cualquier sistema operativo.

VNC consta principalmente de dos herramientas. Por una parte de **VNC Viewer** que permite controlar la Raspberry y por otra **VNC Server**, que viene preinstalado por defecto en la versión PIXEL de Raspbian.

Para iniciar la conexión, en primer lugar, hay que acceder al menú de interfaces de Raspbian y habilitar el servidor de VNC.

La ruta a seguir en el configurador gráfico de Raspbian sería:
Inicio > Preferences > Raspberry Pi Configuration > Interfaces

o bien utilizando la forma de comando:
sudo raspi-config

y dentro de *advance options*.

Cuando se realice esta operación, la aplicación quedará funcionando automáticamente en segundo plano. Dentro del contexto gráfico, arriba a la derecha aparece el icono de la aplicación donde extraer la dirección IP. En el caso de hacerlo con comandos sería con *ifconfig*.

A continuación, hay descargarse el programa *VNC Viewer* desde la web oficial: *https://www.realvnc.com/en/connect/download/viewer/raspberrypi*

Figura 7.25. Pantalla para la descarga de VNC Viewer para Raspberry Pi. https://www.realvnc.com/en/connect/download/viewer/raspberrypi

El programa no es necesario instalarlo.

Cuando se inicie por primera vez, el programa mostrará una ventana de advertencia indicando que no se tiene registro de haber accedido a la Raspberry Pi, y **mostrará una clave y una frase** para comprobar si es la misma que esté facilitada en la aplicación *VNC Viewer*.

A continuación facilitar el nombre de usuario (*pi*) y contraseña (*raspberry*)

Si todos los pasos se han seguido, a continuación se abrirá la ventana con el entorno de escritorio de Raspberry Pi. En ella, se podrá utilizar el ratón y teclado desde el PC como si estuvieses haciéndolo directamente en la placa.

La descarga de VNC Server en caso de que no se tuviese preinstalada, se puede realizar si se desea a través de la conexión SSH que se indica previamente y escribiendo el comando para instalarlo:

sudo apt-get install tightvncserver

Raspberry Pi, permite actuar como servidor y establecer una interconexión con aparatos domésticos, como ordenador, *tablet*, *smartphone*, un portátil a Internet e incluso con la configuración de impresora en red a través de Raspberry Pi.

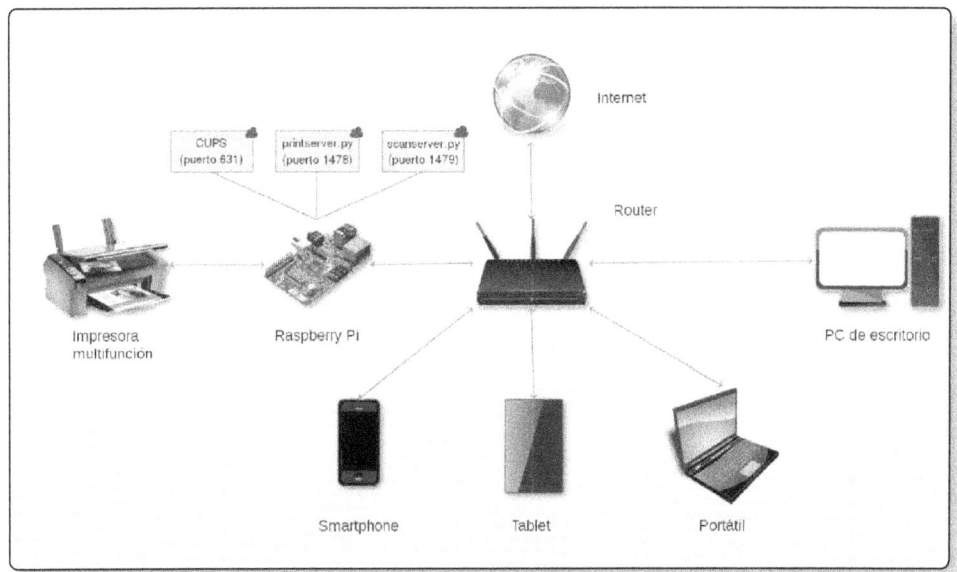

Figura 7.26. Ejemplo de Raspberry Pi como servidor de impresión en los dispositivos domésticos. http://draftidea.tk/impresora-multifuncion-en-red-usando-un-raspberry-pi-cups-y-python-parte-i.

En este ejemplo, Raspberry Pi permite a una impresora multifunción poder imprimir o escanear desde cualquier ordenador de la casa, es decir, crear una impresora en red. Cada ordenador o dispositivo se conectará a la impresora, a través de la misma red de área local (LAN).

7.4 PI STORE

Como ya se ha indicado, el sistema operativo de la Raspberry Pi más común por su funcionalidad y facilidad de uso es la distribución de Linux llamada Raspbian, que incluye los programas comentados para comenzar a trabajar como son el navegador web *Epiphany*, un sencillo editor de textos, la edición especial de *Minecraft* o los visores de imágenes y documentos PDF.

Si se desea añadir programas a la Raspberry Pi se puede utilizar la **Pi Store**, una tienda de aplicaciones muy similar a la del *smartphone* donde se puede encontrar muchas utilidades, juegos y contenidos gratuitos o de pago. Para ello seleccionar "*Pi Store*" de la sección "Internet" en el menú y crear tu cuenta.

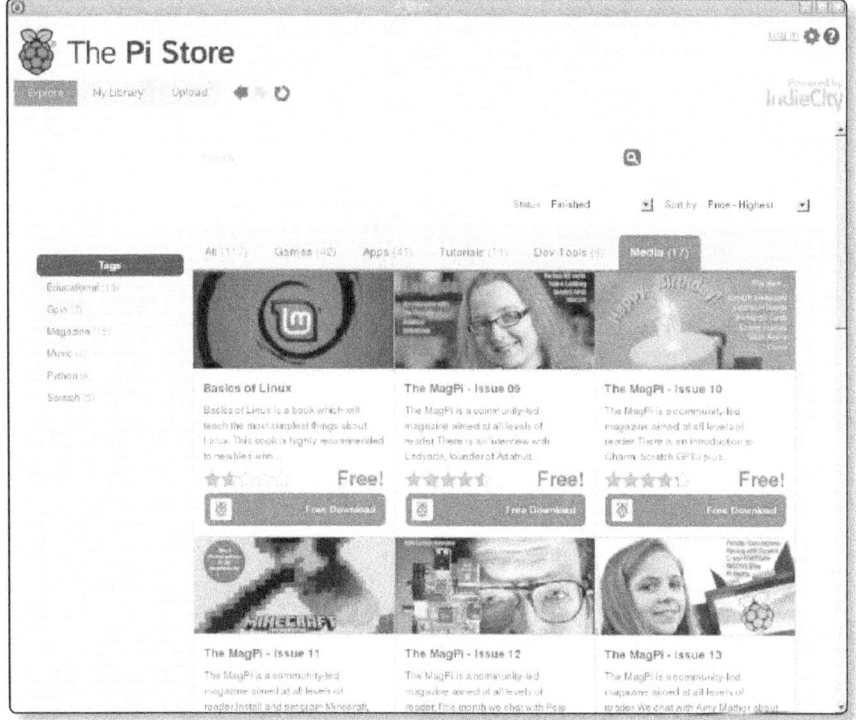

Figura 7.27. Imagen de The Pi Store.

Como alternativa a utilizar la *Pi Store* para descargar e instalar nuevo *software*, se puede utilizar el comando **apt-get**, que es el administrador de software incluido en cualquier distribución de *Linux* basada en *Debian* (eso incluye *Raspbian*).

Para instalar un nuevo programa se utilizaría:

sudo apt-get install <software>

donde *<software>* es el nombre del programa que se va a instalar.

El comando:

sudo apt-get update

actualiza el software disponible para instalar y

sudo apt-get upgrade

instalaría la actualización del software instalado.

Para finalizar:

sudo apt-get remove <software>

desinstala el software indicado.

8

APLICACIONES CON RASPBERRY PI

¡Enhorabuena!, si ya se ha llegado a este capítulo es que está en condiciones de abordar la parte más interesante, la práctica. Aunque no es necesario abordar todo lo anterior para comenzar a trabajar con la Raspberry, sin embargo, el lector que ha llegado hasta aquí tras la lectura del libro tendrá una visión muy global de la misma, conocerá su *hardware* y *software* básico, los tipos de placas, en qué contexto se han desarrollado así como la visión general del desarrollo electrónico que permite a la placa existir.

Para cerrar el ciclo del aprendizaje, el presente capítulo pretende mostrar la parte práctica del conocimiento de la placa Raspberry Pi, así como dar a conocer sus posibilidades como sistema electrónico y de comunicación. El capítulo aborda la tarea desde un punto de vista del entendimiento a la utilización en primer lugar de las aplicaciones con los pines GPIO, comunicación con sensores y actuadores y finalizando por una muestra en aplicaciones reales que pueden encontrarse en Internet. Si bien es cierto, hoy en día en la Internet se puede encontrar todo tipo de aplicaciones, es seguro que el lector, una vez comprendido los diseños básicos que aquí se muestran, será capaz de enfrentarse a cualquier otro diseño e incluso desarrollar los suyos propios. Se trata por tanto aquí, de ofrecer un camino para la comprensión integrada de la parte práctica de una forma orientada y acompañando al lector en el proceso.

Como es lógico, el campo de aplicación es ilimitado, por ello, lo importante es centrarse, en primer lugar, en conocer los fundamentos que de ellos se derivan para luego poder abordar proyectos más complejos desde los conocimientos sencillos. Cualquier desarrollo complejo, puede ser dividido en otros más sencillos.

8.1 APLICACIONES PRÁCTICAS CON GPIO

En primer lugar se muestra la práctica de la parte más relacionada con el *hardware*, las GPIO.

8.1.1 Encendido de un LED

Para comenzar, se analizará uno de los proyectos habituales en sistemas de *hardware* libre de bajo coste, como en el caso presente con Raspberry Pi. Ello permite establecer un primer contacto con las GPIO de la placa y su programación.

Para el diseño y sus imágenes, se utilizará en el presente libro la aplicación de *software* libre *fritzing* (*fritzing.org*).

Para una mejor puesta en marcha de la práctica, se puede utilizar un tablero electrónico o también llamado *protoboard, breadboard* o *placa board*. El *protoboard* permite la conexión de los diferentes componentes electrónicos sin la necesidad de soldar siendo muy útil para la experimentación con circuitos.

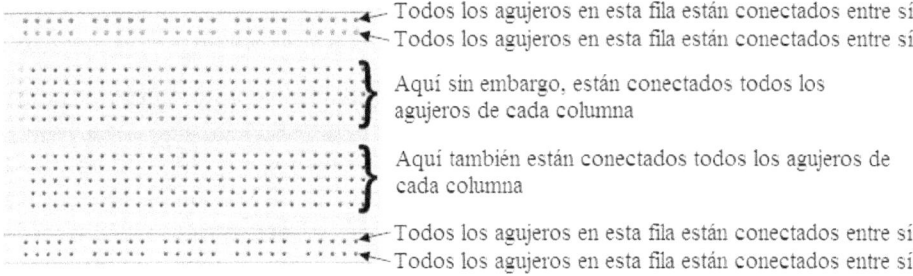

Figura 8.1. Estructura de un Protoboard.

Para realizar el primer circuito de encendido con *Led*, aparte de la placa y un *Led,* se utilizará una resistencia y dos cables. La resistencia tiene la misión de limitar la corriente para proteger al LED ya que este si no, podría quemarse.

Para escoger la resistencia adecuada es necesario conocer la corriente de trabajo del LED, es decir, la máxima corriente que puede circular a través del dispositivo sin dañarlo, normalmente en miliamperios (mA).

En el mercado electrónico se puede adquirir un LED con características de 10 mA de corriente de trabajo y tensión de 1,5 V. En este caso, teniendo en cuenta la Ley de Ohm:

$$R = \frac{V_{a\lim entación} - V_{diodo}}{I}$$

donde V es la tensión o voltaje e I es la intensidad, se tendría que instalar en el circuito una resistencia con el siguiente valor:

$$R = \frac{3,3V - 1,5V}{0,03mA} = 60\Omega$$

Es decir, que para que el LED funcione correctamente sin temor a que se queme al poco rato, se tendría que instalar en el circuito una resistencia de 60 Ω. Sin embargo, en el mercado, a nivel comercial, la resistencia más cercana a este valor es 68 Ω.

x 1	x 10	x 100	x 1.000 (K)	x 10.000 (10K)	x 100.000 (100K)	x 1.000.000 (M)
1 Ω	10 Ω	100 Ω	1 KΩ	10 KΩ	100 KΩ	1 MΩ
1,2 Ω	12 Ω	120 Ω	1K2 Ω	12 KΩ	120 KΩ	1M2 Ω
1,5 Ω	15 Ω	150 Ω	1K5 Ω	15 KΩ	150 KΩ	1M5 Ω
1,8 Ω	18 Ω	180 Ω	1K8 Ω	18 KΩ	180 KΩ	1M8 Ω
2,2 Ω	22 Ω	220 Ω	2K2 Ω	22 KΩ	220 KΩ	2M2 Ω
2,7 Ω	27 Ω	270 Ω	2K7 Ω	27 KΩ	270 KΩ	2M7 Ω
3,3 Ω	33 Ω	330 Ω	3K3 Ω	33 KΩ	330 KΩ	3M3 Ω
3,9 Ω	39 Ω	390 Ω	3K9 Ω	39 KΩ	390 KΩ	3M9 Ω
4,7 Ω	47 Ω	470 Ω	4K7 Ω	47 KΩ	470 KΩ	4M7 Ω
5,1 Ω	51 Ω	510 Ω	5K1 Ω	51 KΩ	510 KΩ	5M1 Ω
5,6 Ω	56 Ω	560 Ω	5K6 Ω	56 KΩ	560 KΩ	5M6 Ω
6,8 Ω	68 Ω	680 Ω	6K8 Ω	68 KΩ	680 KΩ	6M8 Ω
8,2 Ω	82 Ω	820 Ω	8K2 Ω	82 KΩ	820 KΩ	8M2 Ω
						10M Ω

Figura 8.2. Valores estándares de resistencias.

Esto no supone un problema, ya que podemos adaptar el diseño a una resistencia de 68 Ω sin que apenas se aprecie la diferencia en la iluminación del *Led*.

Una vez que se dispone del valor de la resistencia, ya se puede montar el circuito como sigue a continuación:

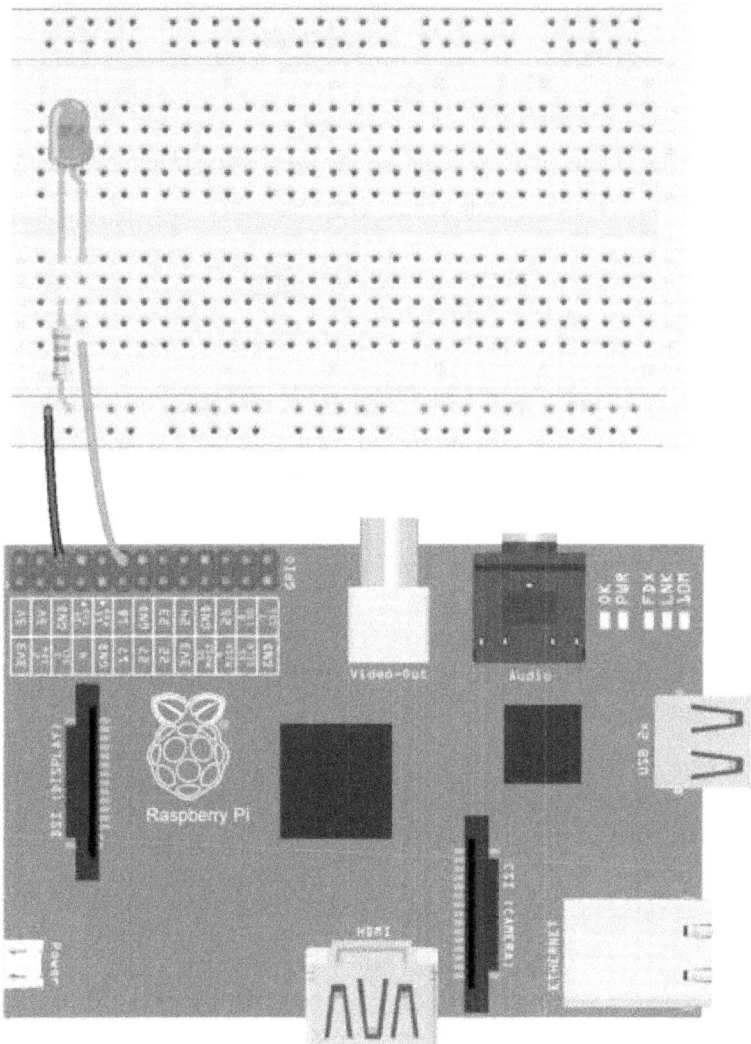

Figura 8.3. Circuito para el encendido de un LED con Raspberry Pi utilizando la herramienta de diseño Fritzing.

Para ello, se conecta un cable en el Pin GPIO 18 y otro en el pin de masa, o tierra (GND) que corresponde al *pin* 6. El GPIO 18 es un pin de propósito general se configurará como salida y se corresponde con la patilla 12. Hay que recordar que no se corresponde normalmente la numeración de orden de las patillas con el número de GPIO. Para ello se puede revisar el mapa siguiente:

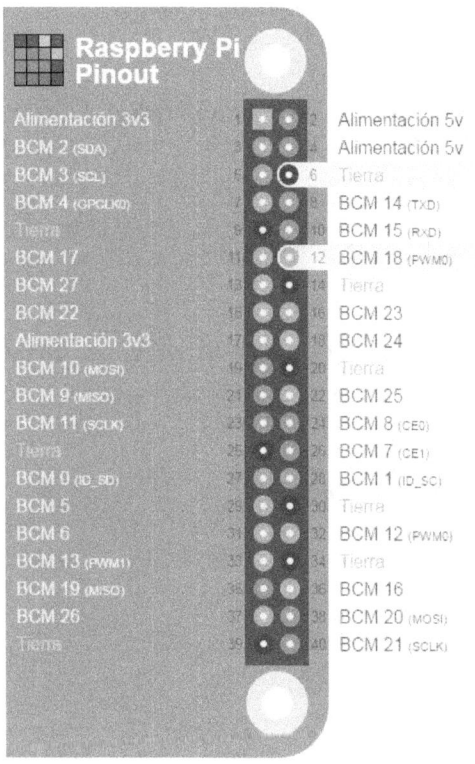

Figura 8.4. Mapa de pines GPIO y su correspondencia con BCM (https://es.pinout.xyz).

Para poder utilizar y controlar el puerto GPIO, es necesario indicar al microprocesador, cuando se realice la programación, si la librería que se va a utilizar es a modo BOARD (donde la numeración se basa en el orden de los pines de arriba a abajo) o a modo BMC (que utiliza el número de pin GPIO correspondiente). Como ejemplo, el pin BCM 18, corresponde al BOARD 12.

Una vez terminado de instalar el circuito, se podrá iniciar su programación ya. Los pines de GPIO de Raspberry Pi se encontrarán apagados a no ser que se programe para que su funcionamiento activo. Para la escritura del programa y activar los pines, se puede utilizar el editor de texto plano o *software* IDLE visto anteriormente con *Python* como se desarrolla en el presente ejemplo.

Para utilizar el puerto GPIO de la placa, es necesario importar la librería a al proyecto escribiendo la siguiente línea y recordando que *Python* es sensible a mayúsculas y minúsculas:

import Rpi.GPIO as GPIO

A continuación se importa el módulo de tiempo

import time

Después se configura el modo BCM o BOARD. En el presente caso se hará con BCM:

GPIO.setmode (GPIO.BCM)

y finalmente se configura al pin 18 como salida:

GPIO.setup (18,GPIO.OUT)

A continuación se muestra el código del programa completo que se llamará aquí *ejemploLed.py*:

*import RPi.GPIO as GPIO
import time
GPIO.setmode(GPIO.BCM)
GPIO.setwarnings(False)
GPIO.setup(18,GPIO.OUT)
print "LED endendido"
GPIO.output(18,GPIO.HIGH)
time.sleep(1)
print "LED apagado"
GPIO.output(18,GPIO.LOW)*

Para ejecutar el código se puede hacer escribiendo en la terminal:

sudo python ejemploLed.py

Normalmente la mayoría de las distribuciones Linux para Raspberry Pi limitan el uso del puerto GPIO al usuario **root** por lo que es necesario utilizar el comando *sudo* para su ejecución.

La sentencia *GPIO.setwarnings (False)* le indica a Python no escribir en la pantalla mensajes de aviso, esta sentencia es opcional.

A continuación se configuró al pin 18 como salida y se indicó que se escribiese en pantalla "Led encendido". Para ello se indica al pin 18 como *HIGH* o activo y se le pide que esté así durante 1 segundo. Luego aparecerá instantáneamente el mensaje de "Led apagado" y para ello, se le indica estado *LOW*.

Con la idea de facilitar las conexiones a los pines de la Raspberry Pi, existen en el mercado a disposición del usuario diferentes elementos *hardware* que hacen más sencilla la conexión y la organización de los cables. Estos elementos no son necesarios para el desarrollo de los ejemplos, pero hacen más sencilla la tarea organizativa de conexión de los cables y elementos electrónicos.

Para ello, se dispone de *Adafruit T-Cobbler Plus for Raspberry Pi* que se trata de un adaptador que conecta los pines de la placa a la matriz de conexiones a través de un cable paralelo, como se puede ver en las siguientes imágenes:

Figura 8.5. Adaptador Adafruit T-Cobbler Plus (https://ryanteck.uk/home/153-adafruit-pi-t-cobbler-plus-kit-breakout-for-raspberry-pi-32abzero.html).

Figura 8.6. Adaptador Pi T-Cobbler - bu adafruit (Modelo solo válido para A y B). Ejemplo de instalación en la breadboard. (http://www.canadarobotix.com/raspberry-pi-board/adafruit-pi-t-cobbler-breakout-kit-for-raspberry-pi).

La programación de la placa, podía ser realizada a través del ordenador conectado a ella en red, para ello se tendrá que tener esta conectada a través del cable Ethernet o bien mediante wifi.

Se recuerda aquí que para encontrar la RPi se puede utilizar entre otros el *software Putty*, que permitía conectarse por SSH a la placa y así utilizar el terminal que permite ejecutar los comandos.

Si se abre *putty* y se conecta a la placa Raspberry Pi:

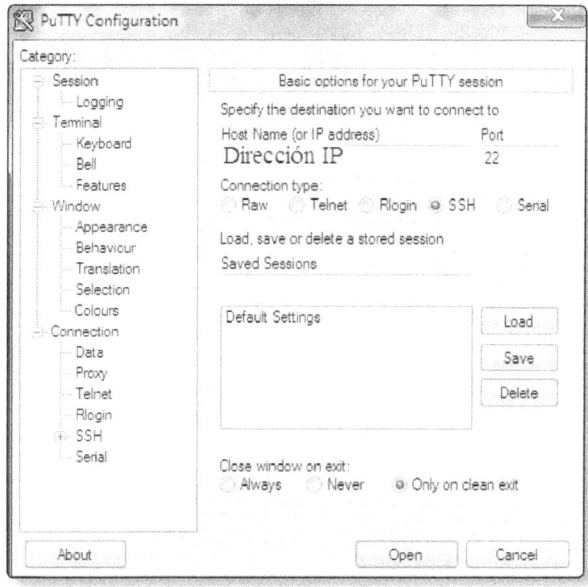

Figura 8.7. Ejemplo de conexión a Raspberry con PuTTY.

Una vez facilitados el usuario y la contraseña ya se puede trabajar con la Terminal.

Figura 8.8. Pantalla ejemplo de conexión a Raspberry con PuTTY.

Una vez realizada esta conexión, se puede crear una carpeta para situar los archivos de *python* que se realicen. Como ejemplo, se puede crear una carpeta de prácticas como sigue:

cd Desktop/
mkdir practicas

Si se desea utilizar otro editor de textos como *nano,* se podrían crean los dos ficheros de *python* para encender y apagar los LED de la siguiente manera.

nano led_on.py
nano led_off.py

Dentro del fichero *led_on.py* se puede escribir el programa ya indicado para su programación y se puede crear el fichero *led_off.py* para apagarlo modificando las líneas de código correspondientes.

El programa *led_on.py* podría ser de la siguiente manera:

import RPi.GPIO as GPIO
GPIO.setmode(GPIO.BCM
GPIO.setwarnings(False)
GPIO.setup(18,GPIO.OUT)
print "Encender LEDS"
GPIO.output(18,GPIO.HIGH)

Y para el programa *led_off.py*, sería:

print "Apagar LEDS"
GPIO.output(18,GPIO.LOW)

Para ejecutar el programa se escribiría:

sudo python led_on.py

y el programa *led_off.py* posteriormente

8.1.2 Encendido de un LED utilizando la consola

Como ya se ha indicado, Raspberry Pi permite programar sus GPIO a través de la terminal utilizando sencillos *scripts* y comandos, aparte de las diversas herramientas como *python* que es la que más se utiliza aquí por ser la más extendida, *Java*, C, etc.

Los puertos GPIO, para Raspberry Pi, son tratados como un fichero más, y por tanto se pueden utilizar los comandos básicos de la consola para gestionarlos.

En el caso del control de un LED se puede acceder a la consola y escribir lo siguiente:

echo 18 > /sys/class/gpio/export // 18 sería el pin a tratar

Con esta línea se crea un fichero con la estructura del GPIO correspondiente para que pueda ser manipulado. Posteriormente se configura como una entrada o salida. Para encender el *Led*, lo configuramos como salida.

El comando *echo* en Linux es una de las instrucciones más simples de la *shell*. Se encarga de repetir o desplegar en la salida cualquier argumento que se le indique y posteriormente saltar una línea.

echo out > /sys/class/gpio/gpio18/direction

Y después se pueden manipular mediante:

echo 1 > /sys/class/gpio/gpio18/value
echo 0 > /sys/class/gpio/gpio18/value

Si se desea hacer una lista de los GPIOs que están activos en ese momento, se escribiría el siguiente código:

cd/sys/class/gpio
ls

También es interesante conocer la posibilidad de la utilización de **bash** con *nano*, como intérprete que permite crear un *script* sin la necesidad de utilizar ninguna interfaz gráfica ni tampoco escribir los comandos uno a uno mediante el siguiente ejemplo:

#!/bin/bash
source gpio
gpio mode 18 out
while true; do
gpio write 18 1
sleep 1.3
gpio write 18 0
sleep 1.3
done

Se guarda el texto en un fichero denominado, por ejemplo, *EncenderLed.sh* y cuando se abre, se sitúa en el directorio donde haya sido guardado para proceder a su ejecución.

8.1.3 Encendido de un LED utilizando Scratch

Con Raspbian también se dispone del *software Scratch* que se podrá utilizar también para la programación de las GPIO. Si no dispone de ello, se puede instalar el complemento *ScratchGPIO* de la siguiente forma:

sudo wget http://goo.gl/Pthh62 -O in stall_scratchgpio5.sh
sudo bash install_scratchgpio5.sh

En la siguiente figura se muestra un ejemplo de programa en *Scratch* para el encendido y apagado de un LED cada 1,3 segundos:

Figura 8.9. Programa en Scratch para encender y apagar un LED cada 1,3 segundos.

En el presente libro, se centrará la programación práctica con *Python,* no obstante, si el lector desea profundizar en aplicaciones *Scratch* con GPIOs puede consultar la siguiente Web de la página oficial de Raspberry:

https://www.raspberrypi.org/magpi-issues/Essentials_Scratch_v1.pdf

8.1.4 Encendido de un LED utilizando Java

Para presentar las posibilidades que la programación de los familiarizados con el leguaje *Java* pueden encontrar con *Raspberry Pi*, también se muestra a continuación el programa para el encendido del LED mediante este lenguaje (el ejemplo completo también puede consultarse desde *https://picodotdev.github.io/blog-bitix*).

Para la presente aplicación, se utilizará la librería *Diozero* (*http://www.diozero.com/en/latest*) que ofrece a los programas Java el acceso a los pines GPIO de la diferentes versiones de la Raspberry Pi.

La librería *Diozero* está preparada para dispositivos LED, botones, sensores, motores y pantallas entre otros a través de GPIO, I2C o SPI. Esta librería también puede ser utilizada en otras placas de *Hardware* libre como *BeagleBone Black* o *Odroid C2*.

Hay que recordar de qué modelo de placa se dispone ya que puede haber pequeña diferencia en los pines. En este ejemplo se usará la nomenclatura *Broadcom* para identificar los pines.

El ejemplo consiste en activar y apagar el *pin* sucesivamente en un bucle y usar el método *Thread.sleep* para que pase unos segundos entre uno y otro. El programa en *Java*, podría ser el siguiente:

```java
import com.diozero.LED;
public class EncApa {
 public static void main(String [] args) throws InterruptedException {
   try (LED led = new LED(18)) {
    for (int i = 0; i < 10; i++) {
        led.on();
        Thread.sleep(3000);
        led.off();
        Thread.sleep(3000);
    }
   }
 }
}
```

8.1.5 Combinación pulsador/LED

En primer lugar, se muestra en esta sección que es posible acceder también a la consola interactiva de *python* directamente mediante el comando:

python

en la ventana de la terminal.

Desde ahí se podrán guardar también los *scripts* que se vayan creando en *python* y estos podrán ejecutarse mediante el siguiente comando:

python el_programa_creado.py

Volviendo al ejemplo, para encender un LED cuando sea pulsado un botón, en primer lugar hay que detectar este botón.

Para detectar un botón se podría escribir el siguiente programa:

import RPI.GPIO as GPIO
GPIO.setmode (GPIO.BCM)
GPIO.setup (18, GPIO.IN)
    while True:
    valor_entrada = GPIO.input (18)
    if valor_entrada == False:
    print ("El botón se ha pulsado")
    while valor_entrada == False:
        valor_entrada = GPIO.input (18)

La primera parte del programa ya es conocida, en el caso de

valor_entrada = GPIO.input (18)

se le está indicando que cree una nueva variable llamada *valor_entrada* y que se le asigne el valor actual del GPIO 18.

De esta forma, se puede avanzar con la programación para la detección de la pulsación del botón. A continuación se incluye el *Led*, pero en este caso y para su programación, se va a introducir la librería *gpiozero*.

Es interesante aquí presentar la librería *gpiozero*. La librería *gpiozero* permite mediante una interfaz sencilla la programación de las GPIO en *Raspberry Pi*. Fue creada por Ben Nuttall de la *fundación Rasbperry*, Dave Jones y otros.

Esta librería está ya instalada por defecto en el sistema operativo *Raspbian Jessie* y *Raspbian x86*, no obstante si necesita instalarlas se puede hacer mediante los siguientes comandos:

sudo apt update
sudo apt install python3-gpiozero

que instala el paquete para *python* 3 o también para *python 2,* sería:

sudo apt install python-gpiozero

En seguida se muestra cómo sería el programa en caso del encendido de un *Led* utilizando la librería *gpiozero*, donde se podrá apreciar la sencillez y lo intuitivo que llega a ser:

from gpiozero import LED
from time import sleep
led = LED(18)
while True:
  led.on()
  sleep(1)
  led.off()
  sleep(1)

Ahora ya se está en condiciones de presentar el programa completo de la combinación de un LED y un botón utilizando la librería *gpiozero*. Como se ha podido comprobar, al mismo camino se puede llegar por varias partes, pero al final se trata de mostrar las diferentes posibilidades de las herramientas que se han creado para hacer más sencilla la tarea del desarrollador.

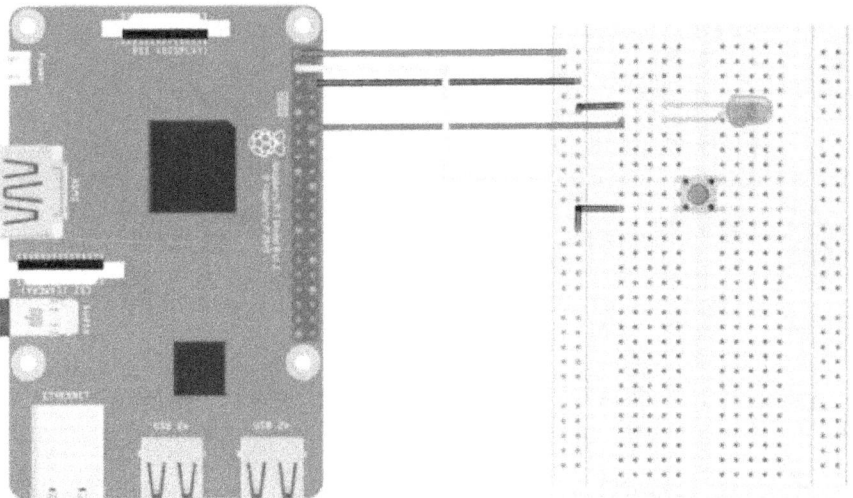

Figura 8.10. Conexión básica para el encendido de un LED con un pulsador. Desarrollado con fritzing.

Para la detección de la pulsación de un botón se tiene con *gpiozero* el siguiente programa:

from gpiozero import Button
button = Button(2)
while True:

if button.is_pressed:
  print("Button is pressed")
else:
  print("Button is not pressed")

Y para el encendido del LED cuando el botón está pulsado finalmente el siguiente:

from gpiozero import LED, Button
from signal import pause
led = LED(18)
button = Button(2)
button.when_pressed = led.on
button.when_released = led.off
pause()

Se puede comprobar la sencillez y rapidez de utilizar esta librería, sin embargo.

A continuación se cita un ejemplo en el que se puede elegir encender uno de los dos LED instalados. Este ejemplo también se puede verse en la página de *modmypi.com* donde el lector también encontrará otros ejemplos para iniciarse en la utilización de los GPIO.

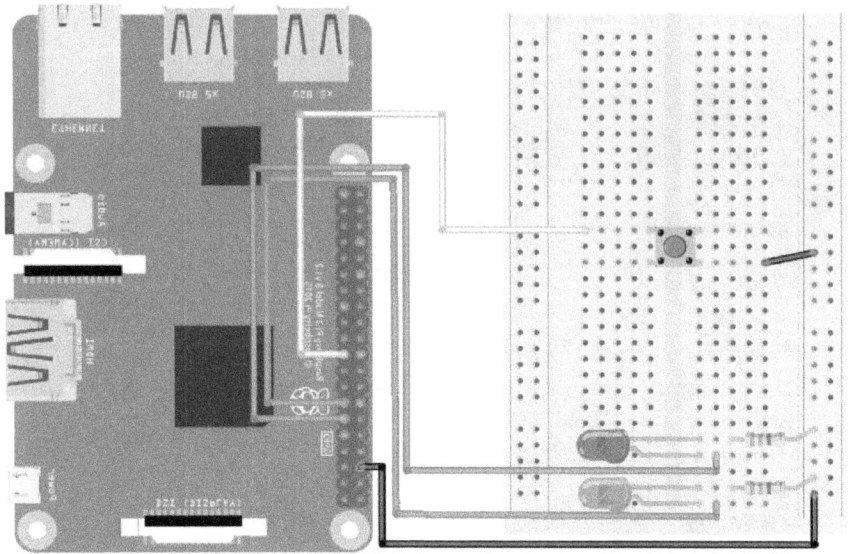

Figura 8.11. Conexión básica para el encendido de dos LED. Desarrollado con fritzing.

El programa quedaría de la siguiente manera:

```
import os
from time import sleep
import RPi.GPIO as GPIO

GPIO.setmode(GPIO.BCM)

GPIO.setup(17,GPIO.OUT)
GPIO.setup(27,GPIO.OUT)

#Configuración de variables para la entrada del usuario
elige_led = 0
contador = 0

os.system('clear')
print "¿Qué LED te gustaría encender"
print "1: Rojo"
print "2: Azul"

led_choice = input("Elige tu opción: ")

if elige_led == 1:
  os.system('clear')
  print "Has elegido el LED rojo"
  count = input("¿cuántas veces te gustaría que se encendiera? ")
  while contador > 0:
    GPIO.output(27,GPIO.HIGH)
    sleep(1)
    GPIO.output(27,GPIO.LOW)
    sleep(1)
    count = count - 1

if elige_led == 2:
  os.system('clear')
  print "Has elegido el LED azul"
  count = input("¿cuántas veces te gustaría que se encendiera? ")
  while contador > 0:
    GPIO.output(17,GPIO.HIGH)
    sleep(1)
    GPIO.output(17,GPIO.LOW)
    sleep(1)
    count = count - 1
```

En este ejemplo, se ha utilizado la librería *os*. Este módulo permite acceder a funcionalidades dependientes del sistema operativo. Sobre todo, aquellas que ofrecen información sobre el entorno del mismo y permiten manipular la estructura de directorios (para leer y escribir archivos). En el presente ejemplo, se ha utilizado para limpiar el texto de la pantalla.

8.1.6 Lectura de sensores. Midiendo temperatura

Las comunicaciones de datos entre procesos y sistemas se han convertido en una parte importante de nuestra sociedad y también ahora dentro del *Internet* de las cosas. La lectura de sensores es algo fundamental para informar a los diferentes programas de análisis de datos de cómo es el sistema físico que se desea estudiar.

Debido a sus *pines*, sus conexiones serial y USB la Raspberry Pi puede conectarse a sensores de:

- pH.
- Temperatura.
- Humedad.
- Conductividad eléctrica.
- Calidad del aire.
- Humedad del suelo.
- Estaciones meteorológicas.

En realidad cualquier sensor puede ser conectado a la Raspberry Pi, incluso sensores análogos a través de tarjetas Arduino.

En el presente ejemplo, se muestra la lectura de un sensor de temperatura con Raspberry Pi, para ofrecer así, la dinámica de cómo se realiza este tipo de tareas.

Para ello, en primer lugar se muestra un sensor habitual para este tipo de actividad, el sensor DS18B20 en el que es posible obtener una lectura de temperatura fácil y precisa. Se trata de un sensor de bajo coste y con una precisión de +/- 0,5°.

Figura 8.12. Imagen de un modalidad del sensor Dallas DS18B20.

DS18B20 utiliza el protocolo de comunicación *1-Wire*. Este protocolo de comunicación, también conocido como *Micro Lan*, se trata de un bus de bajo coste basado en ordenador PC o microcontrolador para la comunicación digital. Su principal característica es que se compone de un único conductor, más otro retorno o masa, al que se encuentran conectados los diferentes dispositivos. También permite distancias elevadas. El límite de dispositivos a conectar dependerá del tipo, longitud del cableado pero se suele poder llegar a conectar hasta 2000 dispositivos si lo permite el *master*.

Para la implementación de este protocolo, se requiere una resistencia *pull-up* conectada a la alimentación y que le proporciona esta.

El sensor puede venir en diferentes formas y tamaños. Normalmente hay 3 posibles formas principales entre las que destaca la forma de 8-Pin SO, 8-Pin μSOP, y el de 3-Pin TO-92 (que es usado en el presente ejemplo. Estos sensores pueden ser adquiridos en las diferentes plataformas de comercialización de productos a través de Internet.

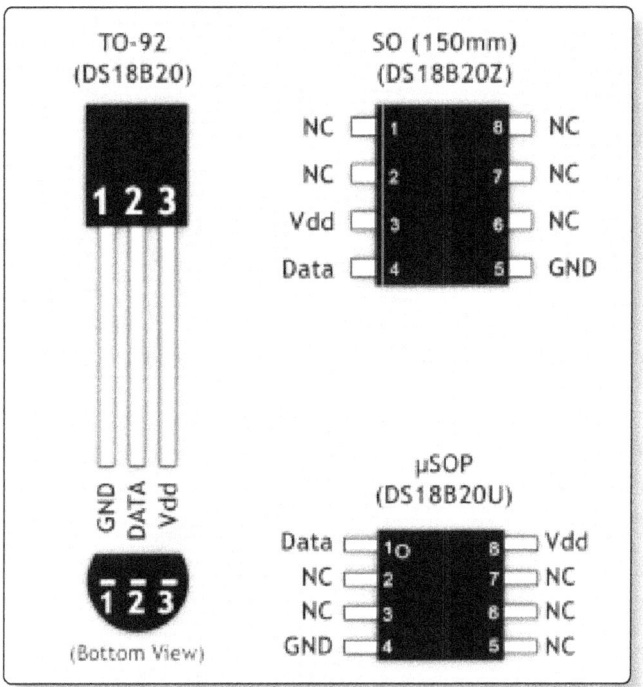

Figura 8.13. Embalajes del sensor Dallas DS18B20.

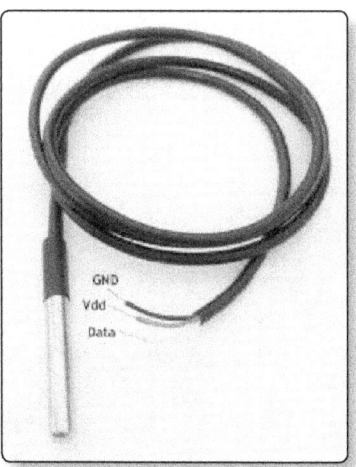

Figura 8.14. Sensor DS18B20 con embalaje.

La alimentación del sensor se podrá hacer utilizando el pin de 3,3 v del conector GPIO (*pin* 1) al cable de alimentación del sensor, que si se dispone del mismo con embalaje, será de color rojo (*Vdd*) o el pin de la izquierda del sensor si se dispone de la forma de transistor. La masa, al *pin* 6 del GPIO (color negro) o al pin de la derecha del sensor. Y por último, la salida de datos se conectará al *pin* 4, (cable amarillo) o al pin del medio del sensor. Para terminar el montaje, tendrá que utilizarse la resistencia de 4,7 KΩ entre el *pin* positivo del sensor y el *pin* de datos.

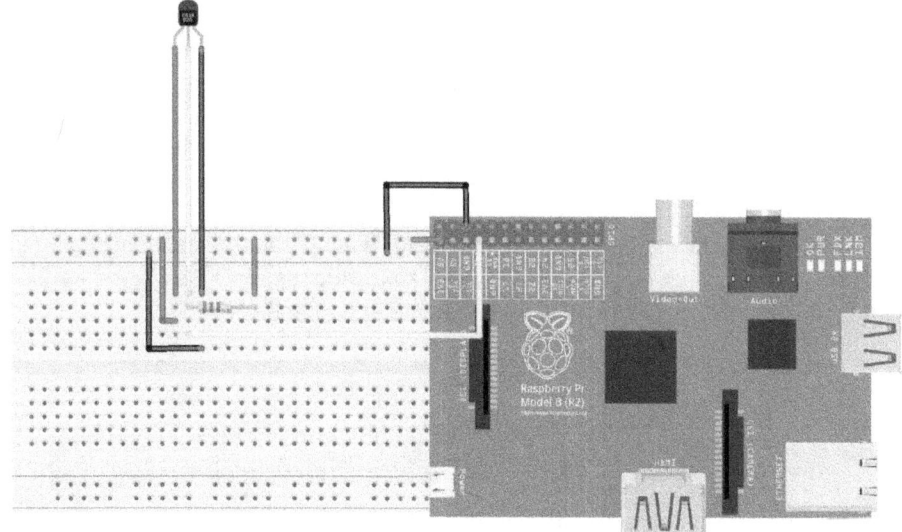

Figura 8.15. Esquema de montaje del sensor DS18B20 con un Raspberry Pi. Imagen realizada con Fritzing.

Como se indicaba, el sensor DS18B20, al utilizar el protocolo *1-Wire* permite conectar a varios sensores al mismo canal sin tener que ocupar más *pines* de datos. En el ejemplo se muestra el montaje de varios sensores DS18B20 a una Raspberry Pi.

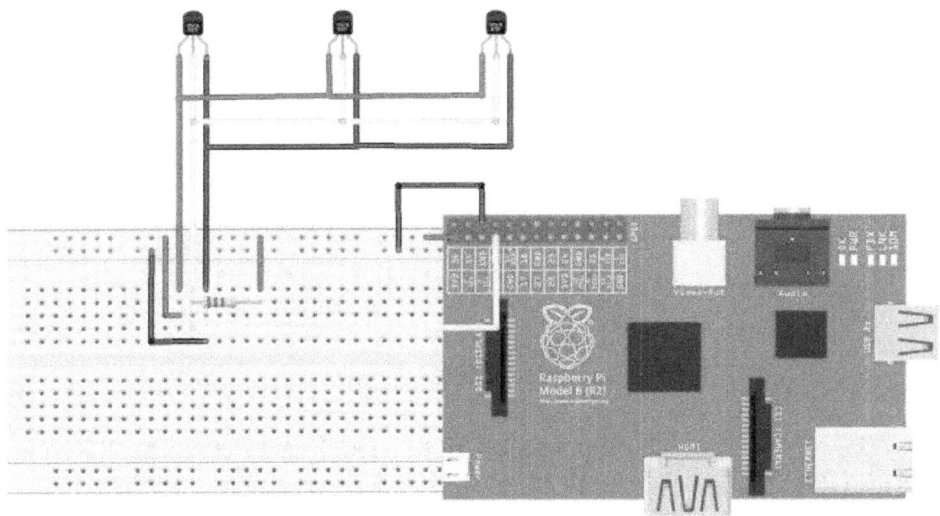

Figura 8.16. Montaje de varios sensores DS18B20 a una Raspberry Pi. Imagen realizada con Fritzing.

La forma de trabajar la Raspberry Pi con el sensor de temperatura DS18B20 es creando un fichero, donde el sensor escribe los datos devueltos. Esta comunicación se realiza mediante el bus *1-Wire*.

Para leer los datos proporcionados por el sensor, se tendrá que acceder a cada una de las carpetas y leer los datos que hay dentro del fichero "*w1-slave*". En este fichero aparece el valor de la temperatura leída por el sensor por 1000, es decir, para obtener el valor real de la temperatura, en ese caso, se debería dividir el valor entre 1000.

El driver para manejo de estos dispositivos en Linux se encuentra cargado dentro del *kernel* y es necesario activarlo antes de usarlo. Para esto se hace modificando el archivo */boot/config.txt* mediante el comando.

sudo nano /boot/config.txt

y editando la siguiente línea al final del archivo:

dtoverlay=w1-gpio

Se guarda el archivo y se reinicia para que se ejecuten los cambios y se pueda utilizar los dispositivos *1-Wire*.

Si se desea comprobar el funcionamiento del sensor, se ejecutará los siguientes comandos desde la consola de terminal:

sudo modprobe w1-gpio
sudo modprobe w1-therm

Si no presenta ningún error, es que todo ha ido bien.

Con el comando

cd /sys/bus/w1/devices

Es decir, dentro de los dispositivos w1, en la carpeta *devices*

Listando el directorio, se verá que existe una carpeta que inicia con "28-". Esta carpeta corresponde al sensor de temperatura, ya que el *driver* la incluye como una entrada en el sistema de archivos.

Si se quiere verificar que el sensor muestre las lecturas correctamente, Se puede hacer dentro de la carpeta del sensor y viendo el contenido *w1_slave*.

A continuación se muestra un programa de ejemplo para la lectura de un sensor:

```
# programa sensor.py
# leer sensor e imprimir valor de temperatura
dir="/sys/bus/w1/devices/"
 codigo="28-80000007f6cd"
archivo="/w1_slave"
rutaFinal=dir+codigo+archivo
f=open(rutaFinal, "r")
contLinea=0
        while True:
                linea=f.readline()
                if not linea: break
                if contLinea==0:
                        datoValido=linea[-4:-1]
                        if datoValido=="YES":
                                linea=f.readline()
                                datoTemp=linea[-6:-1]
                                tempInt=int(datoTemp)
                                temperatura=tempInt/1000.0
                print "La temperatura actual es: " + str(temperatura)
# fin del programa
```

El presente código abre el archivo *w1_slave* en la ruta determinada por el código del sensor, luego lee la primera línea del archivo comprobando si es correcta con "YES". Y por último realiza la lectura de los dígitos del final de la segunda línea dividiéndolo por 1000, para la obtención del valor en grados centígrados.

Si se tienen más sensores instalados, mediante el comando:

ls /sys/bus/w1/devices/

Se puede comprobar la lectura de los sensores que se tienen instalados en caso de tener más de uno. Para ello, ver cuántas carpetas con el inicio "28" se disponen dentro del directorio. Cada una de estas carpetas que comienzan por "28" corresponderá con el número de serie del sensor de temperatura.

También podría ser programado de la siguiente manera de forma completa con *Python* con resultado análogo.

En primer lugar, añadir las librerías, para el manejo de ficheros y directorios del sistema.

import os

import glob

Después hay que cargar los módulos para utilizar el bus *1-Wire* del conector GPIO del Raspberry Pi.

os.system ('modprobe w1-gpio')

os.system('modprobe w1-therm')

A continuación cargar la ruta donde se encuentra el sensor.

Carpeta_Sensor = glob.glob('/sys/bus/w1/devices/' + '28*')[0]

Con esta línea se carga el nombre del primer sensor de la lista disponible, para cargar las demás rutas habría que cambiar "[0]" por la posición deseada.

Después se realiza la lectura del fichero "*w1_slave*", para leer el valor de la temperatura del sensor.

SensorDoc = open(Carpeta_Sensor + ',/w1_slave' 'r')
lineaSensor = SensorDoc.readlines()
SensorDoc.close()

Una vez que ya se dispone del contenido del fichero, se busca el parámetro "*t*" donde esté la temperatura y se divide por 1000, para obtener el valor real.

posicionTemp = lineaSensor[1].find('t=')
if posicionTemp != -1:
Temp = lines[1][posicionTemp+2:]
Temperatura = float(Temp) / 1000.0

Y de esta forma, se dispondría del valor del sensor, con su valor real, dentro de la variable "Temperatura".

8.1.7 Control de motores

En esta sección se va a tratar de ofrecer cómo programar y controlar motores básicos. Esta parte es muy utilizada para la micro-robótica y los usuarios que deseen explorar entre otros aplicaciones con *robots* en movimiento.

En primer lugar, se avanza con un ejemplo habitual para el control directo de un motor con la ayuda de un controlador, en concreto el L293D.

Los motores DC son componentes que necesitan bastante corriente en comparación con la de un *Led* para funcionar e incluso en ocasiones necesitan voltajes superiores a los típicos de nuestra placa. Para ello, se puede utilizar una interfaz entre la Raspberry Pi y el motor que le facilite la corriente que necesite aislando y protegiendo la placa. El controlador o *driver* L293D utilizado en este ejemplo, puede trabajar con motores de hasta 1A.

Figura 8.17. Chip controlador de motores L293D.

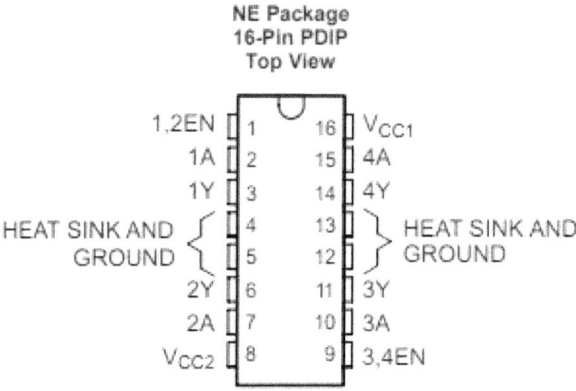

Figura 8.18. Configuración de los pines del chip L293D por Texas Instruments. http://www.ti.com/lit/ds/symlink/l293.pdf.

Estas van a ser las conexiones entre el controlador L293D y la placa Raspberry Pi.

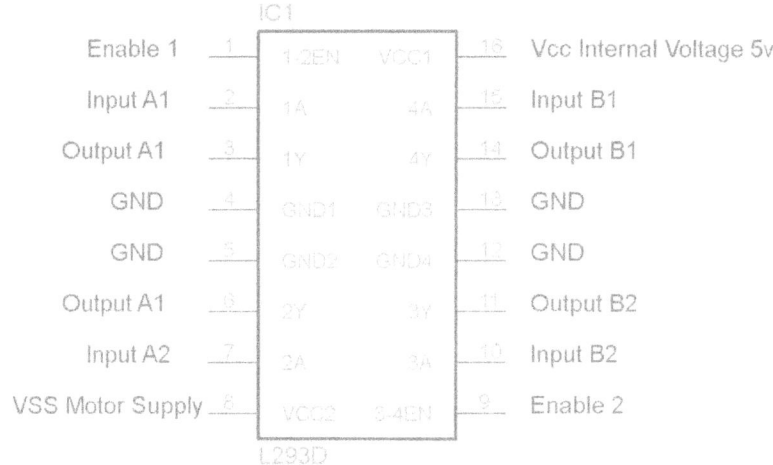

Figura 8.19. Diagrama general de pines L293D http://www.rakeshmondal.info/L293D-Motor-Driver

El pin *LOGIC* o *VCC1* establece el nivel lógico (3.3 v o 5 v) con que el que se va a trabajar. El *pin Vcc* es la alimentación de los motores. Se conecta a la batería ya que Raspberry Pi no saca la suficiente intensidad para alimentar ningún motor. Esto configura el voltaje máximo de control que recibirá el controlador: cuándo se proporciona 3.3 v en los pines *Input-1*, *Input-2* o *Enable-1*, el motor girará a máxima potencia.

El controlador L293D permite controlar uno o dos motores (A y B) por ello dispone de *Input-A1* e *Input-A2*.

El pin *Enable-1* activa el motor de la izquierda. Los pines *Input-1* y *Input-2* cambian la dirección de giro del motor.

Si ambos pines *Input-1* e *Input-2* están a *LOW* o a *HIGH* a la vez, el motor se pararía. Si *Input-1* está a *LOW* e *Input-2* está a *HIGH*, el motor gira en una dirección.

Si *Input-1* está a *HIGH* e *Input-2* está a *LOW*, el motor gira en dirección contraria.

Las masas de la Raspberry Pi y la batería se conectan a los pines marcados como GND. Todos estos pines están conectados entre sí. El motor se conecta a los pines de salida *Output-1* y *Output-2*.

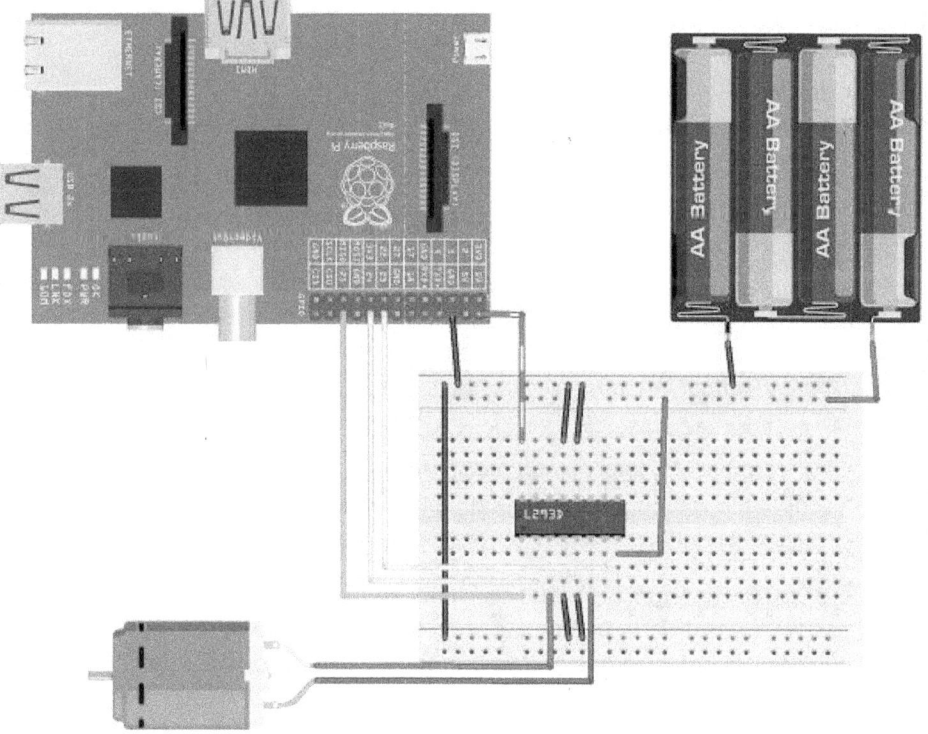

Figura 8.20. Ejemplo de conexión a motor utilizando el controlador L293D con Raspberry Pi y batería aparte. Imagen realizada con fritzing.

El código para mover el motor en ambos sentidos con *Python* quedaría de la siguiente manera:

import RPi.GPIO as GPIO
from time import sleep

GPIO.setmode(GPIO.BOARD)
#En este caso se utiliza BOARD en lugar de BCM como el caso del Led

MotorA = 16
MotorB = 18
MotorC = 22

GPIO.setup(MotorA,GPIO.OUT)
GPIO.setup(MotorB,GPIO.OUT)
GPIO.setup(MotorC,GPIO.OUT)

print "Arrancando el motor"
GPIO.output(MotorA,GPIO.HIGH)
GPIO.output(MotorB,GPIO.LOW)
GPIO.output(MotorC,GPIO.HIGH)

sleep(3)

print "Parando el motor después de 3 segundos"
GPIO.output(MotorC,GPIO.LOW)

GPIO.cleanup() #limpia los pines

Este ejemplo es interesante para controlar el movimiento básico de un motor, encendido, apagado y sentido, pero aparte de esta opción, es posible mejorar el control mediante el pulso PWM y los servomotores.

PWM (*Pulse Width Modulation,* modulación por ancho del pulso) es una técnica para el control de la potencia a suministrar a un motor. De esta manera es posible controlar la potencia que le llega al motor y por tanto la rapidez de su giro.

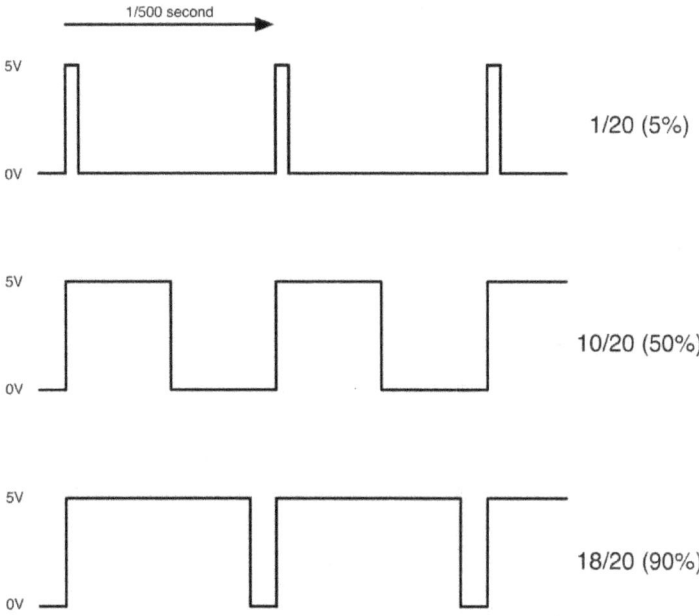

Figura 8.21. Señal PWM para el control de potencia de salida.

En el ejemplo de señal mostrado en la figura, cada 1/500 segundos la salida PWM produce un pulso. La longitud de este pulso será la que controle la cantidad de energía que el motor recibirá posteriormente. Si no hay pulso, el motor no recibirá por tanto ninguna energía y no rotará. En un arranque lento con un pulso corto el motor responderá con la poca energía que le llega, moviéndose de forma lenta. Si el pulso está casi todo el tiempo activo, recibirá casi la máxima potencia.

Raspberry Pi no es una placa pensada para emitir en principio pulsos PWM, pero el pin BOARD12/GPIO18 si lo permite.

Conectando el *pin Enable-1* del controlador L293D al pin GPIO18 se podrá variar la velocidad de los motores con el siguiente programa. Para ello es necesario crear un objeto en el *pin* 18 que será el que gestione la modulación PWM (Esto mismo puede ser aplicado a la intensidad que le llegue a un LED y por tanto su mayor o menor iluminación).

pwm = GPIO.PWM(18, 1000)
pwm.start(0) #velocidad mínima
time.sleep(2)
pwm.start(50) #velocidad media
time.sleep(2)
pwm.start(100) #velocidad maxima

Otra opción si no se desea utilizar un controlador puede ser la siguiente.

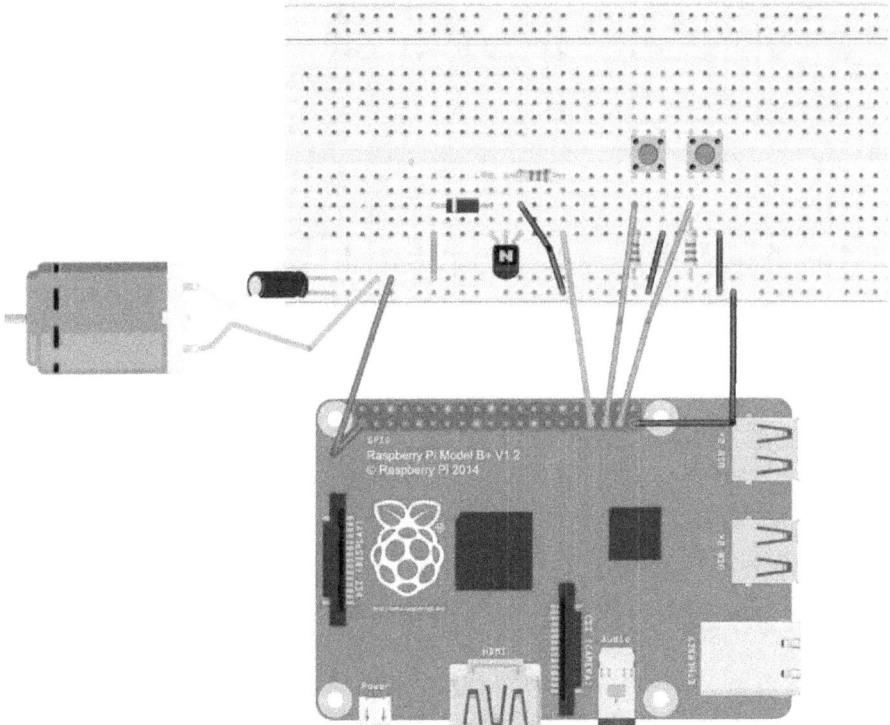

Figura 8.22. Ejemplo de instalación de un motor con transistor, diodo y condensador. Imagen realizada con fritzing https://circuitdigest.com/microcontroller-projects/controlling-dc-motor-using-raspberry-pi.

En este caso, para evitar el problema de la falta de intensidad de salida al motor por parte de la placa, puede utilizarse un transistor. En el ejemplo se dispone de resistencias de 1 kΩ y un transistor 2N2222, un diodo 1N4007 y un condensador de 1000 uF.

El programa del ejemplo se muestra a continuación:

import RPi.GPIO as IO
import time
IO.setwarnings(False)   #para que no muestre los avisos

x=0   #entero para almacenar el valor del duty cycle del PWM
IO.setmode (IO.BCM)
numbers. (PIN35 as 'GPIO19')
IO.setup(13,IO.OUT)   # initializa GPIO13 como salida.

```
IO.setup(19,IO.IN)      # initializa GPIO19 como entrada.
IO.setup(26,IO.IN)      # initializa GPIO26 como entrada.
p = IO.PWM(13,100)      #GPIO13 como salida PWM con 100Hz
p.start(0)              #se genera señal PWM con 0% del ciclo de
trabajo (duty cycle del PWM)
while 1:
p.ChangeDutyCycle(x)            #cambio el ciclo de trabajo
   if(IO.input(26) == False):   #si el botón 1 es pulsado
     if(x<50):
       x=x+1                    #incrementa x una unidad
       time.sleep(1)
   if(IO.input(19) == False):   #Si el botón 2 es pulsado
     if(x>0):
       x=x-1                    #decrementa x una unidad
       time.sleep(1)
```

Finalmente, y para terminar la sección, se muestra otro programa de ejemplo que permite manejar la posición de un servomotor controlando el *Duty Cycle* (o ciclo de trabajo):

```
import RPi.GPIO as GPIO
import time
GPIO.setmode(GPIO.BOARD)
GPIO.setup(21,GPIO.OUT)
servo = GPIO.PWM(21,50)
servo.start(8) #posiciona el motor en la posicion 8
print("iniciando")
try:
while True:
        servo.ChangeDutyCycle(3) #se cambia de posicion
        print("posicion A")
        time.sleep(2)
        servo.ChangeDutyCycle(8)
        print("posicion B")
        time.sleep(2)
        servo.ChangeDutyCycle(16)
        print("posicion C")
        time.sleep(3)

except KeyboardInterrupt: #interrupcion de teclado para limpiar los pines
servo.stop() #detiene el servo
GPIO.cleanup()
```

8.1.8 Controlar la GPIO con la librería WiringPi

WiringPi es una librería escrita en C y bajo licencia GNU LGPLv3 y que puede ser empleada en varios lenguajes de programación, principalmente en C y C++.

Su principal uso es en la programación de periféricos a través de los pines de *General Purpose Input Output (GPIO)* mediante este lenguaje. De esta forma, *WiringPi*, permite efectuar la lectura y escritura de los pines desde la línea de comandos.

La programación de los pines con *WiringPi*, se hace muy parecido a la programación con la placa Arduino, por lo que si el lector es conocedor de la programación en esta placa, esta librería le encajará para desarrollos con Raspberry Pi. Esta librería soporta lectura y escritura analógica a través de módulos externos (recordando que los pines GPIO no tienen entradas analógicas).

La página oficial de referencia es *http://wiringpi.com*

La librería puede ser descargada a través de *GIT* que consiste en un *software* de control de versiones, libre y de código abierto, diseñado para manejar todo tipo de proyectos.

Para ello en primer lugar hay que actualizar los repositorios y posteriormente instalarlo.

sudo apt-get update
sudo apt-get install git-core

Ahora se descarga *WiringPi*:

git clone git://git.drogon.net/wiringPi

Una vez descargado, hay que ir al directorio donde se encuentra y obtener una versión actualizada.

cd wiringPi
git pull origin

Y ejecutar el *script* de creación e instalación en el directorio de WiringPi.

cd wiringPi
/build

El nuevo *script* se encarga de compilar y ejecutar todo, sin que sea necesaria la intervención del usuario.

Una vez instalada la librería, se está en condiciones de crear los archivos y los programas que se deseen. Para poder utilizar esta librería es necesario indicar que se va a emplear, en la primera parte del programa como el resto de librerías.

#include<wiringPi.h>

Se muestra a continuación el ejemplo del encendido de un LED utilizando la librería *WiringPi*, de esta forma el lector podrá comprobar y comparar la operativa de programación de los GPIO.

```
#include <wiringPi.h>
#define LED 17
#define TIEMPO 600 //tiempo en milisegundos

int main (void)
{
  int i=0;
  wiringPiSetupGpio();
  pinMode (LED, OUTPUT) ;
  for (i=0;i<5;i++)
  {
   digitalWrite (LED, 1) ; delay (TIEMPO) ;
   digitalWrite (LED, 0) ; delay (TIEMPO) ;
  }
  return 0 ;
}
```

WiringPi utiliza la siguiente tabla de conversión para la utilización de los pines y GPIOs, necesaria para programar adecuadamente los pines de salida o entrada:

Ping wiringPi	BCM GPIO	Name	Header	Name	BCM GPIO	Ping wiringPi
–	–	3.3v	1 | 2	5v	–	–
8	R1:0/R2:2	SDA0	3 | 4	DNC	–	–
9	R1:1/R2:3	SCL0	5 | 6	0v	–	–
7	4	GPIO7	7 | 8	TxD	14	15
–	–	DNC	9 | 10	RxD	15	16
0	17	GPIO0	11 | 12	GPIO1	18	1
2	R1:21/R2:27	GPIO2	13 | 14	DNC	–	–
3	22	GPIO3	15 | 16	GPIO4	23	4
–	–	DNC	17 | 18	GPIO5	24	5
12	10	MOSI	19 | 20	DNC	–	–
13	9	MISO	21 | 22	GPIO6	25	6
14	11	SCLK	23 | 24	CE0	8	10
–	–	DNC	25 | 26	CE1	7	11

Para la revisión 2:

Ping wiringPi	BCM GPIO	Name	Header	Name	BCM GPIO	Ping wiringPi
–	–	5v	1 | 2	3.3v	–	–
17	28	GPIO8	3 | 4	GPIO9	29	18
19	30	GPIO10	5 | 6	GPIO11	31	20
–	–	0v	7 | 8	0v	–	–

Tabla 8.1. Tabla resumen de los pines GPIO en WiringPi.

A continuación se muestran algunas de las funciones principales de la librería que permiten trabajar con los diferentes pines:

▼ *int wiringPiSetup()*: Inicializa WiringPi y emplea su convenio de numeración.

▼ *int wiringPiSetupGpio()*: Idéntica a la anterior, pero utiliza la numeración de pines de Broadcom (BCM GPIO).

▼ *pinMode(int pin, int mode)*: Especifica el pin (primer argumento) y modo (segundo argumento), que puede ser entrada (INPUT), salida (OUTPUT) o salida PWM (PWM_OUTPUT).

▼ *digitalWrite(int pin, int value)*: Se utiliza para poner un pin, que previamente ha sido configurado como OUTPUT a dos posibles valores 1 (HIGH) o 0 (LOW).

▼ *digitalWriteByte(int value):* Permite escribir en los pines de la GPIO un valor.

▼ *pwmWrite(int pin, int value):* Escribe el valor del registro PWM (segundo argumento) al pin indicado (primer argumento). El valor suministrado debe estar comprendido entre 0 y 1024, además, hay que tener en cuenta que solo soporta PWM el pin BCM_GPIO 18.

▼ *int digitalRead(int pin):* devuelve el valor leído en el pin indicado (único argumento), que puede ser 1 (HIGH) o 0 (LOW).

▼ *pullUpDnControl(int pin, int pud):* establece sobre el pin indicado (primer argumento) el modo de tensión o resistencia, elevar a 3v3 (PUD_UP), puesta a tierra (PUD_DOWN) o ni elevar ni disminuir (PUD_OFF).

8.1.9 Comunicaciones con Raspberry Pi

Raspberry Pi, permite conectar muchos sensores y actuadores mediante los diferentes puertos de comunicación. Ya se ha comentado que el microprocesador de Raspberry Pi puede trabajar con I2C, SPI e UART como buses de comunicación. Se pretende aquí mostrar las bases de la utilización general de estos puertos para que el lector pueda familiarizarse con ellos.

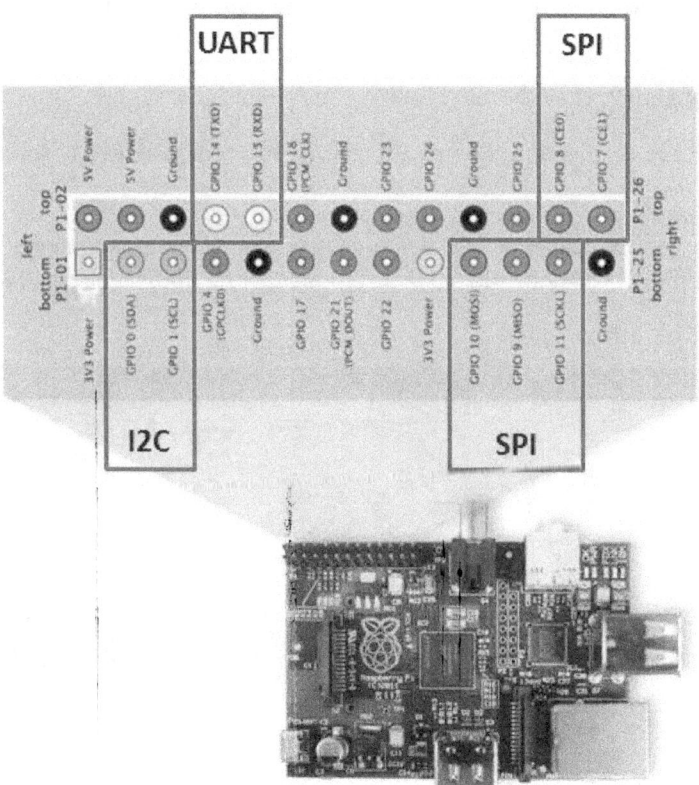

Figura 8.23. Pines I2C, SPI, UART de Raspberry Pi (Revision 1) GPIO. https://forum.arduino.cc/index.php?topic=158612.0.

I2C (*Inter-integrated circuit*) es ideal para conectar sensores/actuadores sin requisitos de alta velocidad. Se trataba de un bus con solo dos hilos de comunicación, la línea de datos (SDA, *Serial Data Line*) y una línea de reloj (SCL, *Serial Clock Line*). Permite realizar transmisiones serie bidireccionales de hasta 100 kbit/s en modo estándar y 400 kbit/s en modo rápido. En la actualidad, existen mayores tasas de transferencia (hasta 5Mbit/s) pero hace falta saber si el procesador lo puede soportar.

La Raspberry Pi dispone de dos formas de utilizar I2C, mediante el modo maestro, el BSC (*Broadcom Serial Controller*), o mediante el modo esclavo, es decir, el BSI (*Broadcom Serial Interface*).

Los dispositivos conectados al bus I2C tienen una dirección de 7 bits. Esto permite disponer de 117 dispositivos conectados (ya que algunas direcciones están reservadas).

Si se desea conocer qué dispositivos están conectados al bus I2C, se puede mediante el comando *i2cdetect*:

pi@raspberrypi ~ $ sudo i2cdetect -y 1

(en caso de disponer de una Raspberry Pi Modelo B Rev1, sería con *sudo i2cdetect -y 0*).

Una vez realizado, puede verse el mapa de elementos conectados al bus. Si por ejemplo se dispone de un sensor, aparecería indicado con la dirección correspondiente.

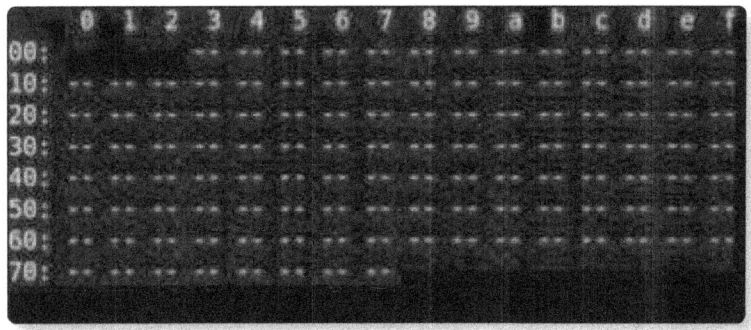

Figura 8.24. Mapa de periféricos conectados al I2C. En este caso, no hay ningún periférico conectado.

El módulo I2C está implementado en la mayoría de las versiones en los pines 3 y 5, pero el lector podrá verificarlo según la versión que se esté utilizando.

Después, se puede utilizar *sudo raspi-config* para habilitar en *Advance Options* el bus I2C.

En caso de que se desee utilizar la interfaz I2C desde *Python* se tiene que instalar las librerías correspondientes mediante:

sudo apt-get update
sudo apt-get install –y python-smbus i2c-tools

Para utilizarlas desde *Python 3*, sería:

sudo apt-get install –y python3-smbus i2c-tools

Y finalmente se puede reiniciar Raspberry Pi para que los cambios se apliquen.

Una vez importada la librería *smbus* (*System Management Bus*) para *Python*, se estará en condiciones de utilizar el bus I2C mediante la programación de sus funciones. A continuación se resumen las principales:

- *long write_quick (int addr)*: Envía la dirección con el bit de lectura/escritura.

- *long read_byte (int addr)*: Lee un *byte* del dispositivo sin especificar el registro del mismo.

- *long write_byte (int addr, char val)*: Envía un *byte* al dispositivo.

- *long read_byte_data (int addr, char cmd)*: Lee un *byte* del dispositivo.

- *long write_byte_data (int addr, char cmd, char val)*: Escribe en el dispositivo.

- *long read_word_data (int addr, char cmd)*: Lee una palabra (*word*) o 2 bytes.

- *long write_word_data (int addr, char cmd, int val)*: Escribe un *word* o 2 bytes.

- *long [] read_block_data (int addr, char cmd)*: Lee un bloque de datos.

- *write_i2c_block_data (int addr, char cmd, long vals [])*: Escribe un bloque de datos.

SPI es un protocolo alternativo a I2C y es utilizado por muchos dispositivos. Puede reemplazar buses paralelos con la ventaja de ser un serie sencillo siendo muy adecuado para la comunicación con dispositivos que necesiten alta tasa de transferencia como conversores analógico-digitales, acelerómetro, giroscopios, pantallas TFT, etc. La elección de cuál utilizar depende de la aplicación, ya que I2C utiliza menos pines y permite direccionar más dispositivos, sin embargo, SPI, aunque utiliza más pines, pero puede llevar una velocidad mayor.

SPI, al igual que I2C, es un protocolo serie, sin embargo en SPI, la dirección de los dispositivos no se transmite por el canal de datos sino que se utilizan pines específicos para esto.

La interfaz SPI dispone de los siguientes pines: **SCLK** (*Serial CLocK*). Señal de reloj respecto a la que se sincronizan el resto de las señales, **MISO** (*Master In, Slave Out*) como entrada de datos para el maestro, salida de datos para el esclavo. **MOSI** (*Master Out, Slave In*) como salida de datos para el maestro, entrada de datos para el esclavo y **CEn** (*Chip Enable*) con una o varias señales de selección de destino activas a nivel bajo. Para enviar o recibir del dispositivo cero se activa la señal CE0, para el dispositivo uno se activa CE1, etc.

Para habilitar SPI desde el terminal, mediante *sudo raspi-config* y seleccionando la opción 8 *Advanced Options*. Luego seleccionar la opción *A6 SPI* y reiniciar.

WiringPi incluye también una librería que puede hacer más sencilla la utilización de SPI. Puede verse en *http://wiringpi.com* indicada anteriormente.

A continuación se muestra un ejemplo de utilización de la librería WiringPi para la lectura y escritura de dos bytes a través de SPI.

El acceso puede realizarse mediante conexión *ssh* o directamente con el teclado.

En primer lugar, se cargan los *drivers* SPI en raspberry. Puede ser mediante

gpio load spi en la tabla de comandos.

A continuación se puede definir el tamaño del *buffer*. Por defecto está a 4KB. Si se desea cambiar, se hace mediante:

gpio load spi 100 (o el valor que se desee).

Se recuerda que Raspberry Pi tiene dos puertos SPI el 0 y el 1 (es decir, dos chips *enable* CE0 y CE1). La velocidad a la que puede comunicarse va desde 500 KHz a 32 MHz, aunque más de 10 MHz la señal puede deformase. Una buena velocidad aconsejable sería de 1 MHz.

Para la operativa del presente ejemplo, hay que destacar dos funciones de la librería WiringPi.

- ▼ *int wiringPiSPISetup (int channel, int speed)*: Utilizada para la configuración del puerto SPI. En *channel* se escribe 0 o 1, según el puerto que se desea usar y en *speed,* la velocidad en Herzios. Si la función devuelve un -1 quiere decir que no se ha iniciado bien y que tenemos un error.

▼ *int wiringPiSPIDataRW (int channel, unsigned char *data, int len)*: Se trata de la función de escritura/lectura con 3 parámetros: el canal, el *buffer* de datos y el tamaño de los datos a enviar. Dado que esta función lee y escribe al mismo tiempo, lo que se indique en *data* será sobrescrito por lo que se lea del bus.

El ejemplo de código que utiliza estas funciones se muestra a continuación:

#include <stdio.h>
#include <stdlib.h>
#include <string.h>
#include <errno.h>
#include <stdint.h>
#include <wiringPiSPI.h>

// Estas librerías se obtienen de la programación en C, el lector interesado puede profundizar en ellas si lo desea a través de la Web:
// https://webs.um.es/iverdu/P00LibreriasANSIc.pdf

int main (void) {
    int i;
    if (wiringPiSPISetup (0,1000000)<0) // Conexión a 1MHz
    {
    fprintf (stderr, "No se puede abrir dispositivo SPI", strerror (errno));
        exit (1);

int dato = 0;
unsigned char ByteSPI [7];
// Carga de datos
ByteSPI [0] = 0b110;
ByteSPI[1]=0x55;
wiringPiSPIDataRW (dato, ByteSPI, 2); //Enviá y lee dos bytes
usleep (10); Espera 10 segundos
printf ("Byte(0): ", ByteSPI[0]);
printf ("Byte(1): ", ByteSPI [1]);
return (0);
}

8.1.10 Raspberry Pi y Arduino

Raspberry Pi, puede comunicarse con Arduino, que es también la plataforma por excelencia. Para que el lector pueda ver la aplicación de la interconexión, se va a establecer una comunicación a través del puerto serie entre Arduino y Raspberry Pi. De forma análoga a como se utilizaba los GPIO para el encendido y apagado de un *Led,* se muestra aquí un ejemplo de manipulación del encendido pero con el LED conectado al pin número 13 de la placa Arduino. Arduino en cuanto a la operativa de *hardware* es similar pero con otras características correspondientes a su desarrollo propio.

Raspberry Pi, podrá ser conectado a la placa Arduino mediante un cable USB y se podrá utilizar también *Python* para el desarrollo del *software.*

Esta funcionalidad permite la utilización de esta placa y su potencial a través de nuestros conocimientos y posibilidades de Raspberry Pi, ampliando de esta forma también sus posibilidades.

El código de Arduino y su conexión se muestran a continuación, aunque si el lector desea profundizar en esta materia puede hacerlo con el libro de *Arduino. Guía práctica de fundamentos y simulación* del mismo autor, en donde se explican los detalles sobre la placa y su programación.

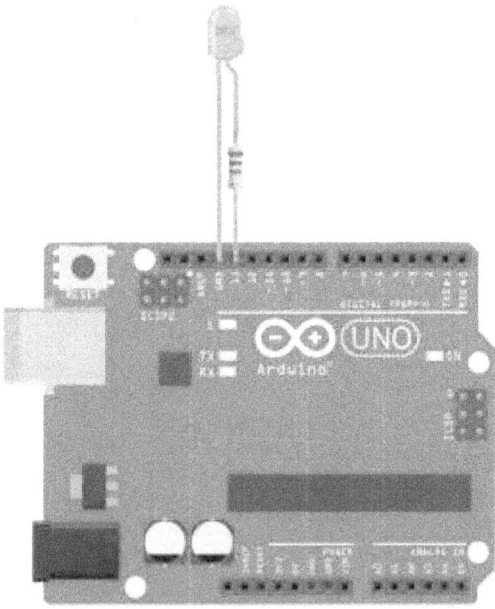

Figura 8.25. Conexión del LED al Pin 13 de una placa Arduino. Diseño realizado con Fritzing.

```
int led = 13;
void setup () {
        pinMode(led,OUTPUT); //se declara al pin 13 como salida
        Serial.begin(9600); // Se inicializa el puerto serie a 9600 baudios
}
void loop (){
    if Serial.available()){
     char dato = Serial.read (); //Aquí guarda la lectura en la variable
    if (dato=='E') { // Para Encender
    digitalWrite(led,HIGH);
    } else if (dato=='A') { //Para apagar
    digitalWrite (led,LOW);
      }
    }
}
```

Como resumen, se indica que el programa de Arduino, se ha creado la variable *'led'* como un entero para la asignación del valor 13, pin donde se está conectando el *Led*. Una vez realizado, puede iniciarse la comunicación y en *loop()*, se leerá constantemente los valores que estén llegando desde Raspberry Pi con *Python*.

Desde Raspberry Pi, ahora hay que programar la otra parte. En este caso, en primer lugar, se instalará la librería *python-serial* con:

sudo apt-get install python-serial

Con esto ya se tiene lista Raspberry Pi para trabajar con el puerto serie desde *Python*. Ahora hay que determinar que puerto utiliza Arduino cuando está conectado al Raspberry Pi. Para ello antes de conectar el Arduino ejecutamos el siguiente comando

ls /dev/tty*

con el que se proporciona un listado de los diferentes dispositivos. En ese momento se puede conectar la placa Arduino, y se vuelve a ejecutar el mismo comando donde ya se muestra que aparece el dispositivo adicional Arduino conectado. Normalmente puede aparecer como: */dev/ttyACM0* para su identificación.

y el código del programa podría ser de la siguiente manera:

```
import serial
conectarduino = serial.Serial ('/dev/ttyACM0', 9600)
print ("Comenzar")
while True;
        datorasp = raw_input ('Introduce una letra: ') #Input
```

> *conectarduino.write (datorasp)*
> *if datorasp == 'E':*
>   *print ('Enciende LED)*
> *elif datorasp == 'A'*
>   *print ('Apaga LED')*
arduino.close ()

8.1.11 Más aplicaciones con Raspberry Pi

Las aplicaciones y las posibilidades de desarrollar proyectos con Raspberry Pi son innumerables. Aparte de ser una herramienta interesante para el aprendizaje de la electrónica y la programación, es, como ya se ha indicado en varias ocasiones, un miniordenador de bajo coste. Siguiendo la idea del *hardware* libre, permite que muchos colaboradores puedan también aportar ideas y mejorar la placa.

Se ha pretendido mostrar los fundamentos principales desde el punto de vista del *software* y del *hardware* que componen la placa y con ellos, el lector podrá desarrollar los proyectos que se proponga.

A continuación, se citan algunos de los proyectos que ya se han desarrollado y que se pueden encontrar también en *Internet*:

- *Media Center* e incluyendo luces de ambiente.
- Consolas.
- Escáner 3D.
- Raspberry Pi como móvil.
- Estación meteorológica.
- Servidor *Web* y de correo.
- Emisora de radio.
- Autómata para cualquier proceso, riego, dispensador de comida para la mascota, etc.
- Juegos de ordenador.
- Rasbperry Pi como gestor para un pequeño almacenamiento casero (NAS, *network-area storage*).
- Punto de acceso inalámbrico, es decir, extender el wifi.
- Robots.
- Audiolibro.
- Máquina morse.
- Incluso Raspberry Pi se ha enviado al espacio.

8.2 INTERNET DE LAS COSAS

Este concepto en el que también interviene Raspberry Pi es muy amplio y sus aplicaciones merecen un libro completo. No obstante, se muestra aquí una generalidad y se esquematiza los aspectos fundamentales sobre el Internet de las cosas y cómo Raspberry interviene también en ello.

Internet de las cosas (*Internet of Things* o IoT), es un concepto que engloba la idea general de que las cosas cotidianas se puedan conectar a *Internet* e interactuar. Los objetos que se interconectan, funcionan como sensores y objetos que realizan acciones activas de forma remota, que es donde está la clave de todo.

Desde hace unos años se está trabajando en la idea de hacer más interactivos todos los objetos de uso cotidiano. Cada uno de los objetos podría estar conectado a Internet con una IP especifica y mediante ella se puede acceder a dicho dispositivo para comunicarse y ejecutar las diversas instrucciones.

Resumiendo, IoT es el concepto de dar conectividad a la red a cualquier objeto donde es posible recoger, almacenar y gestionar la información emitida por dichos objetos con la finalidad de poder automatizar procesos y utilizar la información para la mejora de nuestra calidad de vida mediante la comunicación interrelacionada.

Mediante el *hardware* adecuado como Raspberry pi, aunque también otras plataformas como Arduino, Spark, etc. y la solución de *software* sea también iOS, *Android*, *Ruby on Rails*, *Firmware* junto con la conectividad sea a través de *Bluetooth*, NFC, wifi es posible en la actualidad el desarrollo de grandes proyectos IoT.

El término *Internet of Things* es un concepto bastante nuevo. En el año 2009, el investigador Kevin Ashton emplea este concepto en un artículo sobre sensores e identificadores de radio frecuencia empleando el término como el concepto para conectar todos los dispositivos que nos rodean y a su vez, conocer el estado de cada dispositivo en cada momento. Sin embargo, se dice que hace diez años antes, en 1999, el ingeniero Bill Joy ya había utilizado por primera vez este término IoT, en círculos privados de investigación, al lograr automatizar y controlar diferentes procesos mediante la comunicación establecida entre dos dispositivos conectados a Internet.

Hoy en día el término IoT es demasiado amplio como para que haya una sola definición estándar. Entre los componentes más importantes que componen el IoT se encuentran los dispositivos, la infraestructura de comunicación, la infraestructura de computación que trata de las herramientas que utilizarán los datos enviados desde los dispositivos, como son las plataformas IoT y las aplicaciones IoT.

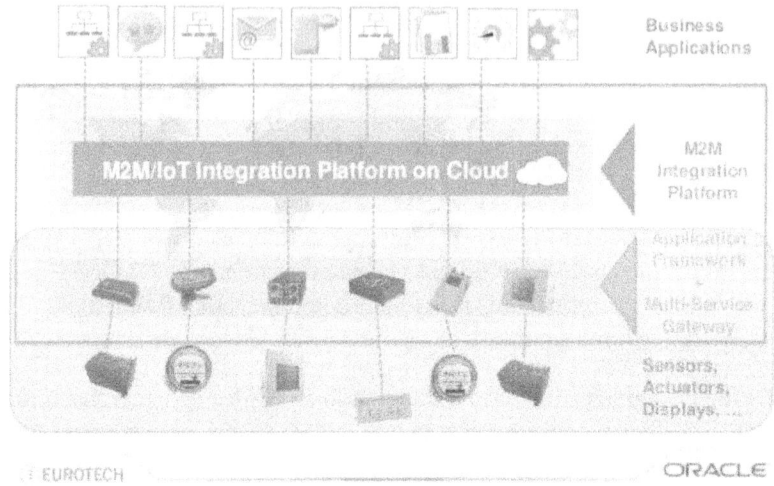

Figura 8.26. Arquitectura de Internet of Things. Ej.: Oracle

Es importante resaltar además, que en la actualidad ha crecido mucho el aumento a nivel mundial de diferentes dispositivos, esto favorece el escenario para la implantación del IoT.

Aparte de este aumento de dispositivos hay nuevos sensores con menor consumo, nuevas plataformas *hardware* que pueden comunicarse con estos sensores (como es el caso de Raspberry Pi). *Cloud computing* como concepto de computación en la nube que ha posibilitado la puesta en marcha de nuevos servicios basados en la red y por supuesto, los teléfonos móviles, cada vez más inteligentes.

Hay que recordar que para el establecimiento del IoT, hace falta las cada vez mejoradas conexiones inalámbricas. Aparte de las redes WAN (*Wide Area Network*), MAN (*Metropolitan Area Network*) y LAN (*Local Area Network*), se puede citar la red PAN (*Personal Area Network*). Esta última es una red de corto alcance con una extensión máxima de pocos metros.

Las redes que utiliza la IoT en el presente, se relacionan mediante wifi que utiliza los estándares IEEE 802.11. *Bluetooth* o la nueva *Bluetooth Low Energy* (BLE) preparada para disminuir el consumo y en minimizar la potencia de transmisión. *Z-Wave* como protocolo de comunicación dentro del tipo de red LAN enfocado en domótica. Tiene poca necesidad de energía y ancho de banda para transmitir. *Zigbee* está orientado a redes PAN para comunicar dispositivos de bajo coste y velocidad y es interesante en el control remoto. Su uso se ha generalizado en la domótica, ya que se transmiten cantidades de información pequeñas y proporciona una larga duración de batería. 6LoWPAN es un estándar que permite que dispositivos que están conectados a una red inalámbrica puedan comunicarse con dispositivos IP. Por último citar a la RFID como estándar de identificación por frecuencia radial y utilizado principalmente para identificar objetos a una distancia muy corta. La detección se hace mediante un lector estacionario que se comunica de manera inalámbrica con pequeñas etiquetas que están pegadas a los objetos. Estas etiquetas serán unas pequeñas baterías.

Los campos de aplicación para IoT son aún indefinidos, pero ya se está estableciendo unas aplicaciones en el presente que permiten ir mejorando diferentes procesos de desarrollo en la sociedad. Por un lado, se habla de *Industria 4.0* donde se mejoran los procesos de la automatización y la conectividad. Este concepto nace en Alemania a finales del 2011. Definieron que la revolución que se estaba llevando a cabo en la industria se trata de la cuarta gran revolución industrial. Esta se basa en el uso masivo de sistemas industriales conectados con sensores y actuadores, además de la interconexión entre las propias industrias. El lector puede imaginarse qué potencia puede tener una red de fábricas conectadas. Si una de ellas fallase en algún proceso, puede comunicarse con otra para el mantenimiento de una producción determinada.

También la IoT se aplica a las ciudades. (*Smart City*) Según se indica en la definición, este nuevo concepto de ciudad es el llamado ciudad inteligente, en la cual emplea las nuevas tecnologías con el objetivo de mejorar la calidad de vida y accesibilidad de sus habitantes y asegurar el desarrollo de la ciudad de manera sostenible.

El IoT permite aportar a las ciudades la adquisición de nuevos datos y con ellos es posible actuar en pro del bien común, en función de estos datos. En la actualidad una gestión del tráfico, o si hay un incidente, es posible comunicar con los semáforos, para que la ambulancia y los servicios de emergencia puedan disponer en ese momento del acceso inmediato (y con menor riesgo de accidentes colaterales).

También es posible llevar dispositivos que asisten a las personan. Estos dispositivos están pensados para llevarlos encima y se enfocan dentro del sector de la electrónica de consumo. Otras aplicaciones como las casas inteligentes, *domótica inteligente* hacen del IoT una cada vez realidad más interconectada.

Para dar soporte al IoT, hacen falta las *plataforma IoT*. Estas pueden ser sencillos programas para almacenar datos y a su vez, ofrecer interfaces estándares al usuario, hasta sistemas más complejos y completos que permiten el uso de herramientas predictivas, analíticas o con disponibilidad de interfaces más complejas. Una vez se disponga de los datos de los dispositivos en la nube, los diferentes sistemas de inteligencia artificial pueden ofrecer comportamientos y salidas que asombran. Estas plataformas pueden ser desarrolladas por nosotros o bien de terceros.

Raspberry Pi es un candidato ideal para la utilización en proyectos IoT. A continuación se muestra un ejemplo de la utilización de Raspberry en una de las plataformas IoT llamada *Thingspeak (https://thingspeak.com)*.

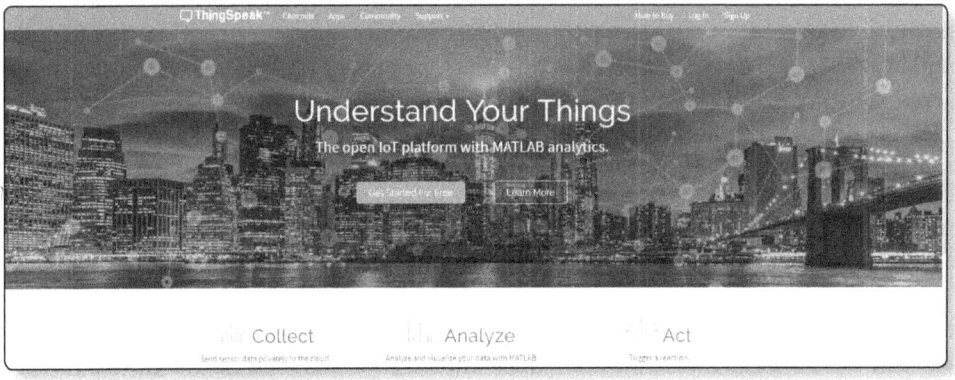

Figura 8.27. Pantalla principal de la plataforma Thingspeak: https://thingspeak.com.

Thingspeak es un servidor *Web,* que junto con una Base de Datos y una API (*Application Programming Interfaces*, Interfaz para la programación de aplicaciones) permite almacenar y transmitir datos a través de *Internet*. Está hecho mediante código abierto, por lo que permite realizar las modificaciones que se consideren oportunas. Su utilización es sencilla y permite desarrollar aplicaciones visuales. Esta desarrollada por *Mathworks*, por lo que ofrece total integración con Matlab.

En el presente ejemplo se muestra la conexión de un sensor para la medida de la temperatura y humedad relativa. El sensor en concreto es el DHT11. Existen varios sensores de humedad relativa aunque este es el más común.

Figura 8.28. Raspberry Pi conectado con el sensor DHT11: http://www.uugear.com/portfolio/dht11-humidity-temperature-sensor-module.

Para la obtención de datos, se podría desarrollar un servidor Web, pero si se desea simplificar esta tarea, puede ser utilizada directamente la plataforma *Thingspeak*.

Se comienza en primer lugar conectando el sensor de humedad y temperatura DHT11 a la Raspberry Pi para tomar lecturas.

Para ello, hay que disponer de una resistencia entre el *pin* de alimentación y el de datos, aunque también se puede adquirir así directamente en una mini placa.

En el caso de disponer de un DHT11 con cuatro conectores y la resistencia es posible conectarlo de la siguiente forma.

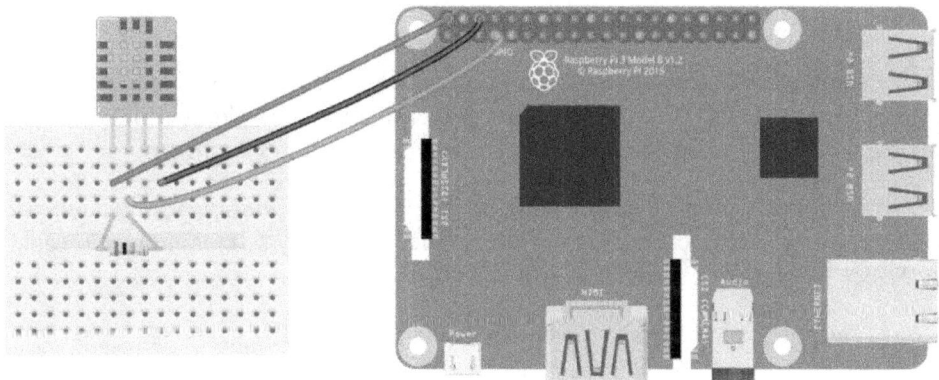

Figura 8.29. Raspberry Pi conectado con el sensor DHT11: http://www.circuitbasics.com/.how-to-set-up-the-dht11-humidity-sensor-on-the-raspberry-pi.

DHT 11 dispone de 4 *pines*. *pin* 1 es VCC, *pin* 2 es para datos, *pin* 3 no se utiliza y el pin 4 es masa (*Ground*).

Raspberry Pi	DHT11
3.3v P1	VCC (V)
GND P6	GND (G)
GPIO4 P7	DATA (S)

Para utilizar el sensor, hay que descargarse las librerías de *Adafruit Python DHT* mediante los siguientes comandos:

git clone https://github.com/adafruit/Adafruit_Python_DHT.git
cd Adafruit_Python_DHT

sudo apt-get update

sudo apt-get install build-essential python-dev python-opensl

Y a continuación se compila la librería de Adafruit:

sudo python setup.py install

Aquí podría probarse de la siguiente forma:

cd examples
sudo ./AdafruitDHT.py 11 4

Aquí se le ha indicado que lea los datos del sensor DHT11 (también podría ser con un sensor DHT22 o AM2302) en este caso conectado al pin GPIO 4. Y con este procedimiento ya se obtendría la lectura de temperatura y humedad.

A continuación se puede utilizar la plataforma *Thinkspeak* iniciando su configuración. En primer lugar, se abre una nueva cuenta y se crea un nuevo canal en: *Select "Channels", "My Channels", y "New Channel".*

Después se le ofrece la información a la plataforma:

Name: Raspberry Pi + DHT11 Temperature & Humidity Sensor
Description: Sensor DHT11 con Raspberry Pi 3 (versión).
Field 1: Humedad (%)
Field 2: Temperatura (°C)

Una vez que el canal es creado, se hace click en "API Keys" y se anota "Escrite código API". Este valor será utilizado posteriormente en el *script*.

Se puede crear, si se desea, un directorio en Raspberry Pi para el programa:

mkdir ThingSpeak
cd ThingSpeak
sudo nano dht11.py

A continuación se puede descargar el programa completo desde la Web: *https://www.hackster.io/adamgarbo/raspberry-pi-2-iot-thingspeak-dht22-sensor-b208f4*

y adaptar éste al sensor DHT11 (en lugar del DHT22) como sigue a continuación:

```python
"""
dht11.py
"""
import sys
import RPi.GPIO as GPIO
from time import sleep
import Adafruit_DHT
import urllib2
myAPI = "<tu codigo API aqui>"
def getSensorData():
    HR, T = Adafruit_DHT.read_retry(Adafruit_DHT.DHT11, 4)
    return (str(HR), str(T))
def main():
    print 'starting...'
    baseURL = 'https://api.thingspeak.com/update?api_key=%s' % myAPI
    while True:
        try:
            HR, T = getSensorData()
            f = urllib2.urlopen(baseURL +
                    "&field1=%s&field2=%s" % (HR, T))
            print f.read()
            f.close()
            sleep(300) #sube el valor del sensor DHT11 cada 5 minutos
        except:
            print 'exiting.'
            break
# llamada main
if __name__ == '__main__':
    main()
```

Se puede probar el *script* con *sudo python dht11.py*

Si el *script* funciona correctamente, ya se estaría en condiciones de ver los datos que se han descargado en la plataforma desde el sensor.

Channel Stats
Created: about a month ago
Updated: 3 minutes ago
Last entry: 3 minutes ago
Entries: 56844

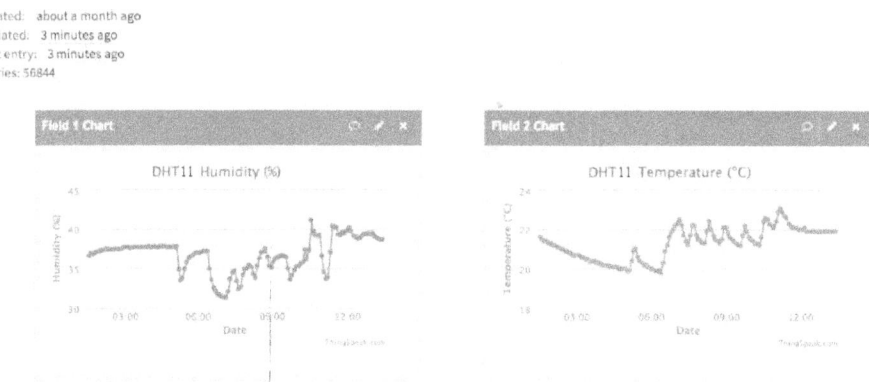

Figura 8.30. Ejemplo de presentación de datos obtenidos con un sensor DHT11 y Raspberry Pi en Thingspeak.

Algunas de las plataformas que se pueden encontrar en el mercado son:

▶ **ADAFRUIT.IO** es una solución para la construcción de aplicaciones IoT creada por Adafruit Industries, la comercializadora de *hardware open-source*, basándose en plataforma Raspberry Pi y otras conocidas como Arduino y otros dispositivos. La API de comunicación es basado en cliente MQTT (Message Queue Telemetry Transport) como protocolo de comunicación máquina-máquina, con servidores de Adafruit.IO y en poco tiempo se puede crear una aplicación de gran calidad.

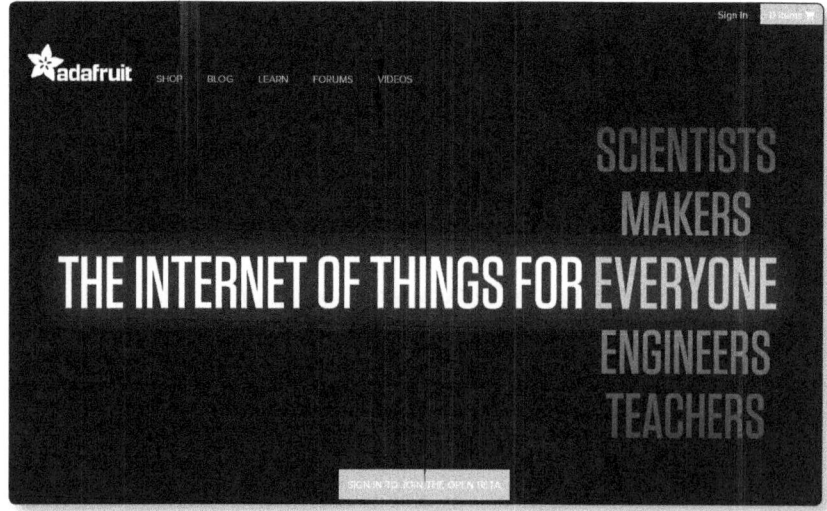

Figura 8.31. Página oficial de Adafruit IoT. https://io.adafruit.com

▼ **AMAZON WEB SERVICE IOT.** Según su página (*https://aws.amazon.com/es/iot-platform/how-it-works*): *AWS IoT es una plataforma que permite conectar dispositivos a servicios de AWS y a otros dispositivos, proteger datos e interacciones, procesar y actuar sobre datos de dispositivos y habilitar las aplicaciones para que interactúen con dispositivos aunque no estén conectados.*

▼ **AWS IoT** permite la conexión y el envío de mensajes mediante los protocolos MQTT, HTTP y WebSockets. Para la fácil conexión Amazon proporciona un SDK, este está disponible en C y JavaScript. Por otro lado, esta plataforma utiliza un *gateway* para dispositivos que permite a los dispositivos comunicarse de manera segura.

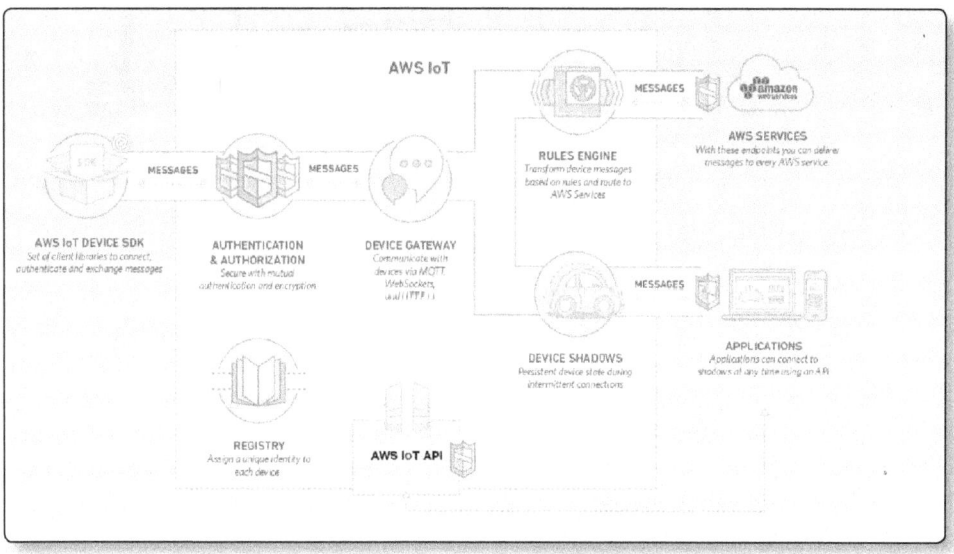

Figura 8.32. Esquema de funcionamiento de la plataforma IoT Amazon Service IoT. https://aws.amazon.com/es/iot-platform/how-it-works/

▼ **PLATAFORMA DE IOT DE ORACLE.** (*https://cloud.oracle.com/es_ES/iot*), proporciona un servicio de IoT llamado *Oracle Internet of Things Cloud Service* con la posibilidad de conectar dispositivos en tiempo real a la nube. Además permite el análisis de los datos enviados y la integración de los datos con otras aplicaciones.

Figura 8.33. Fragmento de la pantalla de inicio de Plataforma IoT de Oracle. https://cloud.oracle.com/es_ES/iot

Hay muchísimas plataformas en Internet que ofrecen diferentes servicios. A parte de las ya señaladas es importante mencionar el proyecto Eclipse IoT como un proyecto de código abierto en que se han implementado diferentes estándares, servicios y *frameworks* ofreciendo así la posibilidad de un IoT abierto. Entre los estándares se encuentran el comentado MQTT para Adafruit.IO, así como CoAP (Constrained Application Protocol) y otros.

Es aquí interesante señalar que una vez iniciado en la programación con *Python* así como la utilización de los diferentes sistemas digitales y analógicos, PWM, motores, sensores y actuadores y finalizando por un recorrido sobre las posibilidades que ofrece el *Internet de las Cosas (IoT)* el lector estará ya capacitado para involucrarse en el entendimiento de otros proyectos así como crear los suyos propios.

BIBLIOGRAFÍA

- *https://addi.ehu.es/bitstream/handle/10810/18651/TFM_MISE1516_Jon_Larranaga.pdf?sequence=1*

- *http://www.alegsa.com.ar/Dic/arm.php*

- *https://archlinuxarm.org*

- *http://assets.mheducation.es/bcv/guide/capitulo/8448180828.pdf*

- *https://books.google.es/books?id=P6XkDAAAQBAJ&pg*

- *https://books.google.es/books?id=3TUkAQAAQBAJ&pg*

- *http://blogthinkbig.com/4-alternativas-arduino-beaglebone-raspberrypi-nanode-waspmote*

- *https://cldup.com/2X3tMBzWxi.pdf*

- *https://www.debian.org*

- *https://debian-handbook.info/download/es-ES/stable/debian-handbook.pdf*

- *http://www.diverteka.com/?p=1671*

- *http://www.ecured.cu/index.php/Hardware_libre*

- *http://www.electroensaimada.com/raspberry-pi.html*

- *http://www.electronicafacil.net/tutoriales/ESCALAS-INTEGRACION-CIRCUITOS-LOGICOS-SSI-MSI-LSI.php*

- https://franciscomoya.gitbooks.io/taller-de-raspberry-pi/content/es/elems/i2c.html
- http://www.forosdeelectronica.com
- https://www.genbeta.com/paso-a-paso/como-manejar-tu-raspberry-pi-desde-cualquier-pc-o-movil-con-vnc
- https://www.gnu.org/philosophy/open-source-misses-the-point.es.html
- https://gpiozero.readthedocs.io/en/stable
- https://hardlimit.com/guia-raspberry-pi
- https://hipertextual.com/2013/05/5-proyectos-de-hardware-libre-para-conocer
- http://histinf.blogs.upv.es/2013/12/18/raspberry-pi
- http://www.hwlibre.com
- https://www.i-cpan.es/es/content/el-cern-lanza-una-iniciativa-de-hardware-abierto
- http://www.iearobotics.com/personal/juan/publicaciones/art4/hardware-libre.pdf
- http://librosweb.es/libro/algoritmos_python
- https://www.modmypi.com/blog/gpio-and-python-79-temperature-sensor
- http://ocw.um.es/ingenierias/sistemas-embebidos/material-de-clase-1/ssee-da-t02-01.pdf
- http://ocw.usal.es/ensenanzas-tecnicas/electronica/contenido/electronica/Tema8_CircCombinacionales.pdf
- http://openaccess.uoc.edu/webapps/o2/bitstream/10609/40187/6/cgmuelasTFC0115memoria.pdf
- http://www.oshwa.org
- http://patolin.com/files/2016/09/manual_python.pdf
- http://personales.unican.es/manzanom/Planantiguo/EDigitalI/DECG6.pdf
- https://www.pretzellogix.net/2015/01/14/the-best-raspberry-pi-starter-kits-compared-and-reviewed

- http://www.proyecto987.es/Documentos/Materiales_elaborados_todos.pdf
- https://www.python.org
- https://www.raspberrypi.org
- http://www.raspberry-pi-case.com
- https://www.raspberrypi.org/documentation/usage/python/
- https://www.raspberrypi.org/magpi-issues/Projects_Book_v1.pdf
- https://www.raspberrypi.org/wp-content/uploads/2012/04/quick-start-guide-v2.pdf
- http://recursostic.educacion.es/observatorio/web/fr/software/programacion/619-iniciandose-en-la-programacion-con-scratch
- http://revistaitnow.com/entrevista-de-la-semana-disenando-hardware-abierto/
- https://riunet.upv.es/bitstream/handle/10251/54170/ROCHER%20-%20Estudio%20del%20rendimiento%20gr%C3%A1fico%20del%20Raspberry%20Pi.pdf?sequence=1
- http://saber.patagoniatec.com/raspberry-pi-model-bplus-512mb-ram-argentina-ptec
- http://server-die.alc.upv.es/asignaturas/PAEEES/2006-07/Tarjetas%20SD.pdf
- https://es.scribd.com/doc/105208876/ESCALAS-DE-Integracion-DE-LOS-CIRCUITOS-Logicos-SSI
- https://www.tutorialspoint.com/execute_python_online.php
- http://www.uhu.es/sic/softwarelibre/manuales/linuxdesdecero.pdf
- https://es.wikipedia.org/wiki/Cultura_libre
- https://es.wikipedia.org/wiki/Hardware_libre
- https://es.wikipedia.org/wiki/Integraci%C3%B3n_a_muy_gran_escala
- https://es.wikipedia.org/wiki/Raspberry_Pi
- https://es.wikipedia.org/wiki/Copyleft

ÍNDICE ALFABÉTICO

A

Acoplamiento, 20, 21, 56
Actuadores, 205, 237, 247, 254
Algoritmos, 256
Analógica, 67, 124, 182, 234
AND, 16, 22, 155, 159
ARM, 7, 8, 35, 36, 37, 66, 67, 69, 70, 71, 72, 73, 74, 75, 76, 97, 101, 103, 122, 123, 124, 126, 127, 129, 130, 131, 141, 142, 143,
ASCII, 155, 197,
Audio, 7, 39, 40, 54, 56, 57, 58, 60, 67, 68, 93, 95, 98, 101, 124, 130, 181, 194,

B

Banana Pi, 129, 130
Base, 16, 34, 37, 43, 55, 98, 101, 104, 113, 136, 142, 145, 169, 248
Baterías, 73, 247
Binario, 23, 29, 86, 157, 168, 169
Bit, 17, 25, 26, 27, 29, 30, 31, 35, 36, 43, 46, 54, 58, 70, 72, 88, 114, 238
Bloques, 33, 34, 40, 57, 74, 75, 125, 146, 147, 149, 170
Bombilla, 16, 77
Bucle, 164, 165, 174, 216

Bus, 8, 36, 45, 52, 61, 72, 76, 79, 86, 88, 222, 225, 226, 237, 238, 239, 241

C

Cables, 7, 39, 45, 48, 49, 52, 53, 56, 60, 86, 131, 206, 210
Capacidad, 15, 40, 41, 42, 43, 53, 58, 61, 65, 66, 70, 74, 105, 134, 141, 153, 192, 195
Central, 45, 48
Ciclo, 35, 205, 233
Cifrado, 57
Circuitos, 7, 13, 15, 16, 17, 18, 20, 21, 22, 25, 26, 27, 29, 31, 33, 34, 39, 44, 78, 86, 117, 206, 255
Circuitos integrados, 7, 15, 16, 17, 18, 20, 21, 25, 29, 33, 34, 39, 44, 76, 86
Circuitos combinacionales, 7, 16, 22, 23
Circuitos lógicos, 255, 257
Circuitos secuenciales, 7, 16, 18, 26, 27
Conectores, 7, 8, 39, 40, 43, 45, 46, 48, 53, 54, 56, 58, 60, 67, 106, 123, 128, 129, 181, 249,

Contactos, 43, 49
Contador, 18, 26, 27, 29, 30, 31, 34, 220
Controles, 110
Cortocircuito, 108
Codificación, 73
Código ASCII, 155, 197
Código abierto, 117, 118, 145, 149, 234, 248, 254
Código fuente, 77, 118, 119, 120, 153
CISC, 37
CMOS, 18, 20, 21
CSI, 7, 39, 60, 61, 68, 98, 102, 109
Cubieboard, 127, 128, 131

D

Decodificación, 101
Decimal, 23, 24, 155, 156, 157
Depuración, 75
Detectores, 22, 26, 64
Dispositivos lógicos, 7, 20, 33, 34
E
Efecto, 20
Electrónica digital, 20, 33, 34
Enteros, 155, 156, 163
Ethernet, 49, 53, 55, 58, 67, 68, 84, 93, 95, 96, 98, 101, 103, 122, 124, 126, 129, 130, 131, 180, 195, 196, 212

F

Familia CMOS, 21
Familia lógica, 18, 19, 20
Familia TTL, 21
Fan-out, 19, 21
Filtro, 110
Flujo, 88, 117, 164
Fuente de alimentación, 8, 18, 20, 66, 78, 95, 97, 108, 109

G

Generadores, 22, 26

GPIO, 8, 9, 39, 68, 77, 78, 79, 80, 81, 82, 90, 93, 94, 95, 97, 98, 99, 101, 102, 106, 112, 124, 137, 141, 146, 167, 182, 205, 26, 208, 209, 210, 213, 214, 215, 216, 220, 226, 230, 233, 234, 235, 236, 240,
GPU, 7, 62, 71, 76, 93, 96, 97, 101, 103, 123, 126, 139, 130, 131, 141, 193

H

Hackberry A10, 130, 131
Hardware abierto, 13, 117, 257
HDMI, 7, 39, 57, 58, 59, 67, 68, 95, 97, 98, 99, 101, 103, 104, 113, 114, 122, 124, 126, 127, 128, 130, 131, 180, 181, 182, 184, 194
HEX (Hexadecimal), 155

I

Iluminación, 110, 207, 231
Impedancia, 53
Impulsos, 29, 30

L

LED, 8, 9, 76, 82, 83, 84, 85, 106, 112, 113, 182, 206, 207, 208, 210, 213, 214, 215, 216, 217, 218, 219, 220, 227, 230, 231, 235, 242, 243, 244
Lenguaje de programación, 9, 137, 146, 149, 153
Ley de Ohm, 206
Líneas, 20, 48, 52, 86, 88, 102, 154, 165, 168, 174, 197, 213
LINUX, 64, 118, 126, 128, 130, 133, 134, 135, 136, 137, 138, 140, 141, 142, 143, 145, 150, 178, 184, 185, 190, 200, 203, 210, 214, 224
Lógica digital, 7, 15, 17, 19, 20, 21, 25, 27, 34, 39

M

Microcontrolador, 17, 18, 29, 33, 34, 39, 67, 76, 222

Microprocesador, 13, 16, 17, 18, 29, 33, 34, 36, 66, 71, 72, 73, 74, 76, 126, 127, 154, 209, 237

Motores, 9, 20, 173, 182, 216, 227, 228, 229, 230, 231, 254

Movimiento, 118, 147, 227, 230

N

NAND, 16, 27, 130, 131

NOT, 22, 78, 155, 160, 219, 225

NOR, 16

Números enteros, 156

Núcleo, 11, 36, 72, 73, 74, 97, 98, 99, 101, 123, 127, 128, 129, 133, 141, 145, 155

O

OCT (Octal), 155

OR, 16

ODROID, 124, 125, 126, 216

OLinuXino, 126, 127, 128

P

PI NOIR Camera V2, 110,

Pilas, 147, 153, 182

Pin, 39, 44, 45, 47, 48, 50, 56, 58, 68, 77, 78, 80, 81, 88, 90, 93, 97, 99, 102, 122, 124, 130, 146, 205, 208, 210, 216, 221, 222, 229, 231, 233, 234, 236, 239, 242, 249

Pine A64, 122, 123, 126

Placa de circuito impreso, 33

Placa hardware, 123, 124, 125, 127, 128

Polaridad, 56, 95

Precisión, 157, 221

Puertas lógicas, 16, 17, 18, 19, 35

Puertos, 8, 41, 46, 51, 65, 68, 86, 93, 95, 98, 101, 103, 123, 128, 130, 140, 195, 214, 237, 240

Pulsador, 9, 216, 218

Pulsos, 30, 231

R

Raspberry Pi 1, 8, 9, 29, 65, 93, 94, 95, 96, 99, 101, 103, 105, 107, 109, 111, 113, 115, 135, 137, 139, 141, 143, 145, 147, 149, 151, 153, 155, 159, 163, 169, 171, 181, 185, 195, 199

Raspberry Pi 2, 67, 97, 98, 103, 123, 145, 250

Raspberry Pi Zero, 99, 100

Raspberry Pi 3, 63, 64, 67, 68, 70, 77, 81, 90, 100, 101, 103, 123, 126, 139, 195, 250

Raspberry Pi Compute Module, 104

Raspbian, 95, 126, 129, 134, 137, 139, 140, 141, 146, 150, 151, 173, 185, 186, 187, 189, 190, 194, 197, 201, 203, 204, 215, 217

RCA, 7, 39, 60, 68, 93, 101, 103, 124, 180, 181, 182

RISC, 35, 36, 70, 141, 142

Red, 9, 20, 48, 52, 53, 54, 55, 70, 83, 140, 145, 180, 185, 190, 193, 195, 196, 197, 198, 201, 202, 203, 212, 245, 246, 247

Redes, 7, 48, 49, 51, 52, 53, 54, 55, 76, 196, 197, 246

Red Ethernet, 180, 195

Red local, 52, 198

Registros, 27, 29, 30, 34, 72

Relés, 20

Reloj, 26, 28, 35, 73, 86, 88, 102, 103, 237, 240

Rock Lite Pro, 128, 129

S

Salida analógica, 124
Semiconductores, 7, 31, 32
Sense Ha, 112, 113,
Sensibilidad, 110
Sensores, 9, 77, 86, 88, 112, 167, 173, 182, 205, 216, 221, 222, 224, 226, 237, 245, 246, 247, 248, 254
Simulación, 13, 122, 242
Sonido, 58, 67, 135, 147, 148

T

Temporizador, 29
Tensión, 18, 19, 20, 47, 68, 75, 80, 86, 108, 206, 236
Transistores, 17, 18, 21, 36, 71, 72
Tarjeta, 7, 39, 40, 41, 42, 43, 47, 48, 60, 66, 67, 82, 83, 93, 95, 96, 99, 102, 109, 127, 131, 139, 140, 141, 177, 178, 180, 183, 184, 192, 194, 221

U

USB, 8, 33, 39, 41, 45, 46, 47, 68, 86, 90, 93, 95, 96, 98, 99, 101, 104, 108, 111, 123, 124, 128, 129, 130, 131, 140, 182, 188, 194, 195, 196, 221, 242

V

Video, 7, 8, 39, 56, 57, 58, 60, 64, 67, 68, 77, 97, 99, 101, 108, 109, 110, 122, 127, 130, 131, 141, 142, 181, 182
VideoCore IV, 8, 62, 67, 76, 77, 93, 96, 97, 98, 101, 103, 123. 126, 141

W

Wifi, 8, 68, 77, 96, 103, 111, 126, 128, 130, 131, 196, 197, 212, 244, 245

X

XOR, 25

www.ingramcontent.com/pod-product-compliance
Lightning Source LLC
Chambersburg PA
CBHW082114230426
43671CB00015B/2693